# 爱的感性与理性

## ——大学生婚恋与性心理调适

蒋湘祁 著

湖南师范大学出版社

**图书在版编目(CIP)数据**

爱的感性与理性——大学生婚恋与性心理调适 / 蒋湘祁著. —长沙：湖南师范大学出版社，2011.6

ISBN 978 - 7 - 5648 - 0527 - 2

Ⅰ. ①爱⋯　Ⅱ. ①蒋⋯　Ⅲ. ①大学生—恋爱　②大学生—婚姻　③大学生—性卫生　Ⅳ. ①C913.1 - 49　②R167 - 49

中国版本图书馆 CIP 数据核字(2011)第 110490 号

爱的感性与理性——大学生婚恋与性心理调适

蒋湘祁　著

◇全程策划：凌永淦
◇组稿编辑：刘　伟
◇责任编辑：刘　伟　胡晓军
◇责任校对：黄　莉
◇出版发行：湖南师范大学出版社
　　　　　　地址/长沙市岳麓山　　邮编/410081
　　　　　　电话/0731.88853867　　88872751　　传真/0731.88872636
　　　　　　网址/http://press. hunnu. edu. cn
◇经销：全国新华书店　北京志远思博文化有限公司
◇印刷：北京百善印刷厂

◇开本：710×1000　　1/16
◇印张：14.5
◇字数：300 千字
◇版次：2011 年 8 月第 1 版　　2011 年 8 月第 1 次印刷
◇书号：978 - 7 - 5648 - 0527 - 2
◇定价：36.00 元

# 序

　　良好的婚恋与性爱观教育是全人教育、人生教育不可或缺的部分。当代大学生一方面由于受到社会转型时期市场经济发展变革的影响，在婚恋与性观念上越来越采取开放和自我的态度，致使他们的婚恋观呈现价值多元化、性关系呈现多样化的趋势。另一方面又由于大学生人格的不健全和理性的不成熟，缺乏相应的道德约束力，致使他们在感性与理性方面产生矛盾和冲突。

　　高校应该为大学生开设相应的选修课程，出版婚恋与性教育方面的读物，让他们了解关于恋爱、婚姻与性的适当内容，这不仅可以规避一些伤害事件的发生，帮助他们成为懂得爱、学会爱、珍惜爱的真正的"社会人"；同时，还可以帮助他们完成关于婚恋与性方面的自我教育，促使大学生形成更为健康的价值观。

　　我校自 2007 年以来坚持开设《大学生婚恋与性心理调适》跨专业校选修课程，作者不断尝试互动体验式教学实践改革，结合多年来积累的心理咨询临床经验，撰写了大学生婚恋与性爱观教育读物，并在多年教学改革与实践的基础上撰写了这本著作，旨在引导学生学会理性看待恋爱、婚姻与性，正确对待失恋及恋爱、婚姻中碰到的各种冲突与问题，科学掌握婚恋与性心理调适的方法，从而提高婚恋与性心理的抗挫能力。

　　《爱的感性与理性》是一部让人读来愉悦的书，通过援引导读故事、穿插互动测验和分析经典案例，帮助读者认识真正的爱意味着承诺，是要用意志与智慧去获得和给予的，真爱是衷心地关注对方的精神成长，从而承诺不做任何有碍于对方与自我成长的事情。通过阅读本书让读者能够从中受到启发，学会理解自己，理解他人，学会如何与自己相处，如何与他人相处，如何与这个世界相处，确保自己在不伤害他人的同时也能够保护自己，让读者在学会如何做人的过程中去拥有人世间美好的婚恋，获得幸福的人生。

　　衷心希望本书能够成为帮助读者解读爱之密码的钥匙、体验爱之乐章的琴瑟、调适爱之旋律的乐谱。

衡阳师范学院副院长

2011 年 7 月 6 日于师苑新村

# 前言①

看到"爱"这个字眼,大多数人首先想到的是爱情。很多人在爱情中追寻人生圆满,认为自己不够好不够完整,自己无法产生爱,无法在个人、工作和人际关系上体验到快乐。其实,爱情并非就是爱的全部内涵。

但爱是什么?究竟什么是爱?这令很多人困惑,也被很多人误读。爱虽说是一个高尚的词语,却又存在着日益平庸化的趋势。在文学、影视作品中,爱已经成了一种陈词滥调。正是因为有很多人把爱看得太简单,以为爱的意义浅显易解。因此,在爱的面前缺乏一种敬畏之心、虔诚之心,往往以爱的名义,做出伤害爱的行为,正因为他们漠视爱,误解爱,也就无法感受爱,更没有能力去爱。那些在爱之中失去自我的人,在爱之中抱怨的人,更是离爱相去甚远。

爱是简单的,却又是复杂的。简单是因为爱就在日常生活的点点滴滴中,复杂是因为它又是如此容易被人忽视和熟视无睹。爱是感性的,却又是理性的。感性是因为爱是情感的核心命题,是情感的灵魂。在一切的情感之中,最让我们珍惜和感动的,就是其中爱与被爱的感觉。理性是因为爱是一种蕴涵意志力的行为,它体现了我们内心的力量,表现在我们生活的能力之中。

爱,是人性的延伸,是生命的寄托,是情感的互换。每个人心中都会有爱的冲动、爱的渴望和爱的潜力。真正的爱是人性的温暖,是心灵的感动,是生命的激励,是人与人之间的共鸣与响应,是一种对人类的同情之心、付出之心和关怀之心。从生命的某种意义上来说,世界是因为爱而绚丽,因为爱而多姿多彩。正如雅斯贝尔斯所说的那样:"一个人本来的面目只有在爱他的人眼中才显现出来,因为真正的爱不是盲目的,它使人的眼睛明亮。"一份真挚而美好的爱情不仅是开发自我潜能的绝佳方式,更是净化心灵的春雨骄阳。

本书的主体由三部分共九章内容组成,即,第一部分认识篇:解读爱的密码;第二部分体验篇:体验爱的乐章;第三部分调适篇:调适爱的旋律。

认识篇包括三章内容:爱的神话隐喻、爱的主题物语和爱的生活艺术,通过神话传说的角度透视人类关于爱与性的认识。

体验篇包括四章内容:爱情心理体验、恋爱心理体验、婚姻心理体验与性心理

---

① 湖南省教育厅教学改革研究立项项目《高校学分制下构建大学生婚恋与性爱观教育校本模式教学实践研究》(项目编号:2011315302)的研究成果之一。

体验，帮助解读婚恋与性体验中的心理困扰与误区。

调适篇包括两章内容：婚恋心理调适与性心理调适，提供了婚恋与性心理调适的技巧。

在写作本书的过程中，作者邀请了衡阳师范学院副院长皮修平教授为本书作序，同时尽量避免过多的专业术语，语言力求准确简明，通俗易懂，书中援引了导读故事、互动测验和经典案例，它们不仅妙趣横生，而且非常有启迪意义。希望本书带给读者一束爱的阳光，照进每个读者的心房，照亮每个心灵的角落。希望所有的人都懂得爱，拥有爱，创造爱，在爱的世界完善自我！

# 目　　录

# 第一部分

# 认识篇　解读爱的密码

爱是人生的终极真理,是生命本身的奥秘,但是不同的人对爱的理解是不同的。美国著名诗人惠特曼说过:"爱,不是一种单纯的行为,是我们生活中的一种气候,一种需要我们终身学习、发现和不断前进的活动。"爱是一门永无止境的课程,是值得我们花费一生去修炼的学问。

# 第一章　爱的神话隐喻

　　希腊,这个古老神奇的国度处处闪耀着古代文明的迷人光辉。瑰丽神奇的古希腊神话更是被一代代西方人传为美谈,影响着西方社会与文化的各个领域。可能是神话有着神奇的能量,能够包容和传递悖论,让人类看透困境达至真谛。一直以来,人类都在利用神话、童话和民间传说来阐释人生奥秘,试图通过它们来找到解答人生谜题的方法。可见,人类既创造了神话,又受其引导,去获得心灵的平和。就连心理学家荣格也认为,神话的意义不单只在回归原始无意识,同时也要为了本能性的倾向重建古代表达的形式,使古代神话和仪式的功能可以满足现代人的需求。

## 第一节　爱的渊源

　　现在让我们先回到古典的希腊神话,并在此基础上考察爱的基本命题。只要我们将神话转化成隐喻,它就不能再统治我们无意识的心理生活,我们就可以自觉自主地运用这个隐喻,来反思自己走过的弯路和教训,从而得到更为自由和更为广阔的人格成长。

　　在开始阅读本章节之前,请先欣赏导读故事1-1。

【导读故事1-1】　柏拉图:文艺对话集·会饮篇

　　会饮(Symposium)是古希腊社会流行的一种习俗礼节。柏拉图的《会饮篇》是一段发生在宴会上的对话,主要由几位赴宴者对爱(Love)和爱神(Eros)的赞美组成。

斐德罗(Phaedrus):爱是一位伟大的神。爱神最古老,引用巴门尼德"爱塑造了诸神中最早的那一位";爱是最光荣的,是人类一切最高幸福的源泉;爱是对善的尽力效仿,假如没有爱,无论城邦还是公民,都不可能从事任何伟大或高尚的工作。爱会让人不顾危险营救自己的情人,甚至牺牲自己,表现出爱神的力量。

斐德罗认为爱神是最古老的神,是人类幸福的来源。对年轻人来说最高的幸福是有一个钟爱自己的爱者,而对爱者来说最高幸福莫过于有一个年轻的被爱者。这一段话其实说的是古希腊盛行的男人间的爱,年龄较大的男子钟爱年龄较小的男子,前者称为爱者,后者称为被爱者。爱者与被爱者之间的爱与品德有关(爱者是被爱者的模范,相反被爱者因其年轻英俊,也因为他的品德是向上的,是有潜力的优秀公民)。如果一个爱者准备做一件丢人的坏事,或被人凌辱而不敢抵抗,他就会觉得羞耻,而如果被他年轻的被爱者看到他就会无地自容。类似的,被爱者也害怕爱者发现自己做了坏事。假使有一支军队或一个城邦完全是由爱者和被爱者组成的,就会治理得井井有条,作战时就会人人争先。相爱的人是愿意为对方牺牲生命,男女都是如此。

鲍萨尼亚(Pausanias):开始赞美爱之前要定义加以荣耀的爱,分为天上之爱与地上之爱,人的行为本没有好坏,而好坏的结果只源于行为方式是正确还是错误,因此只有在爱神推动下高尚去爱才是值得敬重的,而地上之爱是非常世俗的,是统治下等人的情欲,不值得赞美,而天上之爱不会沾染荒淫与放荡,而爱慕对方的强壮、理智、成熟和智慧。爱是最能引发高尚的思想、坚实的友谊、亲密的交往的,而这使得它为东方专制统治所极力制止。雅典城邦,虽然有很好的扬积极高尚的爱与弃低俗虚伪的爱的文化,但是由于没有分开两种爱,高尚的爱也会在抑止低俗的爱时被抑止,雅典的法律应该明确分开应加以鼓励的爱与应禁止的爱。

鲍萨尼亚区分了天上的爱神和凡间的爱神。根据《神谱》,天上的爱神是天帝乌拉诺斯(Uranus)被他的儿子砍碎投入大海,海里涌出的白浪,变成了爱神。凡间的爱神是宙斯和宙尼(Dione)所生(荷马史诗)。因此天上的爱神的出生与女的无关,只是由男的所生,所以其爱情对象只是少年男子,而且由于他年纪大,所以他的对象就更坚强也更聪明。只有那些腮帮子长了胡须的年轻人,才能成为爱的对象,因为只有那时他们的心智才是健全的。

鲍萨尼亚区分了希腊人中三种对爱的规矩:爱利亚、斯巴达和彼奥提亚(底比斯)把接受爱者的恩宠看成是美事,坦然接受,而伊奥尼亚人(爱琴海东岸)则把这种同性之爱视为丑事,鲍萨尼亚推测这可能与他们长期受蛮夷(波斯)统治有关。蛮夷的习俗把爱少年、爱智慧、爱体育都视为丑事,这可能是那里的统治者害怕牢固的友谊和亲密的交往会把君主的统治推翻。鲍萨尼亚自认为雅典的规矩是最好的,它鼓励人们钟爱应当钟爱的,避开应当避开的。迅速接受爱人是可耻的,应当经过一段时间,因为时间对于许多事物常常是最好的考验。受金钱诱惑和政治威胁而委身他人是可耻的。

鲍萨尼亚指出被爱者接受爱者的爱是为了增进品德(因此有教育意义)。如果一个人(被爱者)肯伺候另一个人(爱者),目的在于得到那个人的帮助以在哲学(爱智慧)或其他品德上更进一步,这种殷勤伺候并不卑鄙,也不算谄媚。这样,对少年男子的爱情就与学问道德的追求合为一体了。爱者的原则是既然被爱者对自己表现殷勤,自己就应该在一切方面为他效劳;被爱者的原则是既然爱者能使自己在学问道德上有所长进,自己就应该尽量拿恩情来报道(根据习俗,被爱者有服从爱者要求的义务,但柏拉图反对放纵的爱,所谓柏拉图式的爱情。柏拉图在《理想国》中规定一个爱者可以亲吻、亲昵、抚摸被爱者,像父亲对儿子一样;如果要求被爱者做什么也一定是出于正义)。

厄律克西马库(Eryximachus):存在于神圣或世俗的各种活动中的爱的威力适用于一切类型的存在物,爱是无所不包的,进而在各方面对爱的两分法进行阐述,包括医学、音乐与四季变化,强调爱在这些方面所表现的节制与和谐。而祭祀与占卜注重的就是保存和治疗爱,强调仅当爱的运作是公正的、节制的,以善为目的的时候,爱才能成为伟大的力量。

厄律克西马库从医学的角度认为爱神的威力伟大得不可思议,支配着全部神的事情和人的事情。要区分健康状态的爱和疾病状态的爱。我们应该爱品格端正的人,以及小有缺陷肯努力上进的人;我们应谨防凡间的爱情,以免因它的快感而养成淫荡。

阿里斯托芬(Aristophanes):确信人类从来没有认识到爱的力量,因为现实中把爱神忽略了。从男人与女人的神话着手说明爱情的重要。这个神话大概说的在远古时男人与女人本是一体的,手脚都用来走路,而那时的人能力强,威胁着天上的神,而宙斯和众神希望削弱人的能力又可以有更多人更好地去侍奉自己,所以就采取了把这种人劈成两半,而且用两条腿直着走路,把脸转过来,把切开的皮肤拉到肚脐处打结,把生殖器移到前面,治好一切伤口。自此以后,就有了男人和女人,并且倾心于寻找自己的另一半,跟另一半相处相对,爱的历史从此开始。而人有理由恐惧放弃对诸神的崇拜后又再被分成两半,只有敬畏神明成为爱神军队中的一员,幸福地与爱人结合,在爱神的指引下前进才是正确的。

阿里斯托芬讲了一个著名的神话,解释了同性恋和异性恋的来源。最早人类有三种性别:男、女和亦男亦女,他们的形体是圆球形的,每个人都有四只手、四只脚,头上长两副面孔,一副朝前,一副朝后,生殖器也有一对。这些人的体力和精力都十分强壮,他们企图打开一条通天之路,去和诸神交战。宙斯为了削弱人的力量,把每个人都劈为两半。人被劈为两半后,这一半非常想念那一半,常常相互拥抱不肯放手,直到饥饿麻痹而死。宙斯起了慈悲之心,于是把人的生殖器移到前面,使男女可以互相拥抱交媾生殖。这样,如果是男女相互抱着可以传下后代;如果男人和男人抱着,至少也可平息情欲,让心里放松一下,好去从事人生的日常工作。所以,我们每个人都是不完整的,是一种合起来才成为全体的东西。因此,每个人都经常在寻找自己的另一半。那些亦男亦女剖开的人,男人眷恋女人,女人则眷恋男人(异性恋)。那些由剖开女人造成的女人则更喜欢女人,对男人没多大兴趣(女同性恋)。那些由剖开男人造成的男人则爱和男人作伴(男同性恋),他们在少年男子中多半是最优秀的,是最强壮的男性。这样的男性成年之后大多都会在政治上有所成就,到了壮年,他们就会眷恋青年男子,常和被爱者相守。

阿伽松(Agathon):把上述众人的观点有所扬弃地融于一炉:爱神应该是众神中最年轻的,而且极为娇嫩而柔韧,而爱神具有高的道德品性,从来不受诸神与人的伤害,也不会伤害诸神和人,暴力无法接近爱神,爱神正义、节制、勇敢。爱神是一切生物产生与生长的动力,各种技艺手工在她的指引下进行,创造了人类所有的美德。

阿伽松总结了大家的观点,认为爱神是年轻的、娇嫩的、柔韧秀美的,又是公正、审慎、勇敢、智慧的。

苏格拉底(Socrates):应该追寻爱的真理,而不是一味地赞颂爱神。爱是对某事物的爱,某人所爱的对象是他所缺乏的。并借助于他与狄欧蒂玛的讨论,阐述爱。爱是介于美与不美、善与不善、不朽与可朽、智慧与无知等的两端之间,爱介于两端之间就不是神,因为神是处在完美的一端。爱是企盼着善永远成为他自己的善,爱的行为就是孕育美,爱就是对不朽的企盼。高尚的思想比肉体更能不朽。当爱上某个具体的美德形体,就必须思考这种美与其他方面的美的联系,不至于限制在这渺小处,进一步应该学会把心灵美看得比形体美更重要,进而思考法律与体制,到各种知识,看到知识之美。当对美的广大领域的了解都深入时,就会产生崇高的思想,把握住美的一切。从个别的片面的世俗之爱上升到普遍的普世之爱,就接近终极启示,这是被引导或接近和进入爱的圣地的唯一道路。

苏格拉底的对话是全篇的精义所在,本身分为两部分。一为与阿伽松的对话:爱情必有对象;爱者还没有得到所爱的对象;爱情就是想占有所爱对象的那个欲望;爱情的对象既然是美,如阿伽松所说,那它就还缺乏美,“爱神是美的”这个说法就不能成立;美就是善,所以爱神也不是善的。一为转述与狄欧蒂玛(Diotima of Mantinea),来自门丁尼亚的女哲学家)的对话:那么爱神是丑的、坏的吗?不美不一定就代表着丑,二者之间存在着一个中间状态。类比一下就是,知识(有根据的正确的意见)和无知之间存在着个中间状态——意见(有正确意见却说不出所以然来）。爱神是介于会死的人和不死的神之间的精灵。她能把人的东西翻译传达给神，还能把神的东西翻译传达给人。爱神（Eros）是阿佛洛狄忒（女爱神）生日宴会上匮乏神和丰饶神结合的后代，后来成了阿佛洛狄忒的随从，生性爱美。爱神处在智慧与无知之间，正因为无知，才盼望自己智慧起来，同时他又拥有追求智慧的能力（别忘了他也是丰饶神的儿子）。爱就是希望拥有好的东西，并希望永远拥有它。那些追求爱的人（爱者）采取什么方式，用什么方法才能进行这种所谓爱的活动？这种活动就是在美的里面生育繁殖，所凭借的美物可以是身体，也可以是灵魂。爱情的目的是在美的对象中传播种子，凭它孕育生殖，达到凡人所能享有的不朽。这种生殖可以是身体的，也可以是心灵的。诗人、立法者、教育者以及一切创造者都是心灵方面的生殖者。如果一个人一直接受爱的教育，直到这门爱的学问的末尾，就会突然发现美本身，它首先是永恒的，无始无终，不生不灭的。这种美并不表现为美丽的容貌，或者身体的某一部分，也不是言辞或知识，不在天上，也不在地下，而是那个在自身上、在自身里的永远唯一的类型的东西。（哲学的极致之境）而其他一切美者只是以某种方式分享了它。如果人能成为不朽，那他就是不朽的了。

阿尔基比亚德（Alcibiades）：苏格拉底，相貌像林神一样丑陋，说话很有魅力，听得人如痴如醉，对自己的思想产生很大影响，让自己有了羞耻感，苏格拉底外表扮作无知，其实内心是节制和清醒，充满深邃与神圣，苏格拉底的哲学就像咬了自己的心一口的蛇。他冷淡而且冷静镇定。

阿尔基比亚德赞美苏格拉底是古今无双的人物，在他平凡可笑的言辞里包含着十分圣洁的思想，其中充满着美德，把人引向最崇高的目标（这正是爱者对被爱者的爱）。

阿里斯托芬的神话故事多半是柏拉图杜撰出来的。既然柏拉图在后面借苏格拉底之口批评了这个理论，为什么他还要不厌其烦地杜撰一个与自己哲学立场完全不同的神话故事？为什么他在《会饮篇》没让阿里斯托芬讲完？阿里斯托芬究竟想说什么？一句话，在阿里斯托芬的故事里，究竟隐含了柏拉图的哪些哲学秘密？

## 一、柏拉图的"厄洛斯现象"

柏拉图在对话录《会饮篇》中通过阿里斯托芬之口，以一个意味深长的神话来解释人类所具有的"厄洛斯现象"，那就是人们为什么会不顾一切地去追求另一半。因为那个另一半是被宙斯强行切开的，它本来就属于我们，只有找到另一半，才能恢复自身的完整性，才会有幸福。无疑阿里斯托芬的故事告诉我们这样一个隐喻：人类的幸福只有一条道路，那就是找到自己的另一半。

【知识窗1－1】　　　希腊神话中的厄洛斯（Eros）

厄洛斯（Eros）是战神阿瑞斯和爱神阿芙罗狄蒂（维纳斯）所生的儿子,他的罗马名称叫丘比特（Cupid）,是一位小奥林波斯山神（小爱神）。

丘比特一直被人们喻为爱情的象征,相传他有头非常美丽的金发,雪白娇嫩的脸蛋,还有一对可以自由自在飞翔的翅膀,丘比特和他母亲爱神一起主管神、人的爱情和婚姻。他有一张金弓、一支金箭和一支铅箭,被他的金箭射中,便会产生爱情,即使是冤家也会成佳偶,而且爱情一定甜蜜、快乐;相反,被他的铅箭射中,便会拒绝爱情,就是佳偶也会变成冤家,恋爱变成痛苦、妒恨掺杂而来。小爱神的箭无论神和人都抵挡不住,他曾经用金箭射向阿波罗,用铅箭射向一位水泽仙女,结果令阿波罗闹失恋。

尽管有时他被蒙着眼睛,但没有任何人或神,包括宙斯在内,能逃避他的恶作剧。有一次这位淘气的精灵被自己的箭射中,对人间少女普赛克炽热的爱在他心中复苏,以至于他不顾母亲的干预,鼓起勇气让宙斯给予公正评判。厄洛斯起了重大作用的另一个著名的故事是亚尔古英雄的远征。美狄亚——国王埃厄忒斯的女儿,被厄洛斯的神箭射中,和伊阿宋一起寻觅金羊毛,最后成为这位英雄的妻子。

（一）爱与自我

柏拉图认为人们最初爱的是一个美的形体（本性）,以后发现这个形体的美与其他形体的美都是一样的,由此认识到了美的型。如果理性能使爱进一步升华,以后人们还会发现,形体的美与灵魂的美（美德）也是同型的。再以后,爱的进一步升华还会使人们发现美的制度、美的知识也是同型的。最后,如果理性的力量足够强大,人还有可能达到对美本身或美的相（理念）的认识。也就是说,柏拉图并没有暗示"通过爱慕一个又一个美的身体而追求美本身",他的主张是,要达到对美本身的认识,需要超越具体的美。

然而,苏格拉底却批判了阿里斯托芬追求另一半的理论。首先,他通过一系列追问,来阐明厄洛斯是爱的主体,不是爱的对象。由此产生一个问题:爱的对象是什么?苏格拉底的逻辑是:爱是一种欲望,欲望根源于缺乏。如果厄洛斯已是尽善尽美,他就不会再有追求善和美的欲望。因为无论是人还是神,都不会去追求已经拥有的东西。

沿着这个问题,苏格拉底阐发了一套对幸福的一种见解:幸福就是能把好的东西永远归自己所有。因此,厄洛斯不是以美的东西为目的,而是以能在美的东西里生育繁衍为目的。即爱是奔赴不朽的。一切会死的东西,都渴望不朽,所以一切动物急于生育时都是焦躁不安的。生育能使肉体不朽。生育的欲望使我们遇到美的对象就会欢欣鼓舞、精神焕发,遇到丑的对象就会垂头丧气、毫无兴致。除了肉体上的生育外,还有灵魂上的生育。灵魂的生育不亚于肉体。例如,英雄们为追求品德的不朽而献身。品德中最大的、最美的,是安排国家事务和家庭事务,称为清明和公正。具备这种品德的人也在寻求能够生育的美的对象,教导他们,使他们也具有这种品德。人们在幼年时追求美的形体,先是专注于某个美的形体,继而由某一形体的美推广到一切形体的美,即追求美的型。然后从关注肉体的美转向关注灵魂的美,从关注美的形体转向关注美的制度(正义和节制),再从美的制度转向美的知识,最后到美自身。

苏格拉底最后的结论是:如果一个人有幸看到了那个纯粹的、地道的、不折不扣的美本身,不是人的肌肤颜色之美,也不是其他各种世俗玩艺之美,而是那神圣的、纯一的美本身,他的人生就是值得过的。

我们不难区分苏格拉底和阿里斯托芬持两种不同的爱情观。确切地说,他们对爱的对象和爱的价值有着不同的见解。进一步分析,我们会发现苏格拉底和阿里斯托芬之间的冲突,表面上是两种爱情观的冲突,实质上是不同的自我理论之间的冲突。

从爱的对象来看,苏格拉底认为厄洛斯是普遍绝对的美,这种美是从美的具体对象上抽象出来的。阿里斯托芬认为厄洛斯是命中注定的另一半。它追求的是美的人,不是人的美。我们生来就是不完整的,唯有得到另一半,自我才能平息它的焦躁不安,获得幸福和安宁。

从爱的价值来看,苏格拉底认为爱的实现是一种幸福,但既不是唯一的幸福,也不是最大幸福。就爱欲最终要达到的目标——美的相而言,爱本身并没有价值,它的价值仅在于它是一种动力,即不断追求美的相的动力。阿里斯托芬认为爱的实现即使不是唯一的幸福,也是能决定其他幸福的幸福,因而是最大的幸福。爱的实现关联到宿命的自我能否获得其完整性,这种要求必须得到无条件的满足,因而实现爱的要求对于宿命的自我来说,也必须无条件地得到满足。

从状态来看,苏格拉底认为自我是理性的,因而也是高度自制的。自我不会被任何具体的美的对象所打动,因为它只听命于自己,只听命于理性。阿里斯托芬认为自我是不稳定的,因为它被情感所左右。它时而焦躁不安,时而悲伤绝望,时而痴迷癫狂,时而平静安宁。他的状态不取决于他自己,而是取决于另一半,取决于他与另一半的关系。

从特性与成就来看,苏格拉底认为自我有爱的欲求,但没有被爱的欲求。他只爱他所追求的,或者说,他只爱自己。在追求普遍的美的意义上,他的爱是博爱。在追求绝对的美的意义上,他的爱是唯一。这种爱本质上是自爱。阿里斯托芬认为自我有爱的欲求,也有被爱的欲求。他爱的是一个具体的人,并且只有当那个人也爱他时,他才是快乐和幸福的。所以他是狭隘的——在追求一个具体的美的人的意义上,他也是易于嫉妒的——在要求爱因而也要求被爱必须是专一的意义上。

（二）爱与被爱

苏格拉底和阿里斯托芬对爱的对象和爱的价值有着完全不同的理解。这种不同也反映在对萨特的那句名言——"爱即被爱"——的理解上。

第一种理解是自我是欲望的主体。欲望即缺乏，所以爱就是谋求被爱。在科学技术日新月异的今天，灵魂不朽说已经没有多少人再相信。所以，对于今天大多数人来说，"爱就是被爱"只能理解为：爱就是为了谋求被爱。

第二种理解是自我是关系中的欲望主体。自我总是处于某种关系——人际关系或社会关系中的自我，甚至可以说，自我是被它所身处其中的关系所建构的。自我总是有选择地去追求什么，这说明，欲望的对象是被赋予了某种价值的。自我追求某种有价值的对象的过程，就是它被关系所塑造的过程。这种自我是依赖于能给予它肯定的人或事的，即自我渴望被认同。对于这样的自我来说，"爱就是被爱"应该理解为：爱就是为了被认同。

黑格尔对爱情有一个浪漫主义的描绘：什么是爱情？一个主体把自己抛舍给另一个性别不同的主体，放弃自己的独立意识和存在。感到自己只有在对方的意识里才能获得对自己的认识。我应该把我自己——这个主体所包含的一切，把我的过去、现在和未来，全部渗透到另一个人的意识里去，成为他（或她）所追求和占有的对象。在这一情形下，对方就只在我身上生活着，我也就只在对方身上生活着。双方在这个充实的统一体里才实现各自的自为存在，双方都把各自的整个灵魂和世界纳入到这种统一里。爱情的主体不是为自己而存在和生活，不是为自己而操心，而是在另一个人身上找到自己存在的根源，同时也只有在这另一个人身上才能完全享受他自己。

（三）爱与博爱

柏拉图式的爱情不是所谓纯粹的精神恋爱——没有任何肉体接触的纯浪漫情怀，而是指"身体爱欲与灵魂爱欲"的统一，或"身心合一者"。同时，也强调爱情高于性（"爱欲"高于"快感"）。

朋友可以越多越好，爱情也是吗？友情与爱情的共同特征是它们都显现为亲密。但友情与爱情是不同程度的亲密。亲密给予自我以充分敞开的可能性。但自我敞开于友情，不同于它敞开于爱情。友情只表明"我"像"他"（或"她"），不表明"我"就是"他"（或"她"）。"我"只在与"我"有最大同一性的另一个自我面前完全敞开自身。因为只在作为另一个自我的"他"（或"她"）那里，我才能得到完全的、真实的被认同。这就是为什么我们常常把爱情看得更高于友情的原因。友情与爱情可能发生错位。例如，某些人可能会坚持，友情比爱情更珍贵，至少他们自己是这么认为的。

如果博爱是爱的更高境界，为什么我不能同时爱两个以上的人？如果自我是欲望的主体——只有爱的欲求没有被爱的欲求，这是可能的。这种自我哲学，是苏格拉底和柏拉图,能把美的特质从美的人身上分离出来的原因。它暗示凝结在某个人身上的美是不完满的,是无法满足我们永无止境的欲望本性的。柏拉图的理论是,欲望处于自我的较低层次——它低于情感和理智,但欲望作为原始冲动是不可克服的,因而是可以被合理地引导的。如果欲望能听从理性的命令,它就可以得到更高层次的满足。这是柏拉图式的爱情,必然要求一个无限拔高了的自我的原因。我们从现实生活中实际看到的博爱,往往不是苏格拉底式的博爱,而是没有原则的泛爱或乱爱。

如果自我只有爱的欲求没有被爱的欲求,它是危险的。现代人并不在柏拉图的灵魂不朽说的基础上理解自我。对于我们来说,要找到上帝也要被爱的证据并不困难。如果我们一边认为自我是欲望的,另一边又认为灵魂是附着于肉体的,那么,"爱就是被爱"只能被理解为:"爱就是谋求被爱",即爱就是占有,尽可能多地占有。

柏拉图的"厄洛斯现象"说明,男人和女人本来就是这冥冥中注定的整体,而爱,便是维系着这"厄洛斯(Eros)"的心灵之线。

## 二、中国的月老传说

在我们中国,一提到姻缘爱情,人们常常会想到传说中的月下老人。月下老人简称"月老",是我国民间家喻户晓的姻缘老人。他是神话传说中专管婚姻的神,主管着世间男女婚姻,在冥冥之中以红绳系男女之足,以定姻缘。

不过,人世间的爱情毕竟太诱惑,只有一位月老也许太残酷。玉帝也慈悲赐予了月老一份美满的姻缘。于是月公月婆幸福地生活在了一起,还诞生了他们爱情的结晶——红娘。平常他们会很有次序地将月老名册上的男人和女人归组,然后,一人负责一端将他们系上红线。由于这种分工也就产生了系红线的步调不一致。于是人世间的爱情词典里就有了"追求"这个词语,而系红线的步调也就决定了谁先爱上了谁,男女默契的结果便是"一见钟情",月老不专心、忘系红线时,也就表示又多了一个"单相思"。

**【知识窗1-2】　　　中国神话中的月老和孟婆**

鸿蒙初开,天界和冥界彼此敌视,可是,一尊准天神和一位准冥仙却不期相遇,坠入爱河,他们决定背叛天庭和冥府,在人间结为夫妻。天庭做出了惩罚,准天神的脚踩在哪里,哪里就立即生出荆棘刺得他鲜血淋漓;冥府发出了诅咒,准冥仙失去了美丽的容颜,瞬间变得丑陋不堪……

准天神知道准冥仙甚为爱惜自己的容颜，便毁去了所有的镜子，不让她知道变丑的现实；而准冥仙决定背着准天神到湖泊里去生活，这样他就不用再承受无数利刺锥脚的钻心痛楚……可是，抵达湖泊的时候，准冥仙看到了自己在水中的倒影，她痛苦极了，掩面而跑……准天神急忙拔腿追赶，荆棘不断扎进他的双脚，他的鲜血滴在荆棘上，荆棘便开出朵朵怒放的血玫瑰……

准天神重返天庭，司掌"月老"一职，用红线拴成无数伉俪；而准冥仙回到冥府，做了"孟婆"，喝下她熬的汤，一对对怨偶忘记前世的恩怨情仇，在来世重新开始……

只有天下有情人全都终成眷属了，世间最后一对怨偶也握手言和了，月老和孟婆才能再一次团聚。

据沈三白《浮生六记》说："一手挽红丝，一手携杖悬婚姻簿，童颜鹤发，奔驰开非烟非雾中。"月老的神话传说表达了人们对美好婚姻的祈求与向往。月老拴红线之说，后来成为一种婚礼仪式。不仅唐代有书记载，到了宋代逐渐演化为"牵红巾"，宋人吴自牧在《梦梁录嫁娶》中有详细记载。到了清代，又变成在婚礼中扯起红帛或红布，新郎、新娘"各持一端，相牵入洞房"。这种拴红线、牵红巾或红布的风俗，至今在有的汉族与少数民族地区还能见到。

请阅读下面的导读故事1-2，中国古代文学有"千里姻缘一线牵"的记载。

## 【导读故事1-2】　　李复言:续幽怪录·定婚店

杜陵的韦固自小失去双亲，想早点结婚，但多次求婚都不成。唐太宗贞观二年，他去清河游历，途中住在宋城南面的旅店。旅客中有一个人为他提亲，女方是以前的清河司马潘昉的女儿，并让韦固第二天清早去店西的龙兴寺门前同潘家的人见面。

韦固求之意切，第二天很早就赶去了，到了庙门前，月亮还在天上高高地挂着。他看见一个老头倚着一个口袋，坐在台阶上，借着月光看书。韦固从旁边偷看，却不识书上的字，便问老头说："老先生读的是什么书啊？我从小苦学，没有不认识的字，即便是西方的梵文，我也能看懂。唯有此书上的字从未见过，这是怎么回事？"老头笑着说："这不是人间的书，你怎么会见过？"

韦固问："那么您管什么事啊？"老头说："天下人的婚姻大事。"韦固一喜，说："我从小失去父母，想早点娶妻，传宗接代，这十多年来，我多方求亲，竟不能如愿。今天有人到这里来给我提潘司马的女儿，这件婚事能够成功吗？"老头回答："不能成功，你的媳妇刚刚三岁，等到十七岁才能进你家的门。"

韦固问："你口袋里装的什么东西？"老头回答："红绳啊！用来系夫妻两人脚的。等到他们定下了，我就偷偷地把红绳系在他们的脚上。不管这两家是仇敌，还是贫富悬殊，或者是相隔千山万水，只要红绳一系，再也逃不掉了。你的脚已经和她的脚系在一起了，你再找别人又有何益处呢？"

韦固问："我的媳妇是谁？家在哪里？"老头回答："旅店北面卖菜家的女孩。"韦固问："能去看一看吗？"老头说："老太太经常抱着她卖菜，你跟着我走，我指给你看。"等到天亮了，韦固等的人没有来。

老头卷起书，背着口袋，韦固跟着老头来到菜市场，看见一个瞎了一只眼的老太太，抱着一个三岁的女孩，看起来非常肮脏丑陋。老头指着女孩对韦固说："那就是你的妻子。"韦固生气地问："我杀了她行不行？"老头说："这女孩命中注定有大富贵，还要跟着你享福呢，怎么杀得了呢？"说完老头就隐去了。

韦固回去后磨了一把刀子，交给仆人说："你历来很能办事，如果为我杀了那个女孩，我赐你一万钱。"仆人承诺，将刀藏到袖子里来到菜市场，趁着人多混乱的时候，刺了女孩一刀就跑，因市场大乱，仆人得以逃脱。

回来后，韦固问仆人："刺没刺中？"仆人说："一开始我想刺她的心脏，可是没刺准，刺到了眉间。"韦固以后求婚，一直没有成功。

又过了十四年，他因父亲的老关系，到相州参军刺史王泰手下任职，专门负责审讯囚犯。王泰因为他能干，将女儿许配给他。韦固的新媳妇十六七岁，容貌美丽，韦固称心如意，但是他发现妻子的眉间总是贴着一个小纸花，即使沐浴闲处也不除去。

年终时，他逼问妻子，妻子潸然泪下，说："我是郡守大人的侄女，不是他的亲生女儿。我的父亲生前是宋城县令，死在任职上。当时我还在襁褓之中，母亲和哥哥也相继死了。家里剩下的唯一宅院在宋城南，与乳母陈氏一同居住，每天靠卖菜度日。陈氏可怜我年龄太小，总把我带在身边。三岁的时候陈氏抱着我走在菜市场里，被一个狂徒用刀刺中眉心，留下了伤疤，所以用纸花盖上。七八年以后，叔叔来到卢龙任职，我便跟着叔叔了，并以他女儿的名义嫁给你。"

韦固问："陈氏是不是瞎一只眼？"妻子说："对，你怎么知道的？"韦固说："刺你的人是我派去的，这真是一件奇事！"便将事情的来龙去脉一一告知妻子。

夫妻从此更加相敬如宾，后来生了个男孩叫韦鲲，做了雁门太守。母亲被封为太原郡太夫人。命中注定的事，是不会因人力而改变的。宋城县官听说了这件事，为那家旅店题名为"定婚店"。

月老的存在也许只是个神话，但这个神话故事告诉我们：只有在合适的时间、合适的地点、遇到合适的人才能收获完美的爱情。

（一）古代姻缘前定观念

月老以赤绳相系,确定男女姻缘,反映了古人姻缘命中注定的观念。古人认为人的命运,不是自己可以确定和改变的。如,"天下之事皆前定"(《感定录·李泌》),"人遭遇皆系之命"(《纪闻·王》),"人事固有前定"(《续定命录·韩泉》)。

古人的这种前定观念,自然也表现在婚恋方面。如,"结缡之亲,命固前定,不可苟求"(《续玄怪录·郑号州驹夫人》),"伉俪之道,亦系宿缘"(《玉堂闲话·灌园婴女》)。

此外,古代的文学作品中也体现了姻缘前定观。如,张四维《双烈记·第十二出》:"岂不闻月下老人之事乎? 千里姻缘一线牵。"《红楼梦·第五十七回》:"若是月下老人不用红线拴的,再不能到一处。"《水浒后传·第十二回》:"正是一对佳人才子。虽在海外,也是一国驸马,富贵无穷。况天缘是月下老人亦绳系定的,不必多疑。"《隋唐演义·第四十九回》:"况乎赤绳相系,月下老定不虚牵,即是几千万里,亦必圆融撮合。"《警世通言·卷二》:"若论到夫妇,虽说是红线缠腰,赤绳系足,到底是剜肉粘肤,可离可合。"蒲松龄《代王次公与颜山赵启》:"月老翻书,幸赤绳系足;天孙隔渡,赖乌鹊填桥。"《水浒·第九十八回》:"也是琼英夫妇姻缘凑合,赤绳系定,解拆不开的。"

"月下老人"的故事创造了一种至今流行不衰的婚姻观念,就是一男一女为什么会结为夫妻,原来是前生注定的姻缘。这个月老既能成全所谓天作之合的姻缘,也会造就不遂人愿的孽缘,而这所有姻缘的源头不过为一根红线,某个时刻,某个地点,某种意境将两个人连在了一起。

（二）千里姻缘一线牵

传说中那个于月下倚布囊、坐于阶上、向月检书的老人,就是后来在民间被奉为婚姻之神的月下老人。只要他用囊中红绳把世间男女之足系在一起,即使"仇敌之家,贵贱悬隔,天涯从宦,吴楚异乡",他们也会成为夫妻。

从韦固娶妻的故事中,我们可以看出唐朝人关于爱情和婚姻的一些观念。认为命中注定的婚姻是不讲门第的,只要有缘分,哪怕是贵贱贫富天差地别,男女双方有着不同的地位、不同的阶层,甚至两家原来有仇,都不要紧。哪怕是天南海北,一个住在大城市,另一个住在偏僻的农村,也都不要紧。只要有缘分,就能成就美满的婚姻。月老在做着撮合人间一对对男女的工作,他用一根红绳子把天下有缘的男女牵到一起。对于从前那种结婚一定要讲求门当户对的观念来说,月老的婚姻观念显然有了很大的进步。

《红楼梦·第五十七回》中,薛姨妈对黛玉、宝钗说:"自古道:千里姻缘一线牵。管姻缘的有一位月下老人,预先注定,暗里只用一根红丝把这两个人的脚绊住,凭你两家隔着海,隔着国,有世仇的,也终究有机会作了夫妇。……若月下老人不用红线拴的,再不能到一处。"

可见,在中国古代社会中许多青年男女都是相信月老的。月下老人给他们以美好的憧憬;同时,其中包含有宿命论的思想也使一些不幸婚姻的当事人只能默默忍受。

既然月老可以千里姻缘一线牵,也许有时候也会乱点鸳鸯谱,有些结为夫妻的男女之间并没有真正的爱情,命中注定的姻缘并没有给他们带来真正的幸福。所以真正的爱情不能坐等月老来往你的脚上系红线,而应该靠自己去寻找,去争取,去追求。

(三)东西方婚恋观的差异

传说中的月老与丘比特同为"爱神",掌管着人世间男女的爱情与婚姻。不过,西方的爱神跟婚姻无关,是主司爱情的;东方的月老是主管世间婚姻的,与爱情无关。二者在神话传说中的差异反映了东西方爱情婚姻的历史文化差异。

两人年纪虽一小一老,但工作方式和手段不一样。西方的小爱神扑扇着天使一样的翅膀,用小弓箭去射男男女女的心脏。东方的月老背着个大布袋子,用红绳子拴住男男女女的脚脖子。工作的相同之处是都跟流血有关,一个是心疼,一个是伤疼,不同之处则在于一个是年幼可爱,天真纯洁,一个则老谋深算,防不胜防。月老除了把绳子绑在男女双方的脚上,还要特别拿出婚姻登记簿(姻缘簿)登记一下,生怕自己因为人老事多而把这桩婚姻给忘了。可见,爱情是叫人心疼的东西,而婚姻却令人没有自由、无处可逃。

此外,丘比特的爱好是射箭,看见有情有意的男女在一起就射出他的利箭。他想让男女相爱很简单,只要轻轻地拉一下弓就行了。因为射出的是箭,所以被射中的男女特别容易激动,特别容易坠入情网;也许正是因为这个原因,被箭射中的男女说合就合,说分就分。中箭的男女无论是在心灵的天空还是在现实的天空中都能共同飞得很远,但在时间上则未必能持续得很久。不过,被丘比特的箭射中后,男女就会产生爱情,彼此了解,两情相悦,然后谈婚论嫁。而月老的拿手好戏则是系绳,看见有缘有分的男女在一起就把他的绳子系在男女双方的脚上;他想让男女相爱则相对复杂,除了系绳的不易,而且程序烦琐复杂。月老因为出手的是绳,凡是被绳子系住的人,特别容易被捆绑在一起。而被绳子捆住的男女,要说爱你不容易,要说离分也不易。所以,被绳子拴住的男女,无论是在心灵的天空还是在现实的天空中都不能共同飞得很远,但在时间上却能厮守得更久。可见,月老的方式太过牵强,把人活生生地系在一起,没有彼此相悦就步入洞房了。

丘比特是一个小顽童,感性多于理性,他按照自己顽皮的性子,想射谁就射谁,姻缘在射箭之前是不知道的。所以,经他利箭射中的男女在婚姻中激情多、浪漫多,相对来说爱情是天真的,是浪漫的,是纯纯的很甜的感觉。月老是个古板的老太翁,理性多于感性,他有一本记载天下男女婚姻的书,人间的姻缘已经记录在案了,或者说已经安排好了,月老的工作是按书找人系红绳,逃是逃不掉的。所以经他纤绳拴住的男女在婚姻中现实多于浪漫,世俗多于脱俗,亲情多于爱情,物质多于精神……故此,婚姻是平淡的,是乏味的,是左手握右手缺少激情的感觉。

不过,小顽童与老顽童都喜欢恶作剧。一个缘于一时兴起,一个缘于世故糊涂。所以,他们共同的结果是有时候乱点鸳鸯谱。丘比特可以在错误的时间、错误的地点让两个人相爱,并使爱火越烧越烈,让两颗相爱的心在炽热的爱火中煎熬,让一对对不合情理、不合时俗的男男女女结为夫妻。月老使得凡间许多并不相爱或爱得不深的人成为夫妻,让世上多了太多的形式上的夫妻,如果想要分开又要受伦理、道德、亲情等丝线的牵绊,真可谓是聚也难、离也难,解不开、割不断、理不顺、梳不完。

从东西方神话传说的文化差异,来看东西方人的爱情与婚姻,可以用两个词来概括:一个是"悦"——西方人重视"两情相悦"之"悦",这不仅指外在的赏心悦目,也指肉体上的感官愉悦;另一个是"许"——东方人更强调"生死相许"之"许",我国元朝词人元好问为情慨叹:"问世间情为何物,直教人生死相许。"可见,东方人更愿把情感寄托在生死相许的婚姻之中。

# 第二节　爱的情结

情结是人类从原始时代以来努力适应周围人际和情感世界的历史积淀。荣格将情结形容为"无意识之中的一个结"。心理情结会左右人的心灵存在,本节导读故事1-3中的神话反映了一个普遍的人格——自恋。

**【导读故事1-3】　　　　那西瑟斯的神话**

那西瑟斯(Narcissus),是希腊神话里的美少年。他是河神刻菲索斯(Cephissus)与林间仙女利理俄珀(Liriope)的儿子。刚出生的时候就被先哲提瑞西阿斯(Tiresias)附上预言,只要他看不到自己的样子就可以长命百岁。

为了逃避神谕的应验,那西瑟斯的母亲刻意安排儿子在山林间长大,远离溪流、湖泊、大海,为的是让那西瑟斯永远无法看见自己的容貌。那西瑟斯如母亲所愿,在山林间平安长大,而他亦如神谕所料,容貌俊美非凡,成为天下第一美男子。见过他的少女,无不深深地爱上他。然而,那西瑟斯性格高傲,没有一位女子能得到他的爱。他只喜欢整天与友伴在山林间打猎,对于倾情于他的少女不屑一顾。

山林女神厄科(Echo)是希腊神话中最美丽的女子,她见到那西瑟斯以后不可遏止地爱上了他,因为他的绝世美貌、玲珑气质和高傲的神情……可惜她被宙斯的妻子赫拉由于嫉妒而夺去了声音,她不能说话,只能重复别人语言的最后三个字。

厄科整日跟在那西瑟斯的身后,听他说话,看他走动,捕捉来自于他的任何气息……她是如此地迷恋于他,以至于忘记了自己是谁,要做什么……那西瑟斯察觉以后,就问:"谁在这里?"厄科急忙回应:"在这里。"那西瑟斯有些不耐烦,说:"请你走开。我绝对不会让你占有我。"厄科很着急,但也只能说出三个字:"占有我。"

那西瑟斯听到这三个字,顿时不屑地一瞥,高傲地转身,像躲避瘟疫一样匆匆离去……

厄科悲痛欲绝,后悔自己说出的话,但依然没有办法表白,只有在森林中四处游荡,找寻那西瑟斯的踪迹。她以泪洗面,终日沉浸在无果的爱情和绵长的相思之中,最后终于香销玉殒,消失在森林……而她的声音则日日在森林中回荡,那只是一种凄清绝望的回音……

众神因为那西瑟斯的绝情而愤怒,报应女神娜米西斯(Nemesis)决定让那西瑟斯去承受痛苦:爱上别人,却不能以被爱作为回报。

那西瑟斯漫步到了一处小溪,竟然无意当中看见了自己的倒影。那是怎样一个绝美的男子!那西瑟斯深深为自己的美貌陶醉,并深深爱上了自己水中的倒影。他用手去抓,水泛出波纹,破坏了自己的影像,他很气恼。又用手去抓,还是没有抓到。最后他几近疯狂,为了和水中美丽无比的自己呆在一起,竟决然扑向水中,溺水而死……

他不死的灵魂从水中慢慢幻化出一枝清世脱俗的水仙……

终于应验了先知的预言:那西瑟斯因为自恋而没有享尽自己的百年寿命。

人们用自恋(Narcissism)形容那些异常喜爱自己容貌、有自恋倾向的人。

## 一、水仙(自恋)情结

回到上面的神话,里面倒有些思考。最美的男人没有爱上最美的女人,归根结底,是因为女人没有话语(表达自己)的原因吗? 那么,那西瑟斯面对自己的倒影,也没有声音,为何会爱上自己呢? 破坏了水中的影像,会让他气恼,那跳入水中就根本看不到自己的影像,为何还要扑水而去,溺水而亡呢?

在拉康精神分析的语境下,自恋是和侵凌性连在一起的,而侵凌性同时又是一个死冲动(或死本能)的问题。我们设想一下,如果你在生活中,突然看到一个完全和你一样的人,也就是你有一个镜像时,你会有什么反应?

(一)原始的自恋

弗洛伊德认为自恋是一种未区分的精神能量,来源于力比多(Libido),最初是用于自我及养育自己的人。这被他称之为原始的自恋。这首次的爱是被当作一种活命的功能来体验的,其目的在于自我保护。原始的自恋被他假定为见于每一个人。在原始自恋里,孩子爱养育自己的人是将其当作自己的一体来爱的,孩子尚没有能力将养育自己的人独立开来,但这也为以后爱一个独立于自己的个体打下了基础。

弗洛伊德认为,人首先将爱的力必多投向自己,随后健康发展将其投向客体。如果投向客体的爱遭受挫折,这种朝向外的爱会折返回自我,这种现象被称之为继发性自恋,亦即临床上的病理性自恋。这类人在以后爱的选择中,不是以他者为模型,而是以自我为模型。他们明显地将自我或自我理想作为爱的对象。他们爱他人是将他人当作自己的一部分来爱的。

弗洛伊德认为一个成熟的人,就不会长久地保持这种童年期完美、自恋的幻觉,他将以寻求理想化的自我来代替自恋的爱。朱迪斯·维尔斯特在他的《必要的丧失》一书中说道:"一个迷恋于摇篮的人不愿丧失童年,也就不能适应成人的世界。"

自恋总是与自尊相关,健康的自尊则来源于三个部分:其一,是婴幼儿自恋的残留物;其二,来自于理想自我的逐步实现;其三,来自于客体爱的满足。弗洛伊德认为自恋者因将注意力投向自己,故不能对他人产生移情,病态的自尊是自恋的无限扩大。

(二)病态的自恋

在精神分析的语境下,自恋在镜子阶段有着极其重要的意义,没有自恋就不会产生"自我"。拉康引用别人的研究成果来表述这个过程:一个很小的孩子,站在镜子面前,发现了一个完整的自我的形象,他自恋地认为镜子中的那个人就是他自己,他不再是过去眼中的身体某几个部分(比如手、脚)的叠加,还有一些他看不到的东西,这样一个整体构成了他自己,于是在镜子前狂喜……这是一个伟大的时刻,从此孩子小小的心中藏有了一个自我。镜子在这里只是一个隐喻,在没有镜子的地方孩子一样可以通过他人来认定自己,这个他人通常会是母亲,孩子在母亲的目光中认定了自己。

病态的自恋来自于共情的母亲功能的创伤性失败,以及正常理想化过程发展的失败。随后,作为一个未满足的原始需要,残留在成人的真实自我里消耗自我的能量,作为一种补偿,以对赞美无限的需要来证实自己的无所不能。自恋的病理开始于原始的无所不能的自身,结束于健康自我理想规则的内化。这种自我理想需要在双向自身(无所不能和自我理想)的盛衰变化中被检验。

一个客观的事实是,所有的正常爱的关系中都有自恋的因素,这里有一些程度问题。但如何区别正常与异常不太可能有一个定量的尺度。在这些正常爱的关系中,特别是年轻人的爱情,总包含着对爱的客体过高的评价,甚至也包含着将旧的自身印象投射到爱的客体上。正常人的爱的关系与自恋人爱的关系的区别就是:正常人在爱的时候虽也有把自己理想投射到对方身上,但能意识到对方是一个独立的个体,有不同于自己的欲望与需要。正常人在投射的同时知道自己和他人的区别。

## 二、恋母(父)情结

所谓"恋母情结"是指情感上的一种包袱,通俗地讲是指男性的一种心理倾向,就是无论到什么年纪,都总是服从和依恋母亲,在心理上还没有断乳。

弗洛伊德认为,儿童在性发展的对象选择时期,开始向外界寻求性对象。对于幼儿,这个对象首先是双亲,男孩以母亲为选择对象而女孩则常以父亲为选择对象。小孩做出如此的选择,一方面是由于自身的"性本能",同时也是由于双亲的刺激加强了这种倾向,也即是由于母亲偏爱儿子和父亲偏爱女儿促成的。

在此情形之下,男孩早就对他的母亲发生了一种特殊的柔情,视母亲为自己的所有物,而把父亲看成是争得此所有物的敌人,并想取代父亲在父母关系中的地位。同理,女孩也以为母亲干扰了自己对父亲的柔情,侵占了她应占的地位。

一般人不知道自己的身上有这种感觉。他的意识很小心地避免认知这些感觉,当这些感觉出现时,它们都早已被伪装过了。但是还是有一部分人因为种种原因没有安全渡过俄狄浦斯期,一直固结在那里,长大后这种乱伦的情结还保持着。而且成为自己内心矛盾冲突的主要部分,一方面自己潜意识里想,而意识里又是不允许的,这种恐惧使得那些社会不允许的感觉被封锁在潜意识底下,但是它们在那里不断想挣破它们的监牢。这种介于想要和不想要之间的挣扎就会造成心理问题。

荣格的阿尼玛与阿尼姆斯学说揭示了一种真实:在异性意象中反映出的是我们自己的真面目。艾森卓指出,作为自我对立面的主体性非我——阿尼玛或阿尼姆斯,就是双性或对立性的亚人格,其实质是心理情结而不是原型。她认为占核心地位的原型是非我,非我原型不仅聚集了阿尼玛和阿尼姆斯,还聚集了其他的异己性情结,譬如阴影和否定性的父母情结。

（一）俄狄浦斯情结的发现

请阅读导读故事 1-4，弗洛伊德借这个神话故事提出了"俄狄浦斯情结（Oedipus Complex）"，亦即"恋母情结"。

**【导读故事 1-4】    俄狄浦斯的神话**

俄狄浦斯（Oedipus）是底比斯（Thebes）国王拉伊俄斯（Laius）和皇后伊俄卡斯忒（Jocasta）的儿子。国王年轻时曾经劫走国王佩洛普斯（Pelops）的儿子克律西波斯（Chrysippus），因此遭到诅咒。拉伊俄斯得到预言说，自己将死于亲子之手。为了逃避命运，当俄狄浦斯出生后，拉伊俄斯就刺穿了他的双脚，并命令一个奴隶把俄狄浦斯扔出去喂野兽。这个奴隶可怜孩子，把他送给了科林斯（Corinth）国王波吕玻斯（Polybus）的牧人。后来，又被波吕玻斯收养下来。

俄狄浦斯渐渐长大，从未怀疑过国王波吕玻斯是他的生父。俄狄浦斯成人之后，因有人辱骂他是养子，他迷惑不解地跑到德尔裴（Delphi）神坛询问身世，阿波罗（APollo）没有正面回答他提出的问题，却警告他千万不可返回祖国，否则他将会弑父娶母。为避免神谕成真，恐惧的他决定永远离开科林斯，以为这就可以躲开国王波吕玻斯及皇后墨洛珀（Merope）。

在通往底比斯的路上，一辆疾驰而来的马车与他相遇。坐在马车上的老人认为俄狄浦斯挡了他的去路，一边咒骂，一边用鞭子抽打他的脸。俄狄浦斯一怒之下杀死了老人。他万万没有想到，他杀死的正是自己的亲生父亲底比斯国王拉伊俄斯。国王的侍从除一人逃走外，其余也全被杀死。

在前往底比斯的途中，他遇见了怪物斯芬克斯（Sphinx）。守在通往底比斯城的十字路口的斯芬克斯，让过路人猜一个谜语："是谁早晨用四条腿走路，白天用两条腿走路，晚上用三条腿走路？"猜不出的人就会被吃掉。俄狄浦斯含笑回答："这是人呀！在生命之晨，人是软弱无力的孩子，常用两脚两手爬行；当生命旺盛期，用两脚走路；垂暮之年，拄杖而行，犹三足也。"俄狄浦斯猜出了这个谜语后，怪物斯芬克斯羞愧难言、无地自容，立刻堕下深渊而死，通往底比斯的道路从此太平无事。底比斯人感激不尽，把这位救星选为新的国王，并让前国王拉伊俄斯的孀妻伊俄卡斯忒做他的妻子。他们生下了两个儿子和两个女儿，分别是埃忒奥克洛斯（Eteoclus）与波吕涅克斯（Polyneices），安提戈涅（Antigone）与伊斯墨涅（Ismene）。

俄狄浦斯当了几年治国有方的国王以后,底比斯发生饥荒和鼠疫。得尔福神示所预言,只有放逐杀害前国王拉伊俄斯的凶手,灾害方能消除。俄狄浦斯忧国忧民,全力缉捕罪犯。最后,他找到了那个唯一脱险的老国王的侍从,才知道杀害底比斯老国王的凶手竟然是自己。凶杀案的见证人恰恰又是曾把婴儿时的俄狄浦斯交给波吕玻斯王的牧人的那个奴隶。俄狄浦斯惊骇万状,不祥的预言全部应验了:他不仅杀害了父亲,而且娶了母亲。

震惊不已的伊俄卡斯忒羞愧地上吊自杀,而同样悲愤不已的俄狄浦斯,则刺瞎了自己的双眼,离开底比斯,独自流浪去了。

俄狄浦斯的故事之所以有震撼人心的艺术力量,就因为它触动了潜藏于每个人童年深层记忆中的情结。俄狄浦斯无意中"弑父娶母"的经历,以隐蔽的方式满足了人们心灵深处"弑父娶母"的愿望。而俄狄浦斯最后弄瞎双眼的自惩,又表明了人类对俄狄浦斯情结的罪过感与忏悔。

俄狄浦斯情结见于三至五岁的儿童,这个年龄段的男孩都有过这样或那样"弑父娶母"的梦想,它成为一个情结潜藏于儿童的深层意识中。三至五岁儿童的"俄狄浦斯情结"通常结束于儿童与同性家长认同并抑制其性本能的时候。如果与双亲的关系比较亲密,没有带来精神创伤,而且双亲的态度既不过分抑制,又不过分刺激,这一阶段就会顺利地通过。但若存在着精神创伤,便会发生"婴儿神经症",成年后还会发生相似的反应。

俄狄浦斯情结的发现是人类探索自身过程中的一个重大成果。那个守候在通往底比斯王国十字路口的怪物斯芬克斯给出的谜语,正隐喻着人类必须认识自己:什么东西早晨用四条腿走路,白天用两条腿走路,晚上用三条腿走路? 是人生的早晨即童年阶段手脚并用地四肢爬行;同样,又是人生的中午也即成年阶段用两条腿走路;最后,到了人生的夜晚也就是晚年拄上拐棍,用三条腿走路。当世人无法回答斯芬克斯的谜语时,就只能被怪物吃掉,因为对自身缺乏认识的人是不能获得生存权利的;一旦人类认识了自己,吞食我们的怪物就会即刻堕入深渊,通往自由王国的道路才能敞开。

在探索人与命运的神话中,最震撼心灵的莫过于俄狄浦斯的故事,他对命运的反抗是人类试图摆脱支配自己的异己力量而走向自由王国最初的努力,他的悲剧性结局又向人们揭示了人类从必然走向自由是一个多么艰难的历程。

(二)恋母情结的发展

根据弗洛伊德的理论,因为母亲能够满足儿童的需要,所以不论是男孩还是女孩都对母亲充满了积极的情感,而父亲却被认为是分去母亲的关心和慈爱的敌手,因此孩子们对父亲都表示憎恨。男孩子会一直把这种感情维系下去,并且他常常会以父亲自居,从而获得对母亲性冲动的替代性的满足,这个男孩长大后可能会追求一个具有母亲多种特征的女性。

倘若儿子得不到足够的母爱,对母爱的渴求受到了过分抑制,那么就会使儿子克服俄狄浦斯情结的人格发展受阻。倘若儿子被过分溺爱,使恋母感情受到过分刺激,儿子同样会在人格成长中遇到阻碍。倘若父亲对儿子过分严酷,甚至表现敌视,使儿子在需要认同和模仿同性家长的过程中受到了抑制,同样,他克服俄狄浦斯情结、逐渐发育完善人格的过程将受到阻碍。如果父亲对儿子过分溺爱甚至在儿子面前百依百顺、软弱可欺,那么,儿子也将失去人格正常发展的必要条件。

恋母情结的本质是相似和互补。以男孩为例,他与父亲同性,所以相似,而相似引起认同,使男孩以父亲为榜样,向父亲学习,模仿父亲,把父亲的心理特点和品质吸纳进来,成为自己的心理特征的一部分。男孩与母亲不同性,两性可以互补,取长补短,相依为命,这就是恋爱或对象爱。于是,男孩与自己的父母形成了最基本的人际关系,这种人际关系可以用"恋母仿父"来概括。恋母和仿父常常相互促进。父亲爱母亲,而男孩模仿父亲,他就会越来越爱母亲;母亲爱父亲,男孩为了获得母亲的欢心,必须让自己越来越像父亲。

恋母情结是最基本的人际关系,也是最早发生的人际关系,长大以后的各种人际关系都不同程度地受恋母情结的影响。可以说,后来的各种人际关系都是恋母情结的变形。我们把恋母情结及其变化进行编码,3～6岁出现的恋母情结是第一恋母情结,进入青春期后出现了第二恋母情结。第二恋母情结的对象不再是自己的亲生父母,而是父母的替代者,即家庭之外的两位长者,可以是父母的朋友,也可以是自己的老师、历史上的名人或当红的明星。相似作用表现为与一位替代父母认同,模仿他,学习他,崇拜他;互补作用表现为爱上一位年纪比自己大许多的异性,这种现象叫做"牛犊之恋"。

随着年龄的增长,恋母情结的对象渐渐年轻化,终于被同龄人所取代。此时,相似作用表现为与同性的同龄人形成友谊,互补作用表现为与同龄异性相爱。真正意义上的友情和爱情产生了,这就是第三恋母情结。为什么恋母情结的对象会越来越年轻呢?这是因为,恋母情结的对象虽然来源于父母,但不是现实的父母,而是父母的意象。心中的意象不会随着年龄的增长而变老。因此,个体外形在长大,而父母意象不长大。相对于个人的年龄,父母意象越来越年轻,恋母情结的对象也越来越年轻。

等到自己结了婚有了孩子,父母意象就被孩子取代了,恋母仿父变成了"恋女仿子",这就是第四恋母情结,也称"李尔王情结"。表现为望子成龙、望女成凤,以自己的标准教育子女,让子女成为自己这样的人或自己理想中的人。

另外一种情况是男性因从小母爱缺失(一般在童年或幼年)而形成的情结。这种俄狄浦斯情结的男子成年后,内心仍怀有对母性关爱的强烈需求和极度依恋。表现为疯狂地追求很多异性,但并非出于真正的爱情,而仅仅出于对母性的渴望,并在得到异性后很快对这个异性失去兴趣,随即抛弃。但对于异性的追求永远不会停止。而在他内心深处真正爱的人,却是自己的母亲或是记忆中一个与母亲最相似的人。

（三）恋父情结的由来

请阅读导读故事1－5,弗洛伊德借这个神话故事提出了"厄勒克特拉情结(Electra complex)",亦即"恋父情结"。

---

**【导读故事1－5】　　　　厄勒克特拉的神话**

阿迦门侬(Agamemnon)集结军队,准备征讨特洛伊(Troy)。出发前的一次狩猎中,他触怒神明。狩猎女神阿尔忒弥斯(Artemis)要求阿迦门侬把女儿伊菲革涅亚(Iphigeneia)献祭给她,才会为远征大军刮起顺风。为了希腊联军的胜利,阿迦门侬还是不顾妻子克吕泰涅斯特拉(Clytemnestra)的反对,忍痛将女儿献祭。

大军随之开赴特洛伊,开始了长达十年的战争。然而阿迦门侬夫妻之间怨恨的种子已经发芽,丈夫在外征战的时候,妻子在家偷情。十年之后,阿迦门侬凯旋而归,却被妻子和她的情夫密谋杀害于洗去他十年战火硝烟与疲惫的浴缸之中。吕泰涅斯特拉还有她的情夫埃癸斯托斯(Aegisthus)统治了这个国家。

多年过去了,阿迦门侬的女儿厄勒克特拉(Electra)长大成人。时间并没有洗去她对父亲的爱,忍辱的岁月催燃了她复仇的火焰。厄勒克特拉联合弟弟欧莱斯提兹(Orestes),杀死母亲,为父亲报了仇。

厄勒克特拉弑杀生母的行动有悖天伦,因而成为复仇女神欧墨尼得斯(Eumenides)的牺牲品。复仇女神总是跟着她,使她的良心忍受着痛悔的煎熬。无奈,厄勒克特拉请求神明的庇护。雅典娜(Athena)主持法庭,审判这桩奇案。控辩双方争执不下,最终决定投票确定为报父仇杀死母亲是否有罪。然而支持者与反对者人数一致,关键的一票握在雅典娜手中。"我不是母亲所生的人,我是从父亲宙斯(Zeus)的头里跳出来的,因此,我维护男人的权利。"雅典娜支持了厄勒克特拉的行为。

---

恋父情结是"女儿亲父反母的复合情绪",弗洛伊德认为,恋父情结产生的原因是在性器期,女孩逐渐认识到自己没有男性生殖器,此时产生了阴茎崇拜,因而埋怨母亲并妒忌母亲占有父亲。这种企图取代母亲的位置,与母亲争夺父亲爱情的情感和观念集团就是恋父情结。

一个女孩在成长的过程中,始终无法与父亲实现心理分离,结果与母亲的关系疏远不说,与同龄男性的正常交往乃至婚恋也常常会受到严重影响。这样的女孩总在有意无意寻找父亲式的恋人,但即使找到了,相处也会成为问题,因为恋父的女孩性格大多内向、娇气、任性,而且往往出现性的阻抗。

过早失去父爱的女孩,常常会将对于父亲的感情转移到现实中某个人物的身上,这个人物便会成为父亲的替代品,但他又不同于父亲。在父亲的光环效应下,"他"的形象往往更加高大起来,成为无可替代的"情圣",供奉在女孩记忆的深处。因为"他"与特定的时期联系紧密,而那个时期对女孩子来说刻骨铭心,所以无形之中,后来者便始终会让女孩觉得缺少共鸣。

在正常的童年环境中,厄勒克特拉情结会被人类的社会文化逐步抑制与克服,最终发展起健全理想的人格。在健全理想的人格中,虽然厄勒克特拉情结还会不同程度地潜存在女子的心灵深处,也会有这样或那样的表现,但那都是很正常的情况了。

"情结"不等于"爱情",爱情和其他任何事物一样,从来都不会是完美的,都可能是磕磕碰碰的。能够领略爱的美妙的人,首先一定是一个接受不完美、愿意冒险并且能够为爱负责的人,恋爱之前,他或者她会做的第一件事情,是解开自己心中的"情结",然后,让爱做主,引领自己的身心到达快乐和幸福的彼岸。彼岸有多远并不重要,因为风景其实早在旅途中。

# 第三节　爱的灵魂

人类从生到死的旅程中总是伴随着各种各样的冲突、痛苦、迷惑,作为聊以安慰的心灵寄托,人们创造了神话,而且成了人类最初的自助心理学。就连希腊著名作家欧里庇得斯也称"爱情是万物的唯一的统领,就连众神也要受它支配"。

请阅读导读故事 1-6,你将会发现,潘多拉因恨而生,却为爱消亡。

**【导读故事 1-6】　　　　普罗米修斯的神话**

　　很久很久以前,世界的主宰是提坦神(Titan),他创造了天和地以及世间万物。那时候的古希腊还是一片荒芜,巨浪滔天,拍打着爱琴海岸;鸟飞鱼跃,动物成群。可惜这其中没有一种具有灵魂的高级生物。人类还没有出现,而神界的争斗却再起波澜。宙斯(Zeus)推翻了提坦神克洛诺斯(Cronus)的统治,并将他流放到遥远的地方。在痛苦的流放过程中,克洛诺斯的儿子降生了,他就是人类的始祖普罗米修斯(Prometheus)。

普罗米修斯一生下来便有着神祇的光华,他是如此漂亮如此聪明的男孩,仿佛他的眼睛就是清澈的河水,他的蓝色头发就是无垠的天空。普罗米修斯喜欢大自然,喜欢这种和平与安宁的世界。他在无忧无虑中渐渐长大。直到有一天,普罗米修斯在水边遇到了一位十分美丽的女子,那女子知道他的名字,也知道他是古老神祇的后裔。

"你是女神?"普罗米修斯问。

"是的,我是智慧女神雅典娜(Athena)。听说你很睿智,我是特地来考你的。"

"雅典娜? 你是宙斯的女儿?"普罗米修斯感到有些不快。

"亲爱的普罗米修斯,雅典娜只代表我,不代表宙斯的女儿。"

"那好吧,你有什么问题?"

"这个问题很难,从提坦神时代就一直没有谁能解答。"

"你是说,天神的种子在哪里? 可以主宰世界的灵魂在哪里?"

"命运女神,也就是我的姐姐克罗托(Clotho),她告诉我,只有你能找到天神的种子。"

普罗米修斯笑了笑:"女神,如果我创造了人类,你的父亲一定不会放过我。"

"你是说,未来世间的主宰叫做'人类'?"

"我叫他们人类,他们应该有和天神一样的外表,一样的智慧,他们有灵魂,分善恶,他们就蕴藏在万物生长的大地之中。"

"普罗米修斯,你是注定要创造人类的,因为命运是无法改变的,无论它带给你的是什么。不管发生什么事,我都愿意帮助你。"

"如果你的父亲要杀死我呢?"

雅典娜怔了怔,没有说话。她走上前,吻了普罗米修斯的眼睛。普罗米修斯的心中没有爱情,他不懂那是怎么一回事。

于是,普罗米修斯用泥土捏成了人形,并赐予他们灵魂;雅典娜用智慧的双手帮助他,并且把感情注入了人类的身体中。

"我想,人类需要爱情。"雅典娜说道。

"爱情是什么?"普罗米修斯问。

"是一种男人和女人之间的感情,就像我和你之间。"

"有了爱情,他们能做什么?"普罗米修斯还是不明白。

"可以为所爱的人牺牲一切,包括永恒的生命。"

人类出现以后，不断繁衍生息，不久便形成了一大群，遍布各地，世界也因此而显得生机勃勃。然而很长一段时间里，他们如同行尸走肉一般地生活，蛰居在没有阳光的山洞里，觉察不到寒来暑往，对周围的一切都视而不见，充耳不闻。他们根本不懂得怎么使用灵魂。

普罗米修斯付出了极大的耐心和智慧，教会他们使用灵魂；教他们建造房屋，驾驭牲畜；教他们文字和语言；教他们劳作，为他们治病。普罗米修斯关心人类的一切活动，渐渐的，仿佛这世界都在普罗米修斯的掌控之中了，宙斯再也不能安心地在神界待下去了，他绝不允许谁的权力和威信超过自己。他开始向人类发难，借此来排挤普罗米修斯。当宙斯的一系列报复举动都被一一化解之后，他断绝了人类必需的最后一样东西——火。

普罗米修斯勇敢而巧妙地借太阳车取回了火种，这一次，连雅典娜都有些嫉妒他的智慧了。由于普罗米修斯公开和宙斯作对，雅典娜陷入了两难的境地。她的确很喜欢普罗米修斯，但她绝不能背叛她的父亲——众神之父宙斯。

宙斯看穿了女儿的心思，于是问她："如果我要杀死你心爱的人呢？"雅典娜忽然想起，她在吻普罗米修斯的时候，他那样陌生的眼神，于是答道："我是智慧女神，绝不容许谁的智慧超越我。也许我会亲手杀死他。"雅典娜目光如炬，却充满无限悲伤。

为了抵消火给人类带来的巨大好处，宙斯决定要让灾难也降临人间。宙斯首先命令火神赫淮斯托斯(Hephaestus)使用水土合成搅混，依女神的形象做出一个可爱的女性；再命令爱与美女神阿弗洛狄忒(Aphrodite)淋上令男人疯狂的香味；智慧与工艺女神雅典娜(Athena)教她织布，制造出各颜各色的美丽衣织和灵巧智慧，使女人看来更加鲜艳迷人；神的使者赫尔墨斯(Hermes)传授她语言的天赋。众神赐予她所有的天赋后，一个完完全全的女人终于完成了。众神替她穿戴衣服，头戴兔帽、项配珠链、娇美如新娘。赫尔墨斯出主意说："叫这个女人潘多拉(Pandora)吧，是诸神送给所有人类的礼物。"众神都赞同他的建议。在古希腊语中，"潘"是所有的意思，"朵拉"则是礼物。"潘多拉"意即"有着一切天赋的女人"，亦为"一切灾难的传播者"。

潘多拉来到了人间，所到之处，连地上的众神也惊美不已。她径直走到普罗米修斯面前，双手奉上一个精美的盒子。

"普罗米修斯，请接受我的礼物吧！"她的声音悦耳动听，她的笑容勾人魂魄。

但普罗米修斯却不为所动："我从不接受奥林匹斯(Olympus)山上的任何馈赠。"

"如果你愿意打开盒子来看一看，我将不胜荣幸。"她呵气如兰，摇曳生姿，在普罗米修斯面前频送秋波。

"看来我要让你失望了。"普罗米修斯根本无视这个绝美的女子,转身便要离开。恰在这时,潘多拉被脚下的一块石头绊了一下,差点跌倒,幸好普罗米修斯及时扶住了她。与此同时,那盒子掉在地上,盖子被打开了,灾难就在那一刻降临了。

灾难像黑烟一般从潘多拉的盒子里飞了出来,迅速充满了整个大地、天空和海洋。疾病悄无声息地蔓延开来,痛苦在不断滋生,死神步履如飞地在人间狂奔……人类陷入了灾难的深渊。

潘多拉拾起盒子,趁藏在盒底那唯一美好的东西——希望,还没来得及飞出来之前盖上了盖子。她冲普罗米修斯邪恶地一笑:"是你的善良害了你,也害了人类。"普罗米修斯跌坐在奥林匹斯山脚下,表情十分痛苦。不知道为什么,潘多拉看到他的样子,心猛地疼了一下。

接着,宙斯决定以为人类带来灾难的罪名惩罚普罗米修斯,这是一个明目张胆的阴谋,但是众神爱莫能助。宙斯把这名仇敌交给儿子火神处置。火神很善良,并且他也很佩服普罗米修斯,他不愿杀死他。但是他的两个手下强力和暴力恶奴当道,擅自将普罗米修斯锁在了高加索山(Caucasus)的悬崖上。火神不无悲哀地说:"无论你怎样哀诉和悲叹都无济于事,宙斯的意志是不可动摇的,这些刚刚从别人手里夺得权力的统治者都是非常狠心的。除非你愿意做他忠实的信徒,服从他的命令。"

普罗米修斯异常平静地微笑:"无论谁,只要他学会承认命运,就必须承受命中注定的痛苦。"

"如果你一直坚守自己的信念,你会在这里被缚三万年。"火神好心地劝慰着普罗米修斯。

"一种新的婚姻将使诸神之王面临毁灭。"普罗米修斯自言自语。

"这是预言吗?还是诅咒?"无奈,任凭火神再三追问,普罗米修斯再也不肯说一个字。

宙斯听说了这个可怕的预言有些坐卧不安,他天天派人去逼问普罗米修斯,要他说明这预言所指的是什么。但普罗米修斯宁愿承受痛苦和惩罚,也不愿再给专制的众神之主一次机会。宙斯日日为此烦恼,并打算借助雅典娜的智慧想出一个办法来。其实雅典娜本来和她的姐姐正义女神一样很少赞同父亲的某些做法,但她此刻对普罗米修斯只有恨没有爱。她是如此高傲的女神,曾主动地去爱一个流放的神祇后裔,但他却毫无反应,对她一点也不动心。想到这,雅典娜说道:"每天派一只恶鹰去啄食他的心,让他也感受一下心痛的滋味。"这话恰巧被路过的潘多拉听见,不知为什么,她心里又疼了一下。

　　当潘多拉偷偷跑到斯库提亚的荒山野岭时,她一眼就看见了被铁链锁在高加索山断岩上的普罗米修斯。他蓝色的头发在寒风里飘动着,被风干的眼神,黯淡的目光,和流着鲜血的心口。上面是一望无际的苍穹,下面是可怕的万丈深渊,普罗米修斯孤独地忍受着命中注定的痛苦。这一切让潘多拉的心疼痛不已。她本是一尊石像,怎么会有心呢? 又怎么会伤心呢?

　　潘多拉使用魔法来到了普罗米修斯的面前,她摘下洁白的面纱,露出了绝美的容颜。普罗米修斯用一种怨恨的眼神看着她。潘多拉知道,普罗米修斯的灾难都是自己带来的,她用面纱轻轻为他擦拭伤口。当她的手触摸到他的心时,爱情诞生了。

　　"我可以完成那个不祥的预言吗?"

　　普罗米修斯惊愕地看着潘多拉,摇摇头。他的先知是上天赐予的,他也绝不会违背上天的旨意,在事情没有发生之前就把预言说出来。当然,这个预言事实上和潘多拉也没有关系,他知道她只是宙斯报复自己的工具,又何必给她强加那么多痛苦呢?

　　"至少,我可以让人间还有希望,"潘多拉幽怨地看着普罗米修斯,"能为你做一点事情也好,哪怕要付出永恒的生命。"

　　"你不是人类,你永远无法懂得如何拯救我。"普罗米修斯终于开口说话,他被潘多拉的眼泪打动了。

　　潘多拉醉人地一笑:"交换灵魂的游戏,是要付出代价的,可是我愿意。"

　　潘多拉来到人间,在一块平整的土地上堆起了三堆,分别是土、石和沙子。她默念咒语,从大地中摄取了人的灵魂,而将自己罪恶的灵魂放逐。交换灵魂的代价就是她再也不能说话,然而潘多拉不在乎,自从她触摸到普罗米修斯的心,她就发誓要去拯救这位苦难的英雄。随后她立即领悟到拯救普罗米修斯的唯一办法就是放飞希望,于是打开了她的盒子,把希望放飞出去。人间又有了希望,人类不会毁灭了,普罗米修斯也就再也不是罪人了。

　　潘多拉知道宙斯很快就会知道一切,自己违背了誓言必定遭到惩罚。时间不多了,她再次来到普罗米修斯的身边,毫不犹豫地将他释放了。普罗米修斯不知道她要干什么,而潘多拉却无法把自己所做的一切告诉他。她把一只镶着高加索山石的铁环戴在了普罗米修斯的脖子上,这样宙斯就会以为普罗米修斯依然被锁在高加索山上。这个具有一切天赋的女人,不仅具有雅典娜的智慧,也同时具有普罗米修斯的善良,她决心用自己的生命去换取普罗米修斯的自由。

　　做完这一切,潘多拉回到了宙斯的圣殿,在天上望着普罗米修斯远去的背影,流下了最后一滴眼泪。她默念咒语,化为一尊石像。雅典娜洞察到了一切,但她并没有告诉她的父亲宙斯。她向着凡尘叹了口气,说道:"潘多拉因恨而生,却为爱消亡,这是不是对神祇的嘲讽呢? 她为所爱放弃了永恒的生命,可是普罗米修斯却浑然不知,他从来不懂爱情。但愿芸芸众生的人类不要再重蹈覆辙。"

　　直到今天,人类依旧繁衍生息,神界依旧不断征伐,只是潘多拉的故事早已成为过去,没有人再提起了。

## 一、潘多拉神话

　　潘多拉神话讲的是关于美貌与权力的故事,假如一个男人对潘多拉动情,他必须时时防备受到她魔力的操纵;假如一个男人对她无动于衷,他在男性权力等级秩序中可能会失去合法的地位。

### (一) 两性双向羁绊

　　潘多拉神话使我们明白宙斯的诅咒对两性是一种双向羁绊:男人和女人相互敌对并最终同归于尽的故事。潘多拉神话存在着对男女两性都很危险的误区——盲目信仰女人外表的魅力。

　　如果一位男子相信女性美的魅力,他就得费尽心力去追逐这种目标,而且一旦战利品到手,他更需要时时提防这些善于欺骗和操纵别人的、内心空虚而不可信任的异类。他随时随地都可能因为女人的缘故而蒙受耻辱。另一方面,如果这位男子对女人的外貌无动于衷,不相信关于女性外表美丽、内心空虚的描述,或者是因为他行为笨拙而不会接近异性,那么他就要冒被男性等级社会开除资格的风险。

　　对于一位女性来说,这种双向羁绊造成的难题更为严峻。如果她以潘多拉的形象自居,她就必须认同"外表漂亮而内心空虚"的标签。假如她觉得这个标签对她不合适,而他人却这样期待,她就会与世俗的评价发生冲突,产生与人沟通的困难。潘多拉式的女人在年轻貌美、招异性喜欢时可能会觉得自己很有力量,但是随着年龄渐老,她就会感到惶恐无助。假如她到了中年仍然坚信自己是个美女,她可能白白浪费了创造力的发挥和内在力量的成长。一旦自己青春偶像式的人格面具分崩离析,她就得面对令人恐惧的虚空。假如一位青年女子只是本能地抵抗潘多拉的控制,而不能真正理解并从这一神话的羁绊中解放自己,她将会遭遇另外一种困境。她不愿或不能扮演激发欲望的处女角色,等于是以局外人的身份自居,因而就会被整个女性(以及男性)社会所不容。她是"自外于群众"。除非她有特殊的才能或者运气特别好,她的抵抗姿态很可能导致缺少自尊以及害怕失败,特别是害怕找不到婚恋伴侣。无论她的性取向如何,她都会对自己是否有吸引力信心不足,担心被人遗忘或遗弃。不管是男人还是女人,认同潘多拉的神话会吃苦头;而表示抵抗却身在其中不能超脱,也会大吃苦头。这种双向羁绊是无意识设置的陷阱,使人无可逃脱地自我伤害并互相伤害。因此,只有打破这种双向羁绊,才能获得自由。

(二)性别对立人格

潘多拉虽然是宙斯创造的报复人类的女人,但潘多拉不是一个女性的形象,而是一个阿尼玛形象——她象征着男人的梦中情人。她用美艳使男人自惭形秽,用编造的谎言使男人就范称臣。正如玛利·派芙尔在《奥菲莉娅的复活》一书中对美国少女生活情况所描述的那样,潘多拉式的痛苦和灾难比以前任何时代都更普遍。

人们必须清醒地面对仍然活在文化血液中的潘多拉神话的影响,把它对人类的诅咒转变成解放的力量。这就要求男女两性之间彼此尊重、平等相待。潘多拉必须找到自己失去的心和灵魂。她必须关爱自己内在的"他性",即异于自己性别身份的"陌生的性别"。每个女人都需要实现自己的潜能。男女两性都需要超越父权神话强加的局限。要让潘多拉得到文化上的平凡和解放,女权主义的唯一目的是:让每一个女性的人性体验成为她自身。男性必须懂得:解放潘多拉不仅是为了解放女性,也是为了解放男性自己。

从人类心灵划分为男女性别对立的事实中,艾森卓看到了这样一种可能性:如果一个人能够发展其自省和自知,使人格不断发展,就会找到从欲望到个体化的途径。但发展路上的一个最大陷阱就是:把自己的人格认同并固守于某个特别的自我情结,尤其是某种性别情结。这种僵化的自我认同有可能使人局限在一种非常狭隘的人格面具内,不能从自我防御的虚假状态中解放出来,乃至失去做人的丰富含义,永远不能反省和洞察生活的意义。

艾森卓揭示出人们赖以生存的神话的真相,以帮助形成清晰的意识。她提出:"只要我们将神话转化为隐喻,它就不能再统治我们的无意识心理生活,就可以自觉、主动地运用这个隐喻。可以把它看做反映自我的心理意象,进行自我精神观照,来反思自己走过的弯路和教训,从而得到更自由、更广阔的人格成长。"因此,我们必须停止身在其中的束缚感,停止把它看做是真正的实在,从而全面改换观察视角,挣脱这副锁链,并以超越的心态将这个神话当作女性美双向羁绊的隐喻。

## 二、爱与灵魂

心理学(psychology)的字源来自希腊神话中的一位公主赛琪(Psyche,意为灵魂),神话本身即蕴涵了丰富的心理学色彩。

请阅读导读故事 1 – 7,你会发现自己和爱之间的潜在空间。

【导读故事1-7】　　　　　　赛琪的神话

很久很久以前,有一个国家的一位国王和王后,他们拥有三个漂亮的女儿。其中最小的女儿叫赛琪(Psyche),是三个女儿中最美丽的一个。人们都认为她是地球上的美神阿芙罗狄蒂。来自邻国的男人们蜂拥而至就为了看她一眼,但是没有任何人有勇气向她求爱。因此,一直单身的赛琪开始感到十分烦恼,并憎恨起自己的美貌来。

美神阿芙罗狄蒂(Aphrodite,罗马名:维纳斯)对此很生气,她派自己的儿子爱神厄洛斯(Eros,罗马名:丘比特)将箭射向这个女孩,使她爱上一个最糟糕的人类。这个男人既非出生于名门望族,也没有家财万贯;既没有良好的品行和智慧,也没有俊俏的外表或巨大的勇气。这便是阿波罗的神谕。

美丽的赛琪一直找不到能与之匹配的理想夫婿,她父亲去请教太阳神阿波罗(APollo)的神谕。神谕显示赛琪必须穿着丧服,独自到山顶等候,有一只长着翅膀的蛇会带她走,娶她为妻。

厄洛斯奉母亲之命来到赛琪家中,然而他却被赛琪的美貌深深吸引,无可救药地爱上了她。他忘记了自己的任务,将自己的金箭射向了自己。

当赛琪和她的父亲下定决心,遵照神谕的指示独自来到山脚下,一阵和暖的西风吹来,将她带到了一座山谷里,然后把她轻轻地放在铺满鲜花的床上。她很快进入梦乡,当她醒来的时候,她走进附近的树林里,发现了一座金碧辉煌的宫殿。

于是,赛琪开始了在山中的生活。当赛琪正在这座奇妙的城堡里散步,穿过不计其数的珠宝玉器时,她突然听到一个温柔的声音告诉她这是她的城堡。在她等待沐浴和结婚晚宴时,这个温柔的声音又邀请她到卧室休息。

当晚宴结束后,她听到她那陌生的丈夫爬上了床,并在她耳边温柔地私语。他告诉她,如果她信任他,就不要想看他的容貌。

只不过当白天即将来临的时候,她的丈夫就悄悄地离去了。日复一日,她的丈夫都是晚上才露面,赛琪甚至没有看清楚她丈夫的长相。

一段时间后,赛琪的姐姐们开始寻找她的下落。当赛琪得知以后,她向自己的丈夫哭诉,如果不能见到她的姐姐们,她将会抑郁死去。尽管她的丈夫知道她的姐姐们是邪恶的女人,但还是不情愿地同意了她们的见面。

第二天,一阵和暖的西风将赛琪的姐姐带到了城堡。她们一到达这座不可思议的城堡就开始感到痛苦与嫉妒。

于是她们密谋使用诡计哄骗赛琪,让她去看看自己丈夫的庐山真面目。她们告诉赛琪她的丈夫是一条邪恶的蛇。赛琪出于好奇,决心听从姐姐的建议,去看看丈夫的模样。她回到自己的房间,当厄洛斯熟睡时,她点亮了蜡烛。

真相被揭露了。但是这里并没有什么邪恶的蛇,英俊潇洒的爱神厄洛斯正在沉沉入睡。在检查他的武器时,赛琪抽出一支箭,却不小心划伤了自己的皮肤。她立即爱上了自己的丈夫。在匆忙间,她将一滴蜡油滴在了厄洛斯的肩上。厄洛斯立刻痛醒了,从窗口飞了出去。

那时她发现自己已经怀孕了并深深爱上了厄洛斯,她后悔万分,于是找到阿芙罗狄蒂寻找帮助。阿芙罗狄蒂交给赛琪一些不可能完成的任务。但是,赛琪在众神的帮助下终于完成了所有的任务。

然后,阿芙罗狄蒂交给赛琪最后一项任务:去冥界寻找王后珀耳塞福涅(Persephone),并带回装着"美丽"的盒子交给自己。冥后将盒子交给了赛琪,但叮嘱她一定不能私自打开这个盒子。可悲的是,赛琪又没能控制住自己的好奇心,她也想稍微接触一下"美丽",于是她打开了盒子。没想到盒子中飞出来的不是"美丽",而是阴暗的睡眠,于是她倒在地上,仿佛尸体一般一动也不能动了。

赛琪本来应该永远地昏睡过去,但是厄洛斯已经从伤痛中恢复过来,把盒子里的睡云重新关上,用箭轻轻地碰触赛琪(艺术家们更希望是用爱的吻)使赛琪苏醒过来。宙斯(Zeus)被他们的爱感动了,赐予赛琪永生;阿芙罗狄蒂也原谅了她。于是,她和厄洛斯在奥林匹斯(Olympus)山上过着幸福的生活。

在天神宙斯的祝福下,赛琪和厄洛斯的婚姻成为不朽,"灵魂"和"爱"永远不再分离。

(一)灵魂的另一半

让我们重新回顾柏拉图的《会饮篇》中阿里斯托芬的故事,并从中理解人类所具有的厄洛斯现象。

在远古时代,天神所造的第一个人类是个半男半女的怪物,他还有个名字叫安卓纠诺斯。天神原本很满意他的创作,岂料这安卓纠诺斯的男女两半每天争吵不休。

有一天,天神终于受不了了,遂命雷神(宙斯)将其劈为两半,这一男一女终于自由地各奔前程。但是过不了多久,他们开始感到孤单寂寞,而思念起对方。然而天下之大,自己的另一半又在何处呢?历经了一段漫长的寻寻觅觅,终于有一天他们又重逢了,因此他们决定共度人生,再也不分开。

柏拉图由此指出,人类的本性原本是一体,我们本是一个整体,对于这一完整合一的希冀和追求就是所谓的爱情。但是寻找自己灵魂的另一半的过程又是漫长而痛苦的，越是理解自己爱另一半的理由，越是被他（她）所吸引；越是被他（她）所吸引，越是不知道该怎样爱他（她）。

正如德国作家歌德在《少年维特之烦恼》中所写："我若不是呆子，我的生活本可以过得最好，最幸福。像我现在所处的困境，既优美，又让人心旷神怡，这是不易多得的。啊，只有我的心才能创造自己的幸福，这话说得对——我是这可爱的家庭的一员，老人爱我如子，孩子爱我如父，绿蒂也爱我！"

倘若赛琪不去追究她"另一半"的真面目，那么她将保有单纯的幸福，但出于满足先天的好奇欲望，她似乎又必然地会以"怀疑之光"去烛照他，结果，"灵魂"和"爱"永远不再分离。

倘若人类不去追究宇宙及人类自身的"真面目"，也将像猴子一样保有单纯的幸福，但出于人类探究自身的好奇心，人类似乎也必然地会以"理性之光"去逼视自己"灵魂的另一半"，结果，产生了一门现代科学——心理学。

（二）灵魂与爱合一

赛琪的神话表达了一种灵魂与爱合二为一的力量，它们在相互靠近、关注、接纳之中达到最终融合的状态。可见，灵魂只有处在一种相互接纳、亲近、统一的积极的关系之时，人的心中才能体验到爱的情感。另一方面，也只有当人的内心中有爱时，才能产生积极关注、靠近、接纳世界的愿望和能力。

柏拉图在《国家篇》中说灵魂有三个组成部分：第一部分是理智，其职责和功能是思考和推理；第二部分是欲望（非理性部分），其职责和功能是感受，它是食、色等欲望的驱动力；第三部分是激情，它是愤怒的来源，激情是理智的天然辅助者。

若灵魂与爱合二为一，会体现三种层次的爱：一是厄洛斯（Eros），是欲望之爱，满足你我的需求，追求美貌、外形、性感，想要不断地占有对方，是索取、浪漫，有条件的、短时间的爱。二是菲莱欧（Phileo），是友谊之爱，要满足彼此的需要，追求气质、内涵、思想，双方投缘、交换、互利的、有弹性、相对时间较长的爱。三是阿嘎佩（Agape），是交托之爱，要满足对方的需要，追求品格、灵性、信念，是自我牺牲的、时间最长久的无条件的爱。在神话解释中，爱欲有时是不可理喻的。这种爱的疯狂是因为厄洛斯将箭射中了爱者的心灵。这种疯狂的爱，力量非常强大，是意志所无法克服的，这就是浪漫的爱情。人类需要这种浪漫，这种爱情的浪漫有时使人们对生命的本原意义有了更深刻的理解。

爱的力量又是不可忽视的。赛琪因为好奇驱使自己认识了真正爱的对象，最终不惜以死的代价找回心爱的人。这是超越了世俗情感而形成的高贵而伟大的爱情。人类需要这样一种伟大的感情。这种伟大而朴素的感情能激励千千万万的人，使人能够趋向于美好的爱情。

# 第二章　爱的主题物语

爱是人类的一个永恒主题。"爱"这个词在我们交往中时常能够接触得到,因此当我们在确立更深层关系上,总是在对它的表达上认识不够深刻。从古到今,人们对爱的理解都充满了各种各样的歧义、误解和争论。那么,爱到底是什么呢?

## 第一节　爱的观念

### 一、爱的诠释

#### (一)爱的内涵

透过古希腊神话中所表现的神人之爱,可见其具有不可忽视的文化意义。也就是说,他们的爱的观念体现以下四重内涵。

一是母爱,或血缘之爱。这在古希腊神话中有其特殊表现。即便在诸神之间,他们也非常重视这种母爱和血缘之爱。二是情人之爱和两性之爱。这是生命的一种自由表现,其中充满着生命的力量和爱的力量。三是人对神的爱。或者因为恐惧、敬畏而爱,是以意志克服自己,使自己能爱人的自我征服,或者因为感恩而爱。四是神对人的爱,即神爱。

在希腊,不同的单词描述不同的爱。正如一位专家指出:"希腊文是很微妙的语言,充满细腻的修饰词语,能分清字义的各种意思。"希腊文中关于"爱"这个词有四种表达,我们可借助于希腊文来认识它。

一是"Storge",指血缘之爱,包括父母与子女之间、兄弟姊妹之间,及亲戚之间的爱。它是生物界的通性,爱的程度不是很深,甚至有时是单方面的。这种爱并不建筑在对方的优点或回报上,而且几乎是无条件的。

二是"Eros",指两性之间的性爱或情爱,是最初外表的、身体的吸引,必须要对付感观上的诱惑,Eros不是给予的爱,而是自己要得到服侍或自己接受享乐的爱。Eros的爱会牺牲别人来满足自己的私欲,Eros往往和情欲(Erotic)在一起,因为这都是肉体的、感观上的爱,代表一种出于本能的感性冲动及浪漫情怀。

三是"Philia",指友爱或契合之爱,显得温和而理性,从互相欣赏与尊重开始,像兄弟般亲切的爱,朋友间的感情,是重感觉的。大家有共同的想法、感受、兴趣、爱好、憎恶。情侣之间的亲密联系,既建立在情感上,又建立在人生的经历上。当一方快乐的时候,另一方也快乐;当一方痛苦的时候,另一方也痛苦。契合之爱是才下眉头,却上心头。契合之爱是执子之手与子偕老。

四是"Agape",是指神爱或博爱,是神对人类的大爱,是不求回报的爱。是《新约》作者常用的"爱"。Agape 的爱是给予的爱。Agape 的爱会牺牲自己使他人受益,想让人得益处。

(二)爱的境界

英国大文豪鲁益师(C. S. Lewis)按照希腊文的用法,认为"爱"有四层境界。

一是亲情(Affection),源于希腊文"Storge"。它的原意是"喜爱,特别是亲子间的爱",但也包括兄弟姐妹的爱。这种爱能牺牲,也常被受方视为当然。鲁益师把爱的性质分作两类:"施予爱"(Gift-love)和"需求爱"(Need-love)。我们常把父母亲的爱归类于"施予爱",而孩子对父母亲的爱则是"需求爱"。他认为"需求"与"被需求"两者其实是有相互依存关系的。世上的施予者不但常有"被需要"的需求,也常常有操纵、控制被爱者的欲望,甚至连牺牲的表现都可能是一种控制的手段。

二是友情(Friendship),源于希腊文"Philia"。友情没有排斥性,一个人可以有许多朋友。如果说情侣关系是面对面,两个人被对方所吸引,倾诉彼此的爱意,那么,朋友关系是肩并肩,两个人为共同的兴趣所吸引,他们的注意力不在彼此的仰慕。鲁益师指出,友情不只是同伴,更不只是利害关系的结合。友情应当是自愿的,不建立在"需求"的基础上,所以更富有"灵性"。可是,朋友的圈子也容易形成私党,促成圈内人的骄傲(优越感)和对圈外人的排斥。这个圈子容易彼此影响,加强共同点,使得好的更好,也使得坏的更坏。这或许跟孟子所谓益者三友和损者三友的道理相通。

三是情爱(Eros)。鲁益师认为,情爱包含性爱,但性爱不是情爱,甚至可以有性而无情。真正的厄洛斯,它的对象不是性,而是被爱者的全人,它所赞叹的是爱的对象,而不是自己的需求。这是亲密性最真挚的表现,爱侣融为一体,施与受之间几乎已经无法区别。

四是圣爱(Agape),是对上帝爱的描写,它是一种恒久、无私、牺牲的爱。神的爱不但是施予在所有人的身上,并且它还有能力改变我们,使我们成为一个更能够接纳,也更能够施予爱的人。

鲁益师所提出以圣爱为主导的爱观,让我们不但认识到爱的真谛,更呼唤着我们去追寻真爱的源头。此外,美国的欧文·辛格,在他的著作《爱的本性》中,总结了古往今来所有关于爱的评价,认为爱的本质可以分为两种:第一种,爱是一种评价;第二种,爱是一种给予。这也遥相呼应了前边对爱的区分。

## 二、爱的秘诀

### (一)爱的真谛

大家熟知的英文"Love"(爱)是最奇特的字之一,它虽然具有丰富的内涵,从字典上可以查到"Love"(爱)有25种意思,所以,当我们在爱情与婚姻中实际运用时,会发现它们各有其独特的地方。它们既相区别又相联系,但只要合理运用起来,便会使身体、感情、心灵达到一致,使双方的爱变得更为强烈和持久。

爱,首先是属于感情而不是属于理智的。在爱情与婚姻中,双方彼此都有强烈的身体欲望,并以愉悦的性爱来表达Eros,所以,Eros带有浪漫的意思,它不完全是感官感觉,还包括与被爱的人呆在一起的意愿和拥有对方的欲望。因为整个人都被对方完全吸引,使人不由自主地坠入情网。在现代流行的通俗情歌与情诗中称之为痴情、热恋,是强烈的、甜蜜的,又是可怕的,它常常是爱情与婚姻的起点。这种爱特别需要扶助,因为它是变化不定的,不能终身持久,虽能使人海誓山盟,但却不能使人信守诺言。因此,我们要将愚昧短暂的迷恋与神为婚姻设立的浪漫爱情划清界限。迷恋是来自错误的印象,或仅仅因外表而过高地估价对方,或情欲所至,而产生的感情、肉体的反应。相反,真正的爱,是因对方所流露的本性和整体,正是自己寻觅和爱慕已久,而在精神上、心智上、情感上和身体上产生的反应。

爱,还是超出伦理和观念的。希腊词"Storge"有点像诗人罗伯特描述的家:"当你走到那地方,他们请你进去……得到你不一定配得的待遇。"在爱情与婚姻中,这种爱满足我们归属的全部需要,使我们成为互相关心、彼此忠诚的不可缺少的一个环节。在冷漠、残酷的世俗世界,Storge这种爱提供了情感的避难所。爱情与婚姻当中如果没有这种爱,就像房屋没有屋顶,任由雨水倾然而入;倘若有了这种爱,爱情与婚姻的其他方面就能顺顺当当、红红火火。

爱,同时又是共享和合作的。Phileo是珍视、细腻对待被爱之人,且总是期望对方的反应。这种爱是共享的、互相沟通的、朋友般的。Eros的浪漫使人爱恋,phileo使人成为亲密的朋友,交流各自的思想、情感、态度、计划和梦想——分享最秘密的、不与他人分享的东西,也共享时光和乐趣。显然这是两人之间共享的、合作的。没有Phileo的婚姻是很难令人满意的,加上phileo才令人觉得婚姻是有趣、有价值的。

爱,更是博大与无私的。Agape是完全博大无私的爱,带我们从身体进入灵魂。这种爱有能力去付出——不期望回报地、不断地付出。当我们享有Eros的爱情与婚姻时,能体会到的美好感情和报偿是神恩赐的礼物。拥有Agape这种爱可以立刻行动,因它是从意志的选择而不用依赖人的感情开始,这是一种行动的爱,而不是情绪的爱。比起Eros的感觉,它更注意你所做的和所说的。

可见,爱情与婚姻既可以是情感的,也可以是由意志引发出来的。只有当你掌握爱的艺术时,你才能体会得到爱的丰富、成熟和令人欢愉。

(二)爱的模式

在现实生活中,通常女性喜欢求证爱:"你为什么爱我?""你究竟爱我什么?""我有什么值得你爱?"通过对方的答复来求证爱的模式。

第一种爱是"如果爱"。"如果"是对方爱的条件,对方为爱付出,是为了换得自己所要的东西。这种爱的动机是自私的,其目的是想利用爱来交换其他东西。比如,如果你达到我所期许的爱人的标准……如果你满足我的欲望……如果你肯跟我上床,我就爱你。

"如果爱"常是有附带条件的,我们之所以给予或接受这种爱,是因为某些要求获得满足。这种爱犹如厄洛斯((Eros)一样是条件性的、常常改变,且具有自私性。

生活中的女性在坠入这种"如果爱"之后,会面临她们的爱人开出的条件:"如果你肯陪我睡觉,我就爱你。"但一旦爱人得到性欲满足后,他不是视之如宝倍加珍爱,而是弃旧迎新另觅新欢。这是因为她们不晓得,由于满足男友之求欢而赢得的爱情,是廉价的,不仅不能令她们满足,而且也不值得付出那么高的代价。

一般恋爱属于 Eros,Eros 是爱对方,同时也千方百计想从对方得到爱。所以带着妒意,伴着不平和埋怨,以爱的名义折磨的,就是 Eros。而这种有条件的爱常常自生自灭,因为迟早总有一方不能满足另一方的要求。许多夫妻关系破裂,就是因为其婚姻建立在这种有条件的爱情基础上。夫妻双方到头来发现自己所爱的,不是真实的配偶,而是其他一些想象的、美化的、浪漫的形象。一旦幻梦破灭,或对配偶的期望没获得满足,这种"如果爱"往往就化为怨恨,更可悲的是,当事人往往不明白为什么会这样。

第二种爱是"因为爱"。在这种爱里面,一个人是因为他具有某些特质,拥有资财,或做了什么令人感动、佩服的事,才被爱。换言之,这种爱所以产生,是因为在被爱者的生活中,具有某种优点或特质。其表达方式大抵如下:"我爱你,因为你很美。""我爱你,因为你很有钱。""我爱你,因为你给我安全感。""我爱你,因为你是如此与众不同。"我希望别人爱我,是因为我是什么样的人,或我有什么品质和优点。这又有什么不对? 也许没什么不对。我们都希望因自己有什么特殊之处被爱。

显然这要比"如果爱"好很多。"如果爱"必须付出代价去赢得,需费一番气力和工夫。然而因为我们的优点而受人青睐,就使我们觉得比较自在了,因为我们知道自己有可爱、吸引人之处。但是,以这种方式被爱,很快就会变得比"如果爱"好不到哪里去,而且它也绝不是奠定婚姻或任何持久关系的牢靠基础。

假设在你旁边又冒出一个竞争者,她具有比你更可爱的气质,结果会怎样呢? 假设你是个美丽的妻子,你以此赢得丈夫的爱,但是万一有一个比你更美丽的女人闯入你们生活中,结果会如何呢?

这种"因为爱"还存在另一个问题,就是每个人都有两面性。一面是外在的,在公众面前的表现;另一面是深藏心中的自我,只有少数人知道,甚至无人知悉的自我。这类恋人往往有一方或双方都害怕让对方知道其内在真正的自我。他们担心,万一真相暴露,自己就不再被接纳,不再被爱,甚至完全被遗弃。

你在生活中是否也因担心招致轻微的不快或拒绝,而不能与你的伴侣分享一切?如果是这样,那么你就很难体验到极致的爱,因为深刻、亲密的性关系,需要百分之百的信赖和付出。这种坦诚敞开是使性爱达到水乳交融、欢愉至极境界的原因,但是倘若不被完全接纳,它也是使自己深深受伤害的原因。所以,在"因为爱"中你永远无法完全奉献自己,享受肉体的爱,因为被伤害的危险性非常大。

第三种爱是"无条件的爱"。我爱你,不管你内心深处的本质如何。我爱你,不管你有什么变化。无论你做什么,都不能消除我对你的爱。我爱你,是无条件的!

"无条件的爱"并非是盲目的,相反,它是非常了解所爱的人,清楚对方的缺点、过错,但是全然接受他,并不要求任何回报。你无法用各种手段赢得这种爱。你也不能靠努力去增添它,你也不能消灭它。它没有依附任何条件。它与"因为爱"不同,因为它不是基于被爱者具有迷人的气质,相反它甚至会爱那最不值得爱的人,且视之如至宝一般珍惜。

"无条件的爱"只有完全、成熟的人才体验得到。他无须从人际关系中支取他要的东西,来填补其生命的空虚。一个成熟的人,才能真正自由地爱人、付出,而不要求任何回报。

其实,爱并非总是"以我为先",真正的爱是可以选择的,行为是可以受到支配的。它使我们在相处过程中能够互相磨合。所以,爱的秘诀就是无条件地爱。这是因为真爱(True Love)是迫不及待地要给予,而自私的爱却迫不及待地想要得到。

# 第二节　爱的态度

爱是一种态度,一种积极的性格倾向,一种灵魂的力量。维尔斯特认为,通过爱,我们可以超越人生。

## 一、爱的付出

生活中最简单的爱的行为便是关心别人,尤其是当别人需要帮助的时候。因为要获得爱,首先必须付出爱。就像托马斯·穆尔所说:"每一个关系,从最亲近的亲子或伴侣乃至较疏远的同事和朋友,甚至搭公车遇见的司机,都是灵魂的交织。这种交织的礼物不只是人与人的亲密,也是自身灵魂的显现,更是进入灵魂深处的邀约。"

### (一)爱的给予

给予就是奉献,这是不求回报。用自己的生机活力来充实他人,使他人感到生命的盎然,这本身便是无比的欢乐。给予并不是一般人所理解的舍弃、付出、牺牲,那只是一种消极的给予观。真正积极的给予观是在给予中,"我"感到一种创造性,感到实现"我"的潜力,在领略"我"的力量、能力和财富。

有许多东西,当给予别人时,便会越来越少。可是唯独有一种东西,当你在给予别人时,它却可以越来越多。那就是"爱"。当你付出了你的爱,你的爱不断地传播,不断地蔓延。一个真正懂得爱的人应该是爱的给予者,在其中体验到的快乐、平和、美好、满足,绝对是一种人生幸福。

在我们的爱不让对方窒息的情况下,我们保持自己跟对方的完整性,也就是保持自我界限,同时尊重对方的界限,这才是爱。当我们遇到那个人,爱自然而然来了的时候,人们常常会忘记爱其实是付出和收获,而美好的爱情总是以付出开始的。我们的第一次付出往往是在外表上留给对方一个好印象,仅凭这一点不会长久,我们想真正地去经历爱,去感受爱的过程,就是立即行动起来去付出更多的爱。因为爱的全部奥秘就在于付出和奉献。

所以,爱意味着将自己最宝贵的东西给予对方,包括生命。但并不意味着为对方牺牲生命,而是给予对方自己生命的活力,给予我们的志趣、理解、幽默、知识、悲哀,给予对方生命活力全部的表达方式。也正是在这种由衷的给予中,我们领略到了自己的力量、能力、财富,领悟到了自己的盎然生机和无穷潜力,并为此而感到欢欣鼓舞。在给予中我们不断强化自己生命的活力,不断地激活自己生命的潜能,不断地把我们生命的终极意义推向更高。

### (二)爱的关怀

一个人觉得不被人爱,可能有许多不同的理由:他或许认为自己是可憎的人,因而没有人爱他;他或许从幼年时期开始,便不习惯于得到比其他孩子更少的爱;他或许就是一个谁也不爱的人,原因很可能在于早期的不幸引起的自信心的缺乏。

感到自己不被人爱的人,可能会因此采取不同的态度。为了赢取别人的爱,他或许会不遗余力地做出种种出乎人意料的亲昵举动。然而在这一点上他难免失败。因为别人很容易识破他那种亲昵举动的动机,而人类天性是对那些最不要求得到爱的人,才最乐意给予爱。所以,他们往往因为人类的无情而感到幻灭。他从来没想过,他试图去购买的爱,其价值远远大于他给予的物质恩惠,然而,他行为的出发点就是这以少博多的念头。另外一种人,觉得自己不被人爱后,可能会对社会报复。

对绝大多数人而言,如果感到自己不被人爱,只能沉溺于怯弱的绝望之中,仅仅在偶然的一丝羡慕和嫉妒中快慰一番。这些人的生活是极端自私自利的,爱的缺乏使他们缺少一种安全感,为了逃避这种不安全的感觉,他们本能地听任习惯来完全控制他们的生活。那些自愿成为单调生活的奴隶的人,大多是由于惧怕冷酷的外在世界,他们以为永远走着老路,便可以避免走进冷酷的外在世界。

那些带着安全感生活的人,比起那些总是感到不安全的人来,无疑要幸福得多。在大多数的情况下,安全感本身就有助于人逃避危险。产生安全感的是接受爱,而不是给予的爱。不仅是爱,而且敬仰也有同样的效果。凡是在职业上需要人们敬仰的人,如演员、牧师、政治家、演说家等,往往越来越依赖于人们的喝彩。当他们从公众那里获得他们应得的赞誉,他们的生活充满了热情。否则,他们会因不如意而变得落落寡合。一个人无论他在事业上的成就有多大,如果他把自己封闭起来,而无法扩展这种彼此关怀的爱,那么,他便失去了生活的最大乐趣。将爱排斥于自身之外的念头,一般而言是某种愤怒或对人类仇恨的结果,这种愤怒和仇恨产生的原因不外乎青年时代所遭受的不幸,或成年生活中的不公正待遇,或其他导致破坏性的因素。

总之,彼此真正关怀的爱是幸福的最重要的因素之一,它不仅是彼此幸福的手段,也是共同幸福的切合点。

## 二、爱的力量

我们都渴望爱,渴望发生爱情,我们彼此都寻找特别的关系。可是为什么有这么多人生活在孤寂当中,无助而孤寂地寻找爱情呢?假使我们那么地渴望爱,为什么离婚及破碎家庭却逐渐地攀上新高峰呢?为什么城市当中充满了许多的旷男怨女?有没有可能是因为我们在错误的地方寻找爱情呢?恰恰和一般人所相信的事实相反,爱情并非命运或偶然所造成,也不是我们想坠入情网就能一蹴即成,那是必须去创造的东西……而我们都有力量去创造。我们都有爱与被爱的力量,都有创造爱情关系的力量。

### (一)爱的暴力

爱情本来是两人的互动,感情的加深是两个人共同努力的结果。一个人爆发出的强烈情感,根本不是爱情,而是各种欲望和私心——占有欲、控制欲、征服欲、权力欲、自尊心、野心……他们打着"爱情"的招牌,一定要让对方顺着自己的意思,不达目的决不罢休。

请阅读导读故事2-1。你将发现,爱的暴力是没有硝烟、没有拳脚的战场,不用动手,只要因爱之名,什么黑手都下得去。"因为我爱你,所以不许你爱别人。因为我爱你,所以你必须爱我。因为我爱你,所以你必须让我爱。因为我爱你,所以你只能依赖我……"

**【导读故事2－1】　祖冲之:述异记·相思树**

战国末年宋康王姬偃的舍人韩冯(音凭。一作韩凭),娶河南封丘县何氏为妻。何氏貌美,宋康王把何氏夺去。韩冯心怀怨恨,宋康王把他囚禁起来,并定罪判韩冯服城旦(修城)这种苦刑。韩妻何氏暗中送信给韩冯,故意使语句的含义曲折隐晦。信中说:"久雨不止,河大水深,太阳照见我的心。"谁料宋康王得到了这封信,把信给亲信臣子看,亲信臣子中没有人能解释信中的意思。只有大臣苏贺理解,他对宋康王说:"'久雨不止',是说心中愁思不止;'河大水深',是指两人长期不得往来;'太阳照见我的心',是内心已经确定死的志向。"不久,韩冯就自杀了。

何氏暗中弄脏弄烂自己的衣服。有一天,宋康王和何氏一起登上高台,何氏伺机从台上跳下去。宋康王的随从想拉住她,但因为何氏的衣服已烂,经不住手拉,何氏死了。宋康王发现,何氏在衣带上写有遗书,说:"王以我生为好,我以死去为好,希望你把我的尸骨赐给韩冯,让我们两人合葬。"

宋康王怒发冲冠,叫韩冯夫妇同里之人埋葬他们,让他们的坟墓遥遥相望。宋康王说:"你们夫妇相爱不止,假如能使坟墓合起来,那我就不再阻挡你们。"很短时间内,就有两棵大梓树分别从两座坟墓上长出来,十天之内就长得有一抱粗。两棵树树干弯曲,互相靠近,树根在地下相交,树枝在空中交错。又有一雌一雄两只鸳鸯,长时在树上栖息,早晚都不离开,交颈悲鸣,凄惨的声音感人。宋国人都为这叫声而悲哀,于是称这种树为"相思树"。南方人说这种鸳鸯鸟就是韩冯夫妇的精魂变成的。

可见,爱是美好的,但它一旦变质却非常可怕。在"爱"的名义下,谋杀、强暴、篡夺、死亡……各种各样的美好和各式各样的罪恶,都可以放进爱的橡皮口袋。这虽然不是爱的过错,却是爱的潜质的过错,爱潜藏着无限可能性。

有时候以为拼命爱了,就对得起自己了。不料却给别人带来严重的伤害,然后后坐力回击,反而伤到自己。因爱之名而产生的暴力,是爱产生的最大弊端,我们每个人都有义务尽量减少它的伤害。

有些人在中意别人时,会要求对方一定要接受,好像对方不接受,就是对自己犯罪了一样。但你给别人一样东西,对方当然有权不要。有些人在不知不觉中,在控制自己的爱人,哪怕以牺牲对方的自我为代价,都要让对方在自己的掌握之中。有些人在用名义上的爱情,填补自己生命里的虚弱和不安,要另一个人用爱情来拯救自己。……

这些都是爱情暴力的"摇篮",其结果只能是折磨。这就是为什么很多开始一见钟情如胶似漆的爱,最后要带着伤痛分手的原因。

因此,在你说出爱之前,请想清自己的动机,你是否考虑了对方的需要,比"爱不爱"更重要的是"适合不适合"、"需要不需要",对方不是必须要用你期望的方式对待你的,"我爱你与你无关"才是一种不暴力的方式。对待任何人,都不需要"拼了命"去爱,因为你以"拼命"为代价,只会要了别人的命。爱情是持久努力,不是拼爆发力,如果你想证明你的爱很深,就用时间和沉默证明吧。同时,千万别拿别人治自己的病,谁也不是谁的天使,爱情里并不存在拯救关系。

可见,健康的爱情,是以尊重对方的自我和自由意志为前提的,是两情相悦、两情相愿,两人都有自己的空间,不折损彼此的社会功能,并且在相爱的过程中,诱发出更好的功能。人与人之间有很多种爱,千万别让爱成为一种伤害。

（二）爱的重生

请阅读导读故事2-2,你将发现,故事中生死如一的真挚爱情,深刻地反映了古代青年男女追求幸福的婚姻生活的强烈愿望,揭露了封建等级制度对自由婚姻的摧残。

## 【导读故事2-2】　　《搜神记》卷十六·吴王小女

吴王夫差的小女儿紫玉年仅十八,私下爱上了十九岁的青年韩重,在秘密的情书往来中以身相许。韩重要前往齐国和鲁国学习神仙之术,临行前请父母派人求婚。吴王获悉后,也许是听信了他人谗言,竟勃然大怒,坚决不肯应允这门亲事,紫玉一时气结,殉情自杀。

三年后韩重游学归来,从父母那里得到了紫玉的噩耗,不禁失声痛哭,备下祭礼前往墓地凭吊。紫玉的灵魂从墓里现身,泪流满面,婉转歌唱,向意中人倾诉自己的无限情意,并邀韩重跟她入墓。韩起初害怕,拒绝,后为紫玉的真情所动,于是一同进入豪华的墓穴,在里面住了三天三夜,双双尽了夫妇之礼。紫玉还将一颗一寸大的宝珠馈赠韩重,以此作为这场生死情的昂贵见证。

韩重拿着宝珠去见吴王,对他说出了自己的阴阳奇遇,期望能够得到官方重用,不料夫差认定他是盗墓者,炮制鬼恋故事行骗,当即下令将其逮捕,韩重被迫逃回紫玉墓前投诉,紫玉婉言劝慰他说:"你不用担心,我要亲自去向父王解释。"

当时吴王正在梳妆,忽然看见女儿现身,便悲喜交加地问道:"你为什么会返魂重生?"紫玉跪着哀求道:"当年读书人韩重来求父王答应我们的婚事,父王不许,紫玉的名节从此被毁,而道义也已丧失,只好自杀身亡。如今韩重从远方归来,备下重礼前往坟墓吊唁,因被他的深情所动,出来跟他相见,并送他这颗宝珠。我担保那决不是盗墓所为,恳求父王不要拿他问罪。"夫差的夫人听到外面的动静,跑出来跟女儿拥抱,紫玉却化成了一缕轻烟,消失在宫廷的朦胧夜色之中。

无论是东方的神话还是西方的传说,都认同最初造的人有男有女,因为有了男人和女人,才会有男女的相互结合,才能担负起繁衍后代的责任,才能使人类绵延不绝。

《圣经·创世记》中记载着"亚当与夏娃"的传说:上帝创造了"亚当"这位第一个人类中的男性公民后说:"那人独居不好,我要为他造一个配偶帮助他。"于是,就用土造成野地各样走兽和空中各样飞鸟并将它们带到亚当面前,看他叫它们什么。亚当怎样叫各样的活物,那从此就是它的名字了。但是,当亚当给一切牲畜和空中飞鸟、野地走兽都起了名之后,依然还是没有选出一个配偶来。于是上帝就使亚当沉沉睡去,取下他的一条肋骨,又把肉合起来。用他身上所取的肋骨造成了一个女人,这就是夏娃了。当上帝领着夏娃到亚当跟前,亚当第一眼看到就认出了她、接受了她,说道:"这是我骨中的骨,肉中的肉,可以称她为'女人',因为她是从男人身上取出来的。"《圣经》中还解释说:"因此,人要离开父母与妻子连合,二人成为一体……"

我国元代管仲姬的《我侬词》,寥寥七十余字道出了早年耳鬓厮磨,迩来夫妻情浓:"你侬我侬,忒煞情多;情多处,热如火;把一块泥,捻一个你,塑一个我,将咱两个一齐打破,用水调和;再捻一个你,再塑一个我。我泥中有你,你泥中有我;我与你生同一个衾,死同一个椁。"其夫赵孟頫看到夫人情深意重,深受感动,遂打消了纳妾的念头,夫妻和好如初,相携白首。

正如歌德所说:"爱是促使人复苏的动力。"我们从神话传说中应当领悟与感动的是人类对于婚姻中两性关系中血肉相连、撕扯不断的情感的那一分珍爱与重视!

# 第三节 爱的行为

人是有情的,人类的文明中充满了对爱的礼赞,这个世界也因爱而更美好。但是,我们也看到人类的丑陋,为了满足个人的野心、利益而彼此相残,甚至不惜伤害至亲,这个世界充满了为爱带来的苦恼。这说明人粗糙的本性中有天使般的美丽,也有魔鬼般的丑恶。人的心是残缺的,是一块迫切需要受到雕琢的璞玉。因此,如果从人性发展的角度来思考,"两性交往"应是每个人在成长历程中重要的人生课题,也就是通过和异性的交往互动,进而了解自己,建立自尊,并且学习爱人。

## 一、爱的魅力

### (一)两性相吸

男女之间的爱恋之情是怎么产生的? 荣格认为:人在本质上是双性的。他把男性潜意识之中的女性特质称为阿尼玛,而把女性潜意识之中的男性特质称为阿尼姆斯。对于一个人的心理成长来说,阿尼玛和阿尼姆斯的平衡是至关重要的。这两个原型在很大程度上决定了我们的爱情生活:我们总是在寻找着"梦中情人",也就是自己的"另一半"。所谓一见钟情,其实就是遇见了一个恰好符合你的阿尼玛原型或者阿尼姆斯原型的另一个人。于是,这两个人把他们的女性原始意向与男性原始意向投射到恋人身上,使他们相互吸引。这种原始意向紧紧地吸引着对方走入自己的心中。

阿尼玛原型是男人心中女性的一面,阿尼姆斯原型则是女人心中男性的一面。每个人都天生具有异性的某些性质,这倒不仅仅是因为从生物学角度考察,男人和女人都同样既分泌男性激素也分泌女性激素,而且也因为从心理学角度考察,人的情感和心态总是同时兼有两性的倾向。千百年来,男人通过与女人的不断接触而形成了他的阿尼玛原型,女人也通过与男人的接触而形成了她的阿尼姆斯原型。要想使人格得以平衡,就必须允许男性人格中的女性方面和女性人格中的男性方面在个人的意识和行为中得到展现。如果一个男人展现的仅仅只是他的男性气质,那么,他的女性气质就会始终停留在无意识中而保持其原始的未开化的面貌,这就使他的无意识有一种软弱、敏感的性质。正因为这样,所以那些表面上最富男子气的人,内心却往往十分的软弱和柔顺。而那些在日常生活中过多地展示其女性气质的女人,在无意识深处却十分顽强和任性,具有男人通常在其外显行为中表现出来的气质。

精神分析学派认为:“恋父情结”与“恋母情结”可以有效地解决人们的恋爱选择。年轻男女在选择自己的恋人时,女性倾向于选择与其理想父亲相一致的男性,而男性倾向于选择与其理想母亲心中意向相一致的女性,这归因于人类最初的恋父情结与恋母情结。

生物学流派认为:男性喜欢更年轻、在生理上更有吸引力的女性,因为正是这些女性,能够引起男性的生理与心理唤醒水平;而女性也着重寻找能为她们的孩子提供物质来源的男性,这些男性的特征是身体强健,能引起女性的关注与关爱。这些研究有着明显的局限性。

人本主义者认为,人类的爱分 D 型与 B 型两种:D 型爱以缺失为基础,我们需要这种爱满足缺乏它们时产生的空虚,这是一种自私的爱,关注的是获得而不是给予,但它又是 B 型爱发展的基础。B 型爱是一种无私的爱,以成长需要为基础,B 型爱永远不可能因为有了新的爱而满足。它是一种丰富的、愉快的和其他人一起成长的。D 型爱的特征是“我需要你,因为我爱你”,而 B 型爱的特征是“我爱你,因为我需要你”。

社会学习理论认为:两性吸引是社会学习的结果,是由社会角色的定位与影响而形成的。社会学习包括榜样学习、替代学习与自我学习。儿童时期,父母是学习的榜样;而少年时期朋辈群体是重要的学习榜样,青少年时期积累形成的经验会影响到恋爱对象的选择。比如,一个在缺乏爱的学习榜样的家庭中长大的孩子在恋爱时往往缺乏正常的经验与引导。在一个缺乏爱的家庭中成长的孩子更易较早恋爱。

可以肯定的是:心理学与社会学的发展还不能完全解释为什么一个人会爱上另一个人,爱便以其特殊的魅力感染了校园中的男女。

(二)男女有别

区别男女两性的差别,被称为“性征”。人类既有先天遗传的第一性征(性腺和附属器官)、后天发育形成的第二性征(如乳房、胡须等),还有社会习得的第三性征(服饰、发式及性的社会角色认同)。

第一性征。男女生殖器的不同外形和构造特征叫做第一性征,又称为主性征或原始性征。男女两性生殖器官的差异,主要指外生殖器的差异。男性有睾丸、附睾、输精管、阴囊、前列腺、阴茎;女性有卵巢、输卵管、子宫、阴道、外阴。这些器官的不断发育导致了性成熟。女性成熟的基本征兆是月经,男性成熟的基本征兆是尿液中首次出现精子。此外,青春期以前的男女儿童没有其他形态差异。

第二性征。又称副性征,是指生殖器以外、男女各自所具有的特征,即男女身体外形的区别。主要包括生理变化、皮肤变化、声音变化,以及阴毛、鬓毛、腋毛和体毛的变化。

第二性征是与第一性征相对而言的,是人体内性激素作用的结果。男性第二性征表现为:体格高大,肌肉发达,汗毛密集,面部逐渐长出胡须,喉结突出,嗓音低粗,阴毛和腋毛生长。女性第二性征表现为:音调变高,乳房饱满而隆起,乳头长大,阴毛、腋毛出现,骨盆进一步宽大,胸、肩、髋部的皮下脂肪更加丰满,呈现出女性特有的体形。这些身体形态方面的变化是具有生理意义的:妇女宽大的骨盆对分娩有益,发达的乳腺为哺乳所需。

第二性征的发生和维持是性激素作用的结果。女性体内性激素是以雌激素为主,它在青春期刺激女性阴部及腋窝,可以促使阴毛和腋毛生长。雌激素使皮肤细腻、乳房发育。男性体内以雄激素占优势,主要由睾丸分泌,雄性激素能促进体内蛋白质的合成,使人体各个系统向雄性化的方向发展,如可以促进骨骼发育,表现出男性骨骼粗壮,雄激素还促进肌蛋白合成,表现出男子的肌肉发达有力。雄激素作用使男子头发稠密,眉毛、腋毛、腹毛、阴毛生长发育旺盛。雄激素使男子皮肤发育增生而富有色素,汗腺和皮脂腺发育旺盛,分泌物增多,另外青春期男子由于雄激素水平较高,因而出现面部痤疮和粉刺。雄激素作用于唇周围和颌部,促进胡须生长发育,长出稠密的胡须,是男子特有的象征之一。雄激素作用于喉结,可使喉结明显,声音变粗钝等。

第三性征。男女的心理、行为、兴趣、习惯等方面也有明显的差别,称做"第三性征"。即指社会对个体性别的承认和个体对性别的自我认识,包括发式、服装、性格、爱好、习惯、社交、名字等。如:男青年直率、雄心勃勃、大胆、竞争精神强,对爱的要求强烈而且主动,喜欢与美丽、聪明、活泼的女子交朋友;女青年则羞涩、腼腆、胆小、多愁善感、温文尔雅,对爱的要求被动,对被爱的要求强烈,喜欢与可靠、成熟、体贴人、有男子气的男性为友。这种男女性格和行为上的特征被心理学家称为第三性征,即性别程度,简称性度,指的是男性气质与女性气质的明朗化。第三性征受社会环境、风俗习惯、思想教育等影响,所以亦称"心理性征"。即一个人的"性身份"(或"性角色"),指男女在个性、气质、习惯、行为举止、做事风格,乃至发式、服装上的差异。

对于人的第三性征,有一个自我接纳的问题,社会也对男女提出符合性别身份的要求,如男子要有"阳刚之气",女子要有"阴柔之美"。传统观念认为男子气质的突出之处是刚强、女子气质的珍贵之处是温柔。随着时代的进展,气质的内涵也发生了较大变化。比如女性中不乏热情泼辣、豪爽刚烈、精明强干者,男性中也涌现出不少刚柔共济、感情丰富、务实稳重者。

于是,国外有些心理学家提出男女双性化的概念,即所谓第四性征,指无论男女两性,都应取长补短,同时具有男性气质与女性气质的心理特性。他们认为具有双性化气质的人在很多情况下能把事情办得更出色,才华出众,运筹帷幄,这些人的自尊感更强烈,因而是一种理想的模式。这是对第三性征认识的一次革命性飞跃。

现实生活中也可以见到这种双性化的现象,就拿服饰和发型来说,双性化的趋势十分明显,有时很难从服装和发型上辨别出一个人的性别。如果在心理特点或性度上取长补短,这并非坏事;但若反其道行之,把自己的优势丢掉,拣了别人的短处就糟了。如在择偶恋爱时,一些第三性征淡化的男子欲言又止、词不达意、满脸通红,不但引起自身的焦虑、抑郁,而且有时断送了理想的姻缘;一些第三性征淡化的女子可能过于轻率、主动,结果上当受骗。

所以现代的男女青年必须对第三性征具有正确的认识,并进行必要的学习、培养和锻炼,在言语、行为举止、风度等诸方面进行自我修炼,以适应现代社会,减少生活中的挫折和烦恼,使自己成为身体和心理都健康发展的人。

## 二、爱的欲求

### (一)爱的欲望

青年时期追求浪漫之爱,满足爱的欲望,是对人,对己,对生活的美好看法和幸福感的重要来源,对人生将产生重要影响,不应或缺。成年之后,随着价值观体系的形成,个性理智的成熟,寻求志同道合、情趣相投者结伴终身,或许是完美的爱情历程。

肉体之欲:指向异性的第一性征。以性交为方式,触压觉感受系统是其生理基础,快感高潮为其目的。显然,肉体之欲的选择标准是性解剖生理功能正常之异性。

美色之欲:指向异性的第二性征,以视听感受系统为生理基础。美色之欲指向异性的相貌,即性成熟(青春期)个体的性感美。如男性健壮的身形、结实的肌肉、浑厚的声音等,如女性富于曲线和弹性的体形,秀丽脸庞,柔细音质等。这些均是第二性征充分发育(即性成熟)的标志。

风情之欲:指向异性的第三性征。风情之欲指向异性的气质,如男性的风度、女性的风姿,或称"阳刚之美"、"阴柔之美",给静态的人体注入生气,体现生命动势而又带有强烈个体色彩的美。它以姿势、步态、说话方式(与内容无关)、面部表情(与特定情绪反应无关)等展示出来。

气质同样是一种天性,却是活生生的动态美,而不同于体貌结构之静态美。体貌美美在标致,越端正、匀称越美。而气质美美在风格,美在千姿百态的格调。如男性之粗犷、豪放、果敢、英武、洒脱、爽直、机敏、沉郁、稳健、敦厚、儒雅等;女性之娇羞、温柔、矜持、文静、细慎、纯真、大方、活泼、矫健、泼辣等。通常一个人虽然可以欣赏每一种美的格调,但又总是对某一种或少数几种风格有明显的偏爱。当具有心目中最喜爱的那种格调之异性出现时,一见钟情之爱的发生是十分自然的。就男性而言,体貌是形,风貌是态,是势,是度,或风度。就女性而言,体貌是色,风貌是姿,或风姿、风韵,只有那些有色又有姿的女性和有形又有态的男性才是一见钟情之恋的幸运儿。

理智之欲:性爱中的理智之欲,指向异性的精神层面。即选择异性的个性,即理性人格特征。个性包括能力、品格、意向三方面,其中,个性的意向因素更多地决定了爱情的"基调"。意向(或意志)主要包括价值观和情趣。正是价值观和情趣决定了人的生活目标和生活方式,从而也决定了异性间是否"合得来"的持续生活情感。指望白头偕老的伴侣,如果生活目标和生活方式不同,即使郎才女貌,一见倾心,也终将话不投机,各奔东西。而价值观相同,情趣相投者相遇,则有志同道合的知音之感。这种理性认同的共鸣引起的快感与激动,虽然在同性朋友中更多,而一旦得之于异性,则更显得难能可贵,更易情感化。这种相互理解、相互欣赏的快感将转化为相互敬重的深沉的爱。如果这种爱情发生在价值系统已相对稳定的成年,多半能相伴终身。

综上所述,肉体之欲求其"质",美色之欲求其"形",风情之欲求其"态",理智之欲求其"神"。四种不同的欲望激发不同层次的快感——感觉快感,知觉快感,表象快感及认知快感。性器官之欲对触压觉感受器的局部一维刺激,引起感觉快感;体貌的二维、三维结构刺激视感受器,产生综合的知觉快感;气质或风貌的动态四维(时间维加入)刺激,引起需要表象记忆能力(否则动作轨迹的欣赏便不可想象)的表象快感。而理性活动,精神内涵的共鸣,产生总体的认识快感。

不同层次的性爱追求中或不同的快感刺激占主导地位时,产生的心境或情感性质也不同。肉体之欲过程始于兴奋,终于满足,此情为淡情,此爱为欲爱(或淫爱),乃短暂的冲动或情绪。美色之欲过程,出于喜欢,得之愉悦,此情为热情,此爱为嬉爱,明显走向审美化而较稳定。风情之欲过程,缘于偏好,执著痴迷,此情为激情,此爱为珍爱(或钟爱),高度审美化而较强烈。理智之欲过程,基于理解欣赏,互为同道知音,此情为深情,此爱为敬爱、友爱。

(二)爱的周期

人的一生,在其生命周期上要经历子女之爱、朋辈(兄弟姐妹)之爱,夫妻之爱和父母之爱。因此我们说,性爱并非突然到来的,它是人类爱的成长过程中一个重要的里程碑。不了解爱的整个发展过程,也就不能把握作为婚姻基础的性爱本质。

子女之爱:子女的身心成长靠其父母爱心的滋养,父母之爱使子女得以全面发育成长,就如天上洒下的阳光,使花卉果木苗壮成长,枝叶茂盛,果实甜美。父母倾心之爱感应出子女心中的爱,父母之爱使孩子产生安全感、自尊感和自我价值感。孩子爱的能力是对其所受到的父母之爱的回应。诸如自信、诚恳、开朗和遵纪守法等素质都是父母之爱的成果。

子女之爱主要就是接受父母的爱,并对之作出回应。父母代表家庭这个整体,子女归属的第一个群体。子女最初往往只看到全景的一部分——"我",父母则看到了全部即"我们"。所以,子女应当尊重父母的指导。西方教育家威廉·巴奈特认为:"父母的责任表现为爱护子女,而子女的责任则表现为遵从父母。"

子女遵从父母是基于对父母的信赖,父母是以其真爱赢得子女信赖的。至于感激、理解和移情,还有待以后发展,但幼儿必须全心全意地信赖父母的教导,一个得到父母爱的孩子才易于信赖父母。当然,如果要子女服从,但指示又是不公平的或无视子女利益的,在这种情况下,任何孩子都会产生逆反心理。所以,为人父母的,必须努力使自己公正。如果指示本身不当,成为一种苛求,服从就不是一种令双方愉快、给彼此带来酬答的事情。父母应当尽力做到既严格又公正,处处体现出对孩子的关爱与体贴。子女如果与父母之间缺乏强有力的、健康而公正的爱之纽带,那么父母的指示就会招致反感、不满甚至仇视;这种态度如果发展到极端,便会导致孩子最终反对一切权威。对这样的孩子来说,权威等同于滥用权力。相反,一个得到父母深爱的孩子,很乐意接受父母的指引,接受父母的价值观念。孩子只有在感觉到父母真正爱自己、接纳自己的情况下,才会认同于父母。因此,父母必须确保子女感觉到了真正的爱。

正是在这一最为重要的关系——父母与子女的关系中,个性的基础开始形成。父母之爱越是发自内心,处于子女之爱阶段的孩子就越是幸福、健康,有成就动机和创造力。不过,溺爱而不加管教不是真爱。物质利益、吃喝、礼物和一味赞美不能代替真爱,真爱是既教会孩子如何玩耍游戏,又教给他们如何做事和负责任。

同伴之爱:人爱同伴,是学习的结果,因为长辈也爱他们的同伴。同学爱同学,是因为老师公平对待所有学生,爱所有学生。学会爱邻居的孩子,是因为父母爱那些孩子,让自家的孩子与邻家的孩子分享玩具,等等。同伴之爱的爱心源于垂直(即上下)关系之中。同伴之间的爱以后发展为友谊,并最终发展为宽容和合作等社会美德,即所谓的"兄弟姐妹情谊"。

在同伴之爱阶段,孩子学会理解"长幼有序"。年长孩子通常享有长者的地位和责任。明智的教师和辅导员会鼓励年幼孩子接受和尊重年长者的地位,同时也会督促和鼓励年长者爱护年幼者。

孩子日后要学会如何成为父母,其最初的步子就是由这里迈出的。同伴之爱阶段为以后的夫妻之爱和父母之爱奠定了基础。通过鼓励年长孩子爱护年幼孩子,父母可以帮助孩子把竞争和敌意转变成合作倾向和真正的利他主义。

同伴之爱阶段是训练无私的爱的时期,也是一个学会分享的时期——分享任务与活动、分享设施、分享交通工具、分享教室。青少年在最自然的学习和游戏情境中,达到互相了解,相互包容。同伴之爱阶段对婚姻中的夫妻真爱是一种至关重要的准备,因为正是在这个阶段,每个人通过直接与他人相处,了解了与自己完全不同的人。

同伴之爱阶段是一个学习如何爱各种各样的人(包括那些与自己格格不入的人)的时期,也是青少年发展人格的时期。古希腊哲学家亚里士多德说过:通过勇敢的行动,我们变得勇敢了;通过同情别人,我们变得有同情心了。同伴之爱阶段由于尚未承担养育孩子或维持生计的责任,因此是一个发展人格品质的好时机。像同情心、毅力和自我牺牲等品质可以通过社区服务、志愿者活动、关心老人或病人以及其他社会公益活动而得到发展。这些人格训练活动既为帮助有需求的人,也为日后去建立真爱的婚姻打下了基础。因为在许多集体场合中,学生必然要学会控制自己的情感、脾气、欲求、自私心理等。这是一个良心得到净化的时期。孩子们在充满磕磕碰碰的同伴生活中,养成了说"对不起"和接受别人道歉的习惯。这是一个学习对自己的行为负责的时期。通过集体活动、专门的兴趣小组、校内体育活动以及参与社区服务,青少年学会与各种各样的人相处,能够包容不同的人和事,学会了宽容和忍耐,也学会解决冲突的本领。这些都在为今后的婚姻进行极为可贵的准备。

夫妻之爱:夫妻之爱是通过婚姻的法定形式来实现的。前面说过,性爱是所有的爱之中最复杂、也最具魅力的爱,它是通过学习而具有的能力。真正成熟的性爱即夫妻之爱,是一门科学,也是一种艺术,一种价值观。

婚姻是通过爱情而走向两性同体的旅程。诚如有人曾经描述的,婚姻应该达到这样一种状态,即"一个人哭泣时,另一个人会尝到泪水的咸味"。真爱的婚姻有助于个人的完善,它为个人的最大发展提供了环境,它融合两支血脉,创造出家庭生活与社会生活的核心。

父母之爱:夫妻在生理上合为一体之时,往往也就是他们开始为人父母的历程之日,即他们由此进入了父母之爱阶段。孩子的降临完全改变了夫妻生活。法国著名作家巴尔扎克曾说:为人母者没有一个是真正自由的。父母的角色包含着自我牺牲。父母之爱是所有各种爱中最为无私的爱,也是最深沉的爱,它是家庭关系的根基和核心。

母亲妊娠期间,孩子在母亲的子宫内发育,从母亲的身上获得营养;在经历痛苦而艰辛的分娩过程之后,父母要对初生儿连续数月地付出无微不至的照顾;哺乳的母亲把身上的养分供给孩子;父母的社会生活和工作也因为要满足婴儿的需要而不得不作重大调整。单单让婴儿存活下来,就需要父母不断给孩子换尿布、喂食、哄他睡觉、为他洗澡、照顾冷暖、保护健康。孩子需要大量的爱和奉献。尽管如此,充满爱心的父母仍为新承担的责任而欢欣愉悦。慈爱的母亲与新生婴儿之间的沟通,充满爱意,充满神奇,父母沉醉在创造生命与抚育生命的幸福与幸悦之中。

# 第三章　爱的生活艺术

　　弗洛姆说,爱是人类一种最基本的情感,是维系人类、民族和社会的纽带,是将人和世界结合起来的本质力量。当爱在人心中出现时,它是被体验为主体的一种内在的功能性力量。当这种力量指向某个对象时,主体能强烈地体会到一种关注对方、肯定对方、接纳对方、被对方吸引而欲与之靠近、结合甚至合二为一的冲动。因此,从主体的角度看,爱体现出了人欲与外在世界靠近、融合的内在愿望和能力,可以说,爱具有强烈的能动作用,是人的主观能动性的一个重要方面。

# 第一节　爱的体验

　　爱是人的一种特殊情感形态,是人类最深刻的人生体验之一。古往今来,人们一直在热烈地讨论着这个话题,人们也给爱赋予了越来越丰富的内涵,甚至赋予了它强烈的终极意义,使之成为人类生存意义的支柱。

## 一、爱的形态

### (一)自爱

　　自爱即自己对自己的爱。自爱并不等于自私。就爱的对象与爱的主体的关系而言,爱是不可分割的。真正的爱不仅是单纯指向对象的一种情感,而且也包含着为所爱对象的成长和幸福的一种积极主动的奋斗,它植根于主体自身的爱的能力中。只有首先爱自己,才有爱别人的能力。所以爱自己和爱他人是相辅相成的,爱他人是爱自己的必然结果,爱自己是爱别人的基础。只爱别人而不爱自己,爱就缺少力量的源头,最终必然枯竭;只爱自己而不爱别人,爱就缺少实现的空间,最终导致人格的异化和自我伤害。

　　一个人要自爱,前提条件是要自我悦纳。也就是说,对自己身上的先天的所有特点和客观属性,如相貌、身材、欲望、家庭背景等,不管是喜欢和不喜欢的,都要怀着愉快的心情接受下来,而不要排斥和嫌弃。只有内心悦纳了自己,才能产生对自己的认同感和自信心,否则就会产生自我厌恶的情绪,从而也就不可能自爱。另外,还要学会自我尊重和关心,即要自己尊重自己,自己关心自己。尊重和关心自己的形式是多样的,小到遇寒加衣、遇病求医、勤搞个人卫生和化妆打扮,积极维护自己的仪表美和身体健康,大到严格约束自己的行为,不让自己做任何有违礼仪、道德和法律规范、会招致舆论谴责和法律制裁的事情等。一些人把放浪形骸、我行我素、不守规矩、不讲礼仪当成是一种"潇洒"和"前卫",其实从某种程度上说,这些都是不自尊不自爱的表现,对于培养健康的自爱的情感、增进个人幸福是不利的。

## (二)社会爱

俗话说,物以类聚,人以群分。在社会上,个体同他人的联系并不总是直接的、个人对个人的;还有间接的、个人对团体的、个人对全社会的,特别是同团体的联系尤为重要。人的社会性的一个极为重要的表现是人总要结成各种各样的团体。团体不论种类和大小,都是在共同利益、共同目标、共同文化认同和广泛合作的基础上形成的人的集合。也正是由于团体在利益、目标上同个人的需求是一致的,团体中的个人之间是有机联系的,在这种一致性和联系的基础上,便产生了个人对团体的爱的情感。团体是社会发展进步的产物,是人和人联系的高级形式,同样,团体之爱反映了人们同更广泛的人群的联系关系,它超越了基于生物联系的亲人之爱和性爱,也超越了个人化的友情,大大扩大了爱的范围,提升了爱的价值,是人类感情的高级形式。对集体的爱可以使人们获得更广大更强烈的价值感、安全感和归属感,为人生发展提供更强大的精神动力。一个人为大家的利益而努力时的责任感,一个人通过努力奋斗为集体带来利益并被集体所承认时的成就感,一个人看到国家强大和取得荣誉时的自豪感,都是在单纯为个人或家庭的情况下无法比拟的。因此,自觉培养团体之爱,是人生的一项重要任务。

## (三)博爱

博爱,即广博的爱,即无种族、贫富、高低贵贱等一切差别的,对所有人都怀有的爱。博爱思想是人类社会发展前进的产物,它反映了人类对自己成员间的平等性和一体性的认识。人类有着共同的祖先,并且共同生活在同一个星球上,在环境、经济、文化、感情等许多方面命运相关、休戚与共,而且任何个体都是生而平等的,博爱的感情是人类社会内在属性的必然要求和人类精神进步的必然结果。尽管目前的人类社会仍然不可能完全摆脱文化、种族、国家、阶级、团体疆界的束缚,完全彻底的博爱还不能实现,但人道主义和博爱的思想已经成为国际社会公认的价值观,博爱的感情已经在越来越多的人心中萌芽。对所有人的基本人权予以尊重,对所有处于危难和困境中的人表现出怜悯、同情和关心,这些博爱的基本要求现在已经成了许多人内心中最自然的情感并且变成了行动。因此,我们也有理由相信,只要我们坚持博爱的信仰,唤起我们的良知,博爱可以成为我们每个人心中最神圣的感情,世界终将变成"美好的人间"。

## 二、爱的常态

冰心说:"爱在左,同情在右,走在生命的两旁,随时撒种,随时开花,将这一径长途点缀得香花弥漫,使穿枝拂叶的行人,踏着荆棘,不觉得痛苦,有泪可落,却不是悲凉。"这爱情,这友情,再加上一份亲情,便一定可以使你的生命之树翠绿茂盛,无论是阳光下,还是风雨里,都可以闪耀出一种耀眼光芒了。

### (一)亲情

人的存在首先是生物的存在。家庭和血缘关系是人类最基本的自然关系,也是最直接的社会关系。每个人都是由父母孕育,在亲人的关心照料下长大,而且自己也要生儿育女,并在此基础上结成各种各样的亲戚关系。因此,对亲人的爱就成了人类最基本的情感,人们通过亲情来获得最基本的安全感和归宿感。现代心理学研究也表明,一个人的爱的能力也是在生命初期,在亲人的爱抚中开始觉醒和萌芽的,因此亲情对于人格的健康发展也具有极其重要的意义。

亲情对于人类具有永恒的意义。我们必须时刻珍惜和不断维护我们心中的亲情。由于人的生命和亲属关系都从父母发端,所以珍惜和维护亲情首先从珍惜和维护对父母的爱开始。中国的文化传统中,非常重视亲情,尤其是子女对父母的爱的感情及其行为规范——孝,不仅被看成衡量一个人道德水平的基准,还被看做维持社会稳定、纯化社会道德风气的关键。一个不懂孝顺父母的人,被认为丧失了最起码的做人资格,而一个美好社会的建设,则应从培养人们的孝的感情和意识开始。这一思想对现代社会和现代人也仍然是适用的。因此,尊敬父母,关心爱护父母的健康,赡养父母,尊重父母的意愿,不做伤害父母利益和情感的事,等等,是每一个人最起码的处世原则。

### (二)爱情

人是分性别的动物,通过两性结合来繁衍自身。两性在性需要、性吸引的基础上产生出相互爱慕的情感,即称作爱情。爱情也是人类最基本的情感,是维持和推动种族生存的最根本的力量。由于爱情对人类社会的重要性,又由于爱情给人带来的强烈的愉快体验,爱情被描述为最美好的情感,但是同时,由于爱情的本质属性,它天然地同人类生殖活动、婚姻、家庭等联系在一起,从而进一步同整个社会的经济、法律、道德、文化等领域联系在一起,所以爱情毋宁成了人类最复杂的情感。我们在接下来的篇章中将做更详尽的论述。

### (三)友情

如果说亲人之爱和恋人之爱主要植根于人的自然属性,那么朋友之爱则是植根于人的社会属性。人是社会性动物,在其生产和生活过程中,总要和其他人发生各种各样的联系,朋友关系即是其中的一种。朋友关系是以共同的兴趣爱好、劳动过程中的亲密合作、共同的性格等为基础建立起来的,因此,朋友之爱事实上是使自己同家庭之外的人联系在一起。朋友之爱和亲人之爱、恋人之爱的最大区别在于它不具有排他性,不同的朋友会给我们带来不同的信息、帮助和感受,朋友越多,反映出我们与他人的联系越紧密,越具有多样性。因此,广交朋友、珍惜朋友之情是使我们同世界更紧密地联系在一起的有效途径,它让我们的人生变得更加丰富多彩起来。

要广交朋友,前提就是要对周围的人抱有浓厚的兴趣,要有同各种各样的人交往的冲动和积极性。对周围的人感情淡漠,习惯于自我封闭、独来独往,是不可能交到很多朋友的。另外,朋友之爱的一个显著特点是平等性。因此,怀着平等待人的态度,尊重他人的基本权利、个性和习惯,"求同存异"而不"求全责备",也是结交朋友和维持朋友之爱的重要条件。当然,朋友关系也是一种人际关系,建立和维系良好人际关系的一些重要原则,如互利互惠、诚实守信等,在朋友关系中也同样重要,同样适用。

正因为爱是将人和世界结合起来的本质力量,爱才在人生中显得如此重要。一个人只有体验了亲情的深度,领略了友情的广度,拥有了爱情的纯度,这样的人生才是称得上是名副其实的人生。

# 第二节 爱的行动

弗洛姆在《爱的艺术》一书中指出,爱不是与生俱来的,也不是随着人的生理年龄的增加就会逐渐成熟的。爱是一种能力。如果不努力发展自己的全部人格并以此达到一种创造倾向性,那么每种爱的试图都会失败;如果没有爱他人的能力,如果不能真正谦恭地、勇敢地、真诚地和有纪律地爱他人,那么人们在自己的爱情生活中也永远得不到满足。

## 一、爱的能力

爱的能力是指和他人建立亲密关系的能力。包括对爱的感知、理解及接受的能力,具备了这种爱的能力的人,既能够准确了解、感悟、体会对方对自己爱的表达,又能够很好地接纳、回应对方爱的表达。爱的能力不仅在物质财富范围内,也存在于人性特有的领域。只有内心储存了丰富的爱,才可以在给予爱的过程中收获爱。如果一个人内心是干枯的,没有爱可以付出,也就缺乏爱的能力。

### (一)爱是一种能力

爱是一种能力包含两层意思,第一层是指感受他人痛苦的能力,是一种感受能力。有些人感受能力很强,可以敏锐地觉察出对方的痛苦,并且因此而在心里生出慈悲、怜悯等情怀,产生一种渴望为对方消除痛苦的冲动。这种对痛苦的感受能力越强,爱的能力也就会越高。而有些人则对他人的痛苦很迟钝,不知道对方是否痛苦,内心里也不会因为对方的痛苦而产生相应的变化,这些人的感受能力就比较差。第二层是指愿意为对方付出的能力,是一种行动能力。有些人即使对对方的痛苦不容易引起相应的内心的痛苦感受,但他能够从理智上知道对方是在痛苦,因此会努力做许多事情来减轻对方的痛苦,也就是愿意为了对方而付出努力、牺牲自己的利益。这些人的爱的能力也是非常高的。而相反,有些人可能已经在内心里感受到了对方的痛苦了,但仍然不愿意牺牲自己的利益来为对方付出、减轻对方的痛苦,可以说他们比较缺乏爱心。

完整的爱的能力包括对他人痛苦的感受能力,以及愿意为对方付出的行动能力,而最终还是体现在行动能力上。感受能力强而行动能力弱,爱心并没有表达出来,对他人也就起不了什么帮助;如果感受能力弱而行动能力强,爱心可以在理智的帮助下表达出来,对他人能够起到帮助,也就不会影响到爱心的发挥。

(二)被爱也是一种能力

正如爱是一种能力,被爱也同样是一种能力,是对他人的付出表示真心感激的回应能力。当他人对自己怀有善意与爱心的时候,当他人对自己付出、把爱给予自己的时候,能够敏锐地感受到,这是被爱的感受能力。接受了对方的爱之后,能够真心地向对方回应以感激,这是被爱的行动能力。

被爱的能力集中体现在对对方的付出表示真心感激的能力上。女性应当懂得善意地感激男性的付出,对此表示感激与欣赏,这样,男性才会在付出的时候能感受到足够的成就感,也就会乐意继续付出。正如女性同样应当具备良好的爱的能力一样,男性也同样应当具备良好的被爱的能力,应当对女性的付出表示真心的感激与欣赏,不要理所当然地享受而不懂得感谢。男性的爱的能力主要体现在对女性的宠爱能力上,而被爱能力则主要体现在待人的温和友善。女性的被爱能力主要表现为对男性的温柔与依恋,而爱的能力则主要体现为对子女的母爱。男性的成熟在于力量与宠爱能力,女性的成熟在于温柔与懂得感激。

衡量一个人的真爱能力如何,应当同时衡量他的爱的能力与被爱能力。一个爱的能力很强的人,如果遇上一个被爱能力很弱的人,他所付出的爱得不到相应的感激,犹如石沉大海一般没有回应,那么他是很难感受到付出的乐趣的,也就很难再持续地付出爱。所以,一对幸福的爱情关系,既需要双方都有很强的爱的能力,同时也要有很强的被爱能力。这样,才能够形成稳定的爱与被爱的关系,双方的感情才得以生生不息地循环流转。

爱的能力对人的一生发展有着重要的意义。具备了爱的能力会引导一个人去真正地爱他人,也真正地爱自己,能真正体验到爱给人带来的快乐和幸福。因此,要在爱的过程中学会如何去爱,在不断提高爱的能力中拥有幸福。

总之,爱与被爱都是一种能力,有能力的付出和有能力的接受都是同等品质的能力。

## 二、爱的储存

请阅读导读故事 3 – 1,古代"比肩人"的故事流传至今,恩爱的夫妻死后变成了连理的梓树和不分离的双鸿,歌颂了陆东美与朱氏夫妻恩爱美德世代相传。

**【导读故事 3 – 1】　　祖冲之:述异记·比肩人**

吴黄龙年中,吴都海盐有陆东美,妻朱氏,亦有容止,夫妻相重,寸步不相离,时人号为"比肩人"。夫妇云:"皆比翼,恐不能修也。"后妻死,东美不食求死,家人哀之,乃合葬。未一岁,家上生梓树,同根二身,相抱而合成一树,每有双鸿,常宿于上。孙权闻之嗟叹,封其里曰"比肩墓",又曰"双梓墓"。后子弘与妻张氏,虽无异,亦相爱慕,吴人又呼为"小比肩"。

### (一)米尔的储爱槽

心理学家米尔提出了著名的储爱槽理论。他认为,每个人内心都有一个储爱槽,储爱槽里有多少爱等于你能给予别人多少爱。他把储爱槽画成心形的,心形的储爱槽是储存爱的地方,是用来解释人对爱的渴望。一颗心代表一个储爱槽,爱好像就是槽里的水。一个人的储爱槽从哪里来?米尔认为,人们的储爱槽里的爱是从他的父母那里得来的。他画了两颗心,这两颗心一颗是母亲,一颗是父亲,他们各自也有一个储爱槽。父母照顾孩子的过程就是孩子感受父母关爱的过程,也是储满孩子储爱槽的过程。

假如你是一名新生儿,在你的内心深处有一个心形的储爱槽。如果这个储爱槽有刻度的话,一开始其刻度几近于零。随着时间的流逝,你的父母不断地将爱从他们的储爱槽添加到你的储爱槽里。当你成年离开了原生家庭,你的储爱槽就被注满了爱。就这样,一代又一代,在健康的家庭里,爱是代代相传的,从父母传给子女,一个人能够拥有多少爱就要看他从原生家庭得到多少爱。

请看图 3 – 1,上方的两个心形槽代表你的亲生父母,随着时间的流逝,他们会用自己槽中的爱注满你的槽。过了十五、二十年,当你脱离了家庭,自己成家,那时你的槽已注满了爱。身为成年人的你,准备好去注满储爱槽。

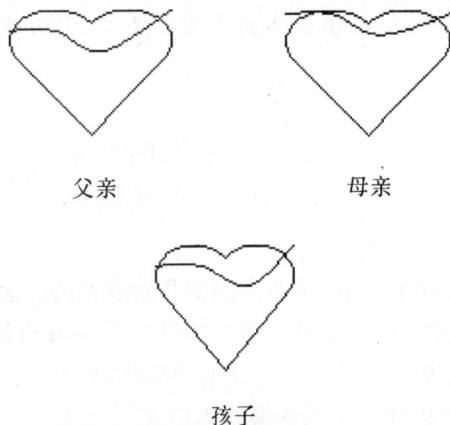

父亲　　　　　母亲

孩子

**图 3 - 1　米尔的储爱槽**

父母给予孩子的爱,使孩子也会切身感到自己是一个可爱的人。当一个人爱他人之前,首先要学会的是爱自己——自爱。想想看,你自己的储爱槽里有多少爱呢?

(二)斯莫利的感情银行

婚姻咨询专家盖利·斯莫利把婚姻比作银行的账户,把爱情比做存款:一个人在感情上如果取款比存款多,其婚姻便会破产。美好的体贴、表达良好意愿的姿态,轻声但深情地说声"我爱你",或共享温馨的时刻,所有这些用银行的术语来说都是存款;而伤人的话语,大大咧咧的行为,漠不关心,发号施令以及其他任何打击对方热情的言行举止,都可以称之为取款。

如果双方都能认真观察婚姻的"感情银行"是如何运作的,就会自觉地控制,即不能大笔取款,而要不断存款以增加账户上的余额。斯莫利要求夫妻们存款 5 次,尔后才取款 1 次。这样,婚姻关系才能保持健康。有趣的是,5 次积极的行动对 1 次消极的行动这一比例与儿童意志学家观察健康的母子关系后得出的比例正好相同。

我们可以看到,当一个人自己内心的爱是丰盈的、满足的时候,才能去给予别人爱;相反,如果一个人忽视自己的感受,不爱自己,那么他在爱别人时也会感到枯竭,无法给予他人爱。学会爱,储存爱,是一个人爱的成长过程,是感受他人关爱的过程,在这个过程中,我们都在一点一滴地承受着爱,因此学会给予爱,进而把这种爱的能力传递给他人。

# 第三节　爱的培育

随着人的成长和成熟,爱的意义也随之改变。婴儿从被父母保护与照顾中获取被爱,在他长大以后,这类被爱的需求虽然会持续发展,但相对来说,爱的其他意义会在不同时期逐渐呈现。

## 一、爱的引导

### (一)爱的成长

首先,一个人是在家庭中诞生,又在家庭中开始成长的。因此,家庭便是每个人学习爱的第一个也是最重要的一个学校。家庭中的关系带有自然性、亲昵性,是其他一切社会关系的最初的、最基本的模式。正如哈佛大学社会学系主任在其《社会文化动力学》一书中所说:"家庭是社会关系的最基本形式",无论一个人拥有什么样的地位、财产、声望,无论是健康的人还是病、弱、残者,家庭都是他(她)须臾不可缺少的地方。

家庭是可以培育出最强烈的、最真实的、最不可摧毁的真爱的场所。由于家庭培育了孩子的爱,他们成长为未来能够去爱和被爱的朋友,进而学习做爱侣,结成拥有真爱的夫妻,然后做有爱心的父母。科学研究的事实已经告诉我们,爱是从家庭内被培育、得到成长并开花结果的。自幼未在家庭中学习到爱的人,是很可悲的。日后的各种问题,都可能根源于此。

美国心理治疗专家帕克指出:"大多数精神疾病都起因于对爱的误解或思想上的混乱。爱既是导致许多精神疾患的原因,同时又是治愈这些病症的良药。"他继而说:"家庭生活的经历往往会决定孩子对世界的看法。生长在温馨而充满爱抚的家庭中的孩子,往往把世界看做一个温馨而充满爱的地方。"而在冷漠和充满敌意的家庭中长大的孩子,则"往往把世界看做一个充满冷漠和敌意的地方"。

### (二)爱的成熟

弗洛姆在他的《爱的艺术》一书中,从个体心理成长角度区分出"不成熟的、幼稚的爱"和"成熟的爱"。天真的、孩童式的爱遵循"我爱因为我被爱"的原则,成熟的爱遵循"我被爱因为我爱"的原则;不成熟的、幼稚的爱认为"我爱你因为我需要你",成熟的爱认为"我需要你因为我爱你"。

成熟的爱,其核心在于给予。一个人在爱情成熟之时,并不是寻求自我满足和舒适,而是把自己的生活世界向别人的需求敞开,主动去关怀别人。如果仅仅利用爱去索取,那就不可能体验到真正的爱情。

这种成熟的、不自私的爱,一般有四个要素。第一是对所爱者真诚关心,希望对方充分地发展和完善,能够独立思考和富于创造性。这就要求有为所爱的人作出奉献和牺牲的意愿。第二是责任感。正是由于这种责任感,才使相爱的双方能够同舟共济,渡过急流险滩,登上爱河的彼岸。第三个要素是尊重。爱一个人绝不意味着去改变对方的生活习惯和生活方式以适应自己的需要,而是彼此尊重,即使发生分歧,也应求同存异。把自己的意志强加于人是爱情的大敌。最后一点是知识,这是责任感和尊重的基础。有了知识,才能与对方交流、沟通,正确地决定自己的行为方式和听取对方的反应,才能避免误解,深化爱情。

## 二、爱的平衡

许多人或多或少对爱的本质感到困惑,是因为他们对所见所闻所想所为的爱充满了误解,正是这些误解使人们饱尝爱的失望和痛苦。其实,拥有真爱的人是感性和理性共存的,并且能让感性和理性达到平衡。

### (一)爱的感性

大多数人认为,爱是本能的需要,是一种感觉,是感性的,不需要理性。由于他们的爱中缺乏理性的成分,所以,在感受到爱的同时也容易受到爱的伤害。

人们常说的"美好的爱",其实是一种被制约的爱。缺乏理性的爱,不过是一种激情,一种心血来潮,一种痴迷。在这种痴迷中,某个人或某种事物对自己变得极为重要,仿佛成了自己不可或缺的部分,因此自己愿意为其投入时间和精力。但痴迷与爱是不可相提并论的。痴迷并不意味着理智、关怀及承诺。两个陌生男女在酒吧邂逅相遇,一见钟情,达到痴迷的地步,此时他们可以暂时地把一切都置之度外,例如对家庭的责任,对事业的承诺,甚至早已约定的朋友会见,等等。然而痴迷总是短暂的,无确定性的。性的痴迷更是转瞬即逝,一旦性的欲望满足,清醒过来,可能发现对方并无多少可爱之处,不是理想中的伴侣。"鬼迷心窍",说的就是这种痴迷。

真正的爱意味着承诺,是要用意志和智慧去获得及给予的。真爱就是衷心地关注对方的精神成长,从而承诺不做任何有碍于对方成长的事。正是这种承诺,使对方感到安全、有力,就算爱侣不在身旁,也总是感觉到爱与被爱的充实和坚强的力量。正如中国古诗所云:"两情若是久长时,又岂在朝朝暮暮。"当然,这并不是说恋人或夫妻之间没有痴迷的瞬间,但是真爱是超越痴迷的,无论有没有痴迷,有没有爱的感觉,有没有心血来潮,真爱都是朴实无华地、坚实长久地存在于爱侣之间的。真爱,最重要的因素是意志。爱就是一个人意志力的特定作用,其目的是去促进自己和对方的精神成长。真爱不是情绪性的,而是意愿性的。所以,一个拥有真爱的人,是下决心去爱对方的,是承诺了对方的,他不仅可能而且必须避免把爱建立在感觉上,不是"跟着感觉走"。例如,你在婚外遇见一个极富魅力的男人,他可能使你产生爱的感觉,但你决不背弃你的婚姻承诺,因而不会出于感觉而与那个男人生出任何事端来。你在内心这样说:我感觉到很爱他,但我却不能随感觉而去。这就需要坚强的意志和高度的理性。

爱的感觉可能无限,而爱的能力是有限的,一个人在这个世界上生活的时间和精力也是有限的,因此终究不可能去爱任何一个让自己觉得可爱的人。这就需要约束一部分爱的感觉,使自己的爱的能力集中于爱那个经过选择的、能够长久爱下去的人。

如果勉强去超越自己能力的局限,也就是去做力不从心的事,最终会事与愿违,害人害己。因此,如果你很幸运地遇到众多使你感觉到可爱的人,那么你必须选择究竟爱谁。这种选择是很不容易的,甚至是令人痛苦的,但又必须作出选择。在选择过程中有许多复杂的因素需要加以考虑,例如家庭文化背景、个人的受教育水平、价值观、性格情趣、交往圈子、与亲属朋友的关系等。这就需要时间,需要交往,需要沟通、对话,需要比较、权衡,需要割舍。因此,那些仓促行事、草率作出决定的夫妻,很难有真爱的承诺,婚姻的失败也可能源于此。要知道,试图去爱一个根本无法从你的真爱之中受益而得到精神成长的人,就无异于浪费你爱的能力,犹如在不毛之地上种植庄稼,不会有收成。因此,那些有能力去建立真爱的人必须明白,他(她)应当尽可能通过自我约束去进行富有成果的爱。

### (二)爱的理性

美国著名心理学家司各特·帕克(M. Scott Peck)这样定义爱:"爱是一种意志,即决意为达到自身的精神成长或另一个人的精神成长的目的而奉献自己。"帕克认为行动是有目的或目标的,即爱的目的在于精神成长。他还认为,爱是一个进化的过程,在此过程中,一个人要超越自身的局限,成长到一个更高阶段。因此,爱的行动是一种自我进化的行动,即使这一行动的目的旨在帮助另一个人进化,自身的进化亦在其中。此外,爱包含爱自己和爱别人,因为都是人类,自己是人类的一员,所以,如果连自己都不爱,就不可能爱别人。帕克说,爱是一种为超越自身局限性的努力。爱不可能是不经努力而达到的。最后,帕克认为,爱是一种意愿或意志,它不单独是一种欲望或行动。爱的欲望和爱的行动本身还不等于爱。意志意味着选择。爱不是被迫的,也不是随心所欲的,而是经过意志去选择的,爱是一种有意志参与的行动。

许多拥有真爱的人都是有自律能力的人。这种自律能力来自意志的力量。因此,真爱的关系便是一种受意志力制约的关系,而不是随心所欲的关系。如果真的爱对方,那么就得约束自己的行为,以免自己不当的行为妨碍了对方的成长。

可见,爱是感性的,也是理性的,感性是基础,理性是深度,越是理性的爱,越令人刻骨铭心。当爱被控制在理性范围内时,感受到的是爱的甜蜜和快乐,当爱试图冲决理性的束缚时,就感受到了痛苦和绝望。如果把爱比作高山流水,那么,理性就好比是大河的两岸,流水只有在两岸的规范下流淌,才会给大地带来幸福和快乐,流水也才可能流得更加长远直达大海。流水如果不受两岸的束缚,就只能给大地带来痛苦和灾难,也往往不能流得太远就会消失,更无法到达大海。而要精通爱这门艺术,除了理论和实践外,还必须认定世上没有其他任何东西能比这门艺术更重要。

# 第二部分

## 体验篇 体验爱的乐章

　　爱情是人类永恒的图腾,也是人类精神世界不竭的动力之一。从古到今,流传过多少关于爱情的动人故事和美丽传说。毫无疑问,产生于男女个体之间的爱情,既是人类最深刻的精神生活体验之一,也是每个人的生命中最重要的内容之一,多少人在它身上寄托着一生的幸福和理想,多少人因为它而体会到人生的快乐和痛苦。也正因为如此,"问世间情为何物"成了人们一生都无法回避的重大课题。因为只有先知道了"情为何物",然后才能知道"如何"用情;只有先努力去思考与理解爱情,然后才能享受和体验爱情。

# 第四章　爱情心理体验

　　爱情,这个人类古老而又新鲜的话题,仿佛是一个人类永远都无法揭开的迷。如果把爱情看作一枚硬币,则一面是男人,另一面是女人。他们很复杂,谁也离不开谁,而且谁都不是能够一眼看穿对方。爱情究竟是什么? 这是一个没有穷尽答案的问题。

　　传说古希腊大哲学家柏拉图曾经先后两次向他的老师苏格拉底请教爱情与婚姻问题,可以说柏拉图与苏格拉底对爱情的哲学思辨代表了人类对于爱情婚姻的最高理性追问。

　　在开始这一章节之前,请读者先阅读知识窗 4 - 1。通过他们的对话可以略略窥见两位哲学家的爱情婚姻观,也可以看到他们所表现出的超人智慧。

**【知识窗 4 - 1】　　　　　苏格拉底论爱情**

　　有一天,柏拉图问他的老师,什么是爱情?

　　苏格拉底说:"我请你穿越这片稻田,去摘一株最大最金黄的麦穗回来,但是有个规则:你不能走回头路,而且你只能摘一次。"

　　于是,柏拉图照着老师的话去做了。结果,他两手空空地走出麦田。

　　苏格拉底问他:"你为什么空手回来了?"

　　柏拉图说道:"当我走在田间的时候,曾看到过几株特别大特别灿烂的麦穗,可是,我总想着前面也许会有更大更好的,于是就没有摘;但是,我继续走的时候,看到的麦穗,总觉得还不如先前看到的好,所以,我最后什么都没有摘到……"

　　苏格拉底意味深长地说:"这就是爱情。爱情是一种理想,而且很容易错过。"

柏拉图与苏格拉底

　　显然,苏格拉底对于爱情的观点是讲求制约的。他认为爱情更多的应该是精神上的爱恋,爱情的双方不应太在意对方的肉体等物质方面的东西。对于婚姻,苏格拉底或许是悲观的,他曾说,"假如你问我该不该结婚,我会回答你:无论如何,你都会后悔的。"

事实上,柏拉图对于爱情的看法多少也受到了他的老师的影响。他曾说,爱情是一种没有肉体接触的灵魂的融合,是一种超个人情感的爱神的具体表现。爱情是上帝和造物主,它造就人类的创造精神。爱情作为一种内在驱力,不仅以性或其他形式的爱推动一个人与另一个人的结合,还激发人对知识的渴求,推动他追求真理,与真理结合。柏拉图还认为,在爱情和幸福之间画等号是不对的,真正的爱情指向善,只有完善的爱情才是伟大的爱情。所以,当爱情男女真正结合,共同走向婚姻之后,完善就丧失了。

柏拉图的爱情观实际上把思路引向了一种终极的哲学话题——"善"。于是,为了完成对于"善"这一终极哲学理念的朴素追求,柏拉图选择了终身未婚,将自己的生命与哲学理念结合起来,实现了一种最高境界的爱情观,人们通常称之为"柏拉图式的爱情"。而在女性很少受教育的古希腊社会,男人很难从女人中找到精神对手,这就是柏拉图偏重男性之间的爱情的原因。柏拉图坚信"真正"的爱情是一种持之以恒的情感,而唯有时间才是爱情的试金石,唯有超凡脱俗的爱,才能经得起时间的考验。

# 第一节　爱情心理问题

爱情是美好的,人人都憧憬和追求着爱情。但是,在现实生活中,却往往并不是所有的人都能得到爱情,即使得到爱情的人,也并不是人人都能拥有幸福。爱情似乎总是在作弄人,又总是那么神秘莫测、难于把握。于是人们不禁要问:爱情是可遇不可求呢,还是通过主观努力可以获得? 爱情是注定昙花一现呢,还是可以常开不败? 爱情的痛苦是可以避免的吗? 爱情的幸福是可以得到的吗? ……其实,这些疑问归根结底是一个问题,那就是人们到底能不能把握爱情?

## 一、爱情心理偏差

我们常常看到,有些人总是深情地写信,默默地等待那份不确定的爱;有些死心眼儿的情人,就像一条不肯开走的船,只要停靠过,就认为这是最后的港湾。即使发现自己选错了,它只是一个暂时的避风港,就是迟迟不肯放手,离开边岸。甚至以随时会翻船为由,不让曾经踏上船的脚抽身。其实及时离开不适合自己的边岸,才能早日找到可以真正长久停靠的港湾。寻找真爱,要勇于放弃假爱! 这是一种理性地追求真爱的至理名言啊!

### (一)假爱情问题

#### 1.偶像化的爱情

常常被人们称为"伟大的爱情"（经常出现在小说和电影里）。一个没有达到产生高度自我知觉的人（这种自我感觉的基础是创造性地发挥自己的力量），倾向于把自己所爱的人"神化"，他同自己的力量异化并把自己的力量反射到他爱的人身上，将他爱的人当作一切爱情、光明与祝福的源泉而受到他的崇拜。在这一过程中，人失去了对自己力量的觉悟，在被爱者身上失去自己，而不是找到自己。从长远观点看，没有一个人能符合崇拜者心愿，当然不可避免地就会出现失望，而解决这一问题的方法是寻找新偶像，有时候会出现恶性循环。这种偶像化的爱情在最初的体验是强烈性与突发性，常常被看作是真正的、伟大的爱情。但是恰恰是这种所谓的强烈性和深度却表现了那些恋爱者的饥渴和孤独。也许不必过分强调的是，我们常常可以看到以这种爱情形式相结合的男女在严重的情况下会给人"疯子"的印象。

### 2. 多愁善感的爱情

这种爱情的本质只能存在于想象之中，而不是存在于同另一个人实实在在的结合之中。这类爱情最广泛的形式是用代用品使自己满足，那就是消费爱情电影、爱情小说和爱情歌曲。通过消费这些东西可以使一切没有实现的对爱情、人与人结合和亲近的向往得到满足。那些无力拆除自己与伴侣之间那堵高墙的男女，当他们在银幕上看到悲欢离合的情侣时，会身临其境，感动得热泪盈眶。

### 3. 病态的爱情

一种是过度的爱，或叫爱情泛滥、恋爱成癖。过度的爱是一种涉及思想、感情和行为的综合征。当一个人疯狂地爱着另一个人，而又发现对方是不合适或不可能得到的，可是却不能理智地退出或放弃，内心仍是想要他（她），甚至觉得更需要他（她），离开他（她）就活不了，这就是"爱癖"，即爱成了瘾。其实，这种执迷不悟的爱并不是真正的爱，而是怕。那些整日被爱纠缠不放的人，内心隐藏着惧怕，怕孤独，怕自己不可爱，怕自己没价值，怕被抛弃，或怕失去自己得到的利益，等等。

病态爱情的根源通常来自一个功能不健全的家庭，自幼未得到足够的温暖与爱抚。于是，他（她）长大后或如饥似渴地寻求爱，以致爱得过分，爱得上瘾；或者，试图以替代方式把自己变成对方的保护神，用以补偿自己未曾得到的那份感情，或者因觉得自己的父亲和母亲未能变成爱护子女的人，于是就想通过自己的恋爱来改变一个冷漠的对象，以弥补内心的遗憾。这种人通常缺乏自尊和自信，总是怕失去、怕被抛弃，因而格外委曲求全。他们还缺乏安全感，因而对异性死死抓住不放，或想方设法控制对方。他们的爱多半建立在一厢情愿或幻想的基础上，而较少考虑现实究竟是怎么回事。值得注意的是，这样的人最容易被那些处于不幸、困难之中和需要帮助的人所吸引，而不是去爱那些乐观、健康、豁达的对象，甚至对后者持有偏见或嫉妒心理。那些爱得过分者，在恋爱关系中表现出对自己的成长漠不关心，却竭尽所有精力去改变对方的行为或情绪，其实质是实现对对方的操纵和控制。陷入病态的恋爱癖，当发现自己在恋爱关系中得不到满足时，就更加拼命地追求爱，对方越是冷淡，他（她）就越是要狂热地与对方亲密,结果便适得其反。这样的低三下四和冷热反差,终于导致两人的关系彻底决裂。此时,那位"爱癖"最容易出事,不是自毁,便是毁人。总之,坠入爱河的男女,要细心观察对方是否有病态心理,如果被对方死死抓住不放,或成为对方感情上的晴雨表,那就应及时去请教心理医生。

另一种病态的爱情是对异性的恐惧。总的说来,恋爱是最能刺激和振奋一个人的情绪的。但有的人却有异常的反应。例如,一个自幼被父亲过于宠爱的女孩或被母亲过于溺爱的男孩,成年以后,对恋人或伴侣就有一种无意识的期待,即期待对方像父亲或母亲那样疼爱自己;但是,恋人当然不可能像父母似的去爱她(他),只能是一种同辈人的异性之爱。于是被爱者觉得对方不是自己期待的偶像,便大失所望,表现出畏缩而恐惧的情绪,并对追求她(他)的异性概不相信,内心深处却在寻找一个年长得多、大为成熟的父亲(母亲)似的异性为伴。也有的人,由于自幼目睹父母之间不和谐的关系,如父亲对母亲施暴,或窥视过父母的性交,产生一种"母亲受欺负"、"男人是畜生"的错觉。种种惊愕、战栗、耻辱等感受存留在潜意识之中。长大成人之后,就变成一种莫名其妙的异性恐惧症。一般是女性恐惧男性。她们幼年时留下的心理创伤,使恋爱时的情绪受挫,一般很难同男朋友深交。恋爱时间稍长,当男方希望与她有进一步亲密接触时,她就会因恐惧而仓皇逃遁。现实生活中的一些"大龄"未婚女性,她们在恋爱上十分踌躇,就是有好感,也不愿表示出来,无论与哪一类男性交往,情感也深入不下去。这并非因为她们不想谈恋爱,而是某种心理障碍在作怪。

**(二)非爱情问题**

**1. 功利与爱情**

在当今的商品经济潮流中,越来越多的"爱"被打上了功利主义的烙印。男人以金钱、地位、权力等资本去换取女人的"爱",而女人的"爱"也很快会随着功利目的的达到而消逝得无影无踪。在功利欲望驱使下的"爱",既浅薄,又虚伪,这样的"恋人"分手,其实谈不上"失恋",而只有"失去"或"失落"感。有的人刚刚离开旧侣的怀抱,又一头钻进新欢的羽翼,觉得这样才够"自由"。难怪有人慨叹说,如今爱情成了打折商品,不值得珍惜,因此已没有失恋这回事了。然而,人毕竟是有思想感情的,即使一个人出于功利欲望而与一位异性有过亲密关系,分手时也难免有感情上的创伤。因为失去了对方不仅失去了利益,同时也失去了一份自尊和自信。如果一方认为"被甩了"、"被骗了",都会有一种自我价值贬低和受损害的屈辱感觉。

**2. 嫉妒与爱情**

爱情总是与嫉妒相伴随的,这就是爱情的排他性所在。有人赞美嫉妒心是爱情炽烈和专一的表征,也有人诅咒嫉妒心是枯萎的爱情投射出来的阴影。不管人们怎么说,爱情所到之处,都可发现嫉妒如影随形。

男性和女性究竟谁的嫉妒心强呢? 从心理学上看,嫉妒心与性别并无必然的联系。不过,从现实生活中看,女性表现出嫉妒心的地方似乎多一些,这是由于几千年的男性中心主义的社会历史,使女性长期处于依附男人的地位,从经济上的依附到心理上的依赖所致。女性对男性表现出更为专一独占的倾向,生怕所爱的男人被别人夺走。即使在今天,女人的嫉妒心理中仍残留着旧时代的阴影。

嫉妒心理,在男性和女性身上的表现方式似乎有所不同。男人总是强制自己不要表现出嫉妒心来,以免被人讥笑为"女人气",因此,装出"大丈夫"的宽宏大量。男人即使在妒火中烧时也只是"旁敲侧击",不直接提及嫉妒的理由和对象。而女人呢?则总是赤裸裸地把嫉妒之火引向情敌。于是人们就看到,在三角恋爱的关系中,总是发生两个女人之间的嫉妒之战。这种情形,已婚者表现得更加明显。妻子在发现丈夫有外遇时,总是去责怪和羞辱"第三者",而不太敢对自己的丈夫大动干戈;而丈夫发现妻子有外遇时,则总是把愤怒向妻子发泄,认为妻子丢了他的脸,伤害了他的自尊,有损于他的人格,宁愿把妻子抛弃给情敌,也不会在另一个男人面前去兴师问罪而丢失面子。日本的一位心理学家在总结这种现象后指出,在爱情问题上男女同样有嫉妒心,但对女性来讲是出于"安全感受到威胁",而对男性来讲,主要是感到"自尊心受到伤害"。当女性不能确信对方的爱,从而感到不安时,就会产生嫉妒;而男人的嫉妒中所包含的自尊心成分甚至超过爱情。丈夫最不愿意妻子当众夸奖别人的丈夫怎样好,多半不是怕妻子爱上别人的丈夫,而是觉得自己的自尊心受了伤害。恋爱中的男女,了解关于嫉妒的这些心理学常识,对于恋人或夫妻间的心理调适是非常重要的。

3. 依赖与爱情

对爱情的另一个普遍的误解就是把依赖当做爱情。心理治疗专家们常常可以在那些因失恋或被配偶抛弃而自杀者或极度抑郁的患者身上找到证明。把依赖误为爱的人常常这样感觉或说出来:没有他(她)我就不能活了。其实,这是一种"寄生主义",即一个人靠另一个人的存在而活着,没有了对方就没有了一切。这种人是没有选择的,没有自由的,没有自我的,没有意志的。对方的风吹草动都能震撼他(她)的人生。这哪里是爱?这分明是在抓住一根救命稻草啊!现实生活中,越是这样的"爱",就越是脆弱,随时有崩溃的可能。想想你把对方仅仅当作一根救命稻草,仅仅是你需求对方,怎能称为"爱情"呢?这不过是一种需求而已。真正相爱的两个人,是经选择而决定生活在一起,各自都有独立存在的价值,不会紧紧抓住对方不放,尊重彼此的独立性,不断地将自身的价值施展于共同的关系之中,贡献于对方的成长之际。

依赖是一种软弱和不自信的表现,是一种不确定感的反映,即不知道对方是否真正在乎自己。对于健康的成年人来说,处在强烈依赖关系中,可能是一种心理病态,是精神障碍。这不同于人们通常的依恋感或信赖感。在日常生活中,无论一个人多么成熟,多么年长,多么强有力,仍会有不同程度的依恋或信赖于他人的感觉,有被别人关怀、照顾的愿望,都希望得到呵护。但区别在于,对正常健康的成年人来说,这种愿望和感觉并不足以主宰他们的生命与生活,不决定他们活下去与否;一旦依恋与信赖感变成主宰一个人命运的决定因素时,这个人就成了依赖的牺牲品。他们通常患有心理失常,心理医生称之为"消极依赖型人格障碍"。这样的人总是拼命地寻求被爱,根本没有能力去爱别人。他(她)酷似一个挨饿的人,饥不择食吞噬一切食物,不与别人分享。这种人,也好像有一个填不满的胃口,无论多少食物下肚仍觉不够。这种人,总觉得自己缺少什么,永无知足感。他(她)难耐寂寞,因为缺少自我认同,只有与别人同在时他(她)才能感到自己的存在,这样,他(她)真的就成了别人的"影子",可怜又可悲。

其实,依赖既扼杀了自己的独立性,又限制了对方的自由。两个不自由的人在一起,能有爱情和幸福吗?总之,依赖不是爱。依赖是出于爱的饥渴,贪求满足与收益,依赖者不能给对方真正的爱;依赖只能使人幼稚,使人懒惰,不能促进成长和成熟。依赖最终会摧毁依赖者与被依赖者之间的关系。至于"消极依赖型人格"的形成,有其自幼成长环境、父母养育方式等复杂的根源。心理学家们认为,儿童时期缺少父母的呵护和抚爱,是形成依赖型人格最为常见的根源。

4.谎言与爱情

恋爱时,既要追求对方的爱,又必须巧用心计,所以爱情中掺入谎言和假象,常常是不可避免的。眼泪、羞涩、假装高雅、故作矜持,直至明明白白说谎,都是司空见惯的恋爱技巧,各有各的效应。如果冷静地加以思忖,就可发现恋人对爱的某些甜言蜜语,多半是习惯性的谎言。"想到你,我就夜不能眠","没有你,我就活不下去"。其实,言者每晚都酣然入睡,也从无去死的勇气。因此,陶醉于爱情的男女,应对这类"合理的谎言"保持一分清醒。有位男士曾这样对女友说:"啊,你的眼睛是世界上最美的!"女友则立即玩笑般地应答:"亲爱的,你从未到世界上其他地方走过,怎可断言世界之最呢?"

有时,心理防卫机制促使人们撒谎。但谎言到了不合情理的程度,却可反映出一种虚荣心,很快就会令人生厌。特别要注意某些有歇斯底里性格的人,总表现出抬高自己的强烈倾向,因而喜欢编造谎言,自我吹嘘。这是一种缺乏见识、感情发育不良的表现,显得幼稚可笑,不合逻辑。谎言大多是防卫性的,但也有攻击性的。例如传播谣言,好说闲话,欺骗别人等。这可能使恋人感到难堪、焦虑、恐惧、慌乱。如果发现这样的谎言家,还是及早分手的好,因为他(她)多多少少带有病态心理,不会对人有真挚而深沉的感情。

当然,有些谎是非撒不可的,其动机是为了减少对方的不愉快或担忧感。例如,当医生诊断出某位患者的不治之症,而患者的健康状况和心境又承受不了知晓实际病情的痛苦。这时作为患者的恋人或配偶,就有义务对患者保密,该撒谎的就得撒谎,以合理的谎言安慰他(她),使其保持愉快的心境,以利延缓生命。再比如说,过去与异性朋友的交往,不必向现在的恋人"和盘托出",该保密的保密,该撒谎的就得撒谎。这是一种"利他主义"的谎言,目的在于减少可能发生的误解或猜疑,以免折磨对方。况且,保留"隐私"也是每个人享有的权利。即使觉得过去做过某种错事蠢事,不说出来心情就无法平静,但如果考虑到对方的利益和心境,还是三缄其口为佳。与其说出来让对方痛苦,还不如自己忏悔或以实际行动改过自新。

## 二、爱情心理误区

爱情能给人生带来幸福,但也并不总带来幸福,有时也带来不幸。对于罗密欧和朱丽叶而言,爱情是致命的毒药;对于奥瑟罗来说,爱情是嫉妒的匕首。而对于我们来说,爱情又是什么? 爱情产生于何时? 我们无法精确计算。这是因为爱情并不是一种纯粹主观的心理体验,它也是一种客观的社会现象。很多悲剧产生于开始,因为开始本身就意味着错误。

### (一)爱情假象化

#### 1.寂寞与爱情
寂寞感是生活中的一种特殊心理现象,不少青年都有过孤独、寂寞和苦闷的情绪体验。特别是来到陌生的城市,面对陌生的环境,显得孤独与无助。此时,可能一声问候、一束鲜花都会令孤独无助之中的你感动至极。但要记住:人在孤独无助时,更需要广泛的社会支持,如友情,而不一定是爱情。

青年正处于自我意识形成的重要时期,在与同龄人的交往中,自我意识过强,对于他人对自己的态度和评价异常敏感。尽管情感上迫切需要抚慰,渴望别人理解,但为了避免自尊受到他人伤害,而不愿轻易地对别人敞开自己的内心世界,形成同学相互之间的闭锁心理。另外,一些青年感到学习生活枯燥乏味,因为精神空虚而心理寂寞,试图用"恋爱"的方式来摆脱孤独感,获得心理慰藉与感情补偿,其实,这是一种对爱情认识的心理误区。

#### 2.好感与爱情
青春晚期的青年正处在对情感最为敏感的时期。异性之间的一个眼神、一个微笑、一个动作都可能引起心中的一阵涟漪,往往会不自觉地多了一分敏感与猜测。因此,好感与爱情是青年在异性交往中经常遇到又难以分清的两种情感。一些青年把男女之间对异性的相互吸引、好感等同于爱情,这是对爱情认识的又一个心理误区。

好感在一定程度上可以作为爱情产生的前提与基础,在接触和了解之后可以发展为爱情,但爱情却是双方在价值观、人生信念等方面的综合及汇集性的需要形成的一种情感。二者的确有些相同之处,如都会给人肯定、愉悦、积极以至兴奋的感受,而且异性之间的好感也有可能转变为爱情,但二者又有本质的不同。一是好感是指交往双方在某一点上的倾心或愉悦,而爱情是建立在男女双方相互间的人生志趣、个性品质等各方面深刻理解和谐基础上的深厚感情。二是异性间的好感是广泛的、无排他性的,而且好感也并非仅限于异性之间;而爱情则是专一的排他性的、具有性爱的因素。

三是好感表现为人们一时出现的情绪感受，而爱情则是在长时间的相互了解中发展起来的一种延续终身的稳定的情感。大学生误把异性间的好感等同于爱情，常会缺乏对爱情的专一与持久，随着情绪的变化和好感的消失，致使所谓的"爱情"也烟消云散。他们是把对方看做自己想象的支撑，而不是去看他（她）真实、全面的样子。

### 3. 友谊与爱情

友谊是同学、同事、朋友之间在相互了解和依赖的基础上形成的一种亲密的情意关系。而爱情是在性吸引和满足性的欲望基础上的一种情感。友谊无论是同性之间还是异性之间，彼此之间不会产生拥有对方身体的欲望，当然也就没有要对方满足性欲的需要。一般来讲，爱情的产生也有一个发展的阶段，先是好感，然后是喜欢，最后到达爱情。好感和喜欢多停留在友谊的阶段，而爱情就是到了亲密关系的层次。

友谊是沟通人们心灵的桥梁，是人们在社会生活中获得理解、肯定和帮助的情感需要，是人们精神生活的一个重要组成部分。友谊对于人们的学习与生活都有极其重要的意义。它可以使青年获得他人的关心与帮助，获得心理上的安全感，可以促进自我完善，形成健全的人格。从健康成长的角度看，友谊比爱情更重要。然而，有些青年不理解友谊的重要，不懂得友谊与爱情的关系，不能正确对待异性间的友好交往。比如，一些人把异性同学间的正常交往说成是谈情说爱，致使男女生不敢继续往来；有些人一旦爱上对方，便把爱情视为情感生活的全部，对同学、朋友疏远，不再主动参加集体活动；有些人在确定恋爱关系后，便干涉、限制对方与他人的正常往来，甚至无端猜疑，搅得同学关系紧张。这些行为在恋爱中都是不可取的。可见，学习并发展异性间的友情是建立爱情的基础。

### 4. 虚荣与爱情

虚荣心理是一些人试图通过追求名誉、荣耀等表面的光彩，来满足自己自尊需要的心理，虚荣心理是对爱情认识的又一个心理误区，也时常表现在恋爱对象的选择和恋爱方式之中。比如，一些人在选择自己的恋爱对象时，并不是出于双方是否爱慕、倾心，彼此是否心心相印，而是以对方是否"对得起观众"，是否"能带得出去"，是否"够面子"为标准。还有的人在恋爱中追求虚荣的形式，为了讨对方欢心，让旁人"看得起"，不顾自身经济条件，花钱买"派头"，到处借债。

青年男女选择恋爱对象的过程都会不同程度地带有虚荣的因素，但随着思想和心理的成熟，大部分同学都会放弃从虚荣的角度去选择恋人，建立在虚荣心之上的爱情是不牢固的和虚伪的，消极的虚荣心理最终会阻碍健康爱情的发展。

### 5. 冲动与爱情

爱情绝不是简单的本能的情绪冲动，而是理智所支配的高尚情感活动。爱情离开理智，就会误入歧途，被情欲之火所吞没。这同样是对爱情认识的心理误区。现实生活中，一些人在恋爱过程中，不善于用理智驾驭自己的感情，随意放任自己的行为，把大好时光耗费在花前月下、卿卿我我之中，荒废了学业，贻误前途。有些青年在冲动之下,发生越轨行为,甚至违法犯罪,造成严重的后果。健康的爱情关系应建立在理智、道德和相互尊重的基础上,使双方的感情趋于高尚。

### (二) 爱情情绪化

#### 1. 爱情的非理性

即认为爱情意味着甜蜜,意味着没有冲突。恋人之间的相互冲突,那些属于人的内在现实并能在人的心灵深处体验到的冲突绝不是毁灭性的,这些冲突会带来净化,会带来心灵的沟通与理解。

关于爱情的非理性主要有:一是没有爱情的生活是失败的;二是爱情是靠努力可以争取到,即付出总有回报;三是爱不需要理由;四是因为相爱而发生的性关系无可非议;五是恋人是完美的,爱情是至高无上的;六是爱是缘分也是感觉;七是不在乎天长地久,只在乎曾经拥有;八是爱情重在过程不在结果;九是爱情能够改变对方;十是失恋是人生重大的失败。

由于受非理性观念的影响,部分青年将恋爱置于人生其他重要任务比如学业之上,甚至因为爱而荒废了学业。有的同学坚信爱情中付出总有回报,做爱情的守望者,耐心地等待,有的甚至采取极端举措。

#### 2. 爱情错觉

指在异性间的接触与交往中,一方错误地认为对方对自己"有意",或将双方正常的交往和友谊误认为是爱情的来临,而产生所谓的"爱情错觉"。

爱情错觉经常使当事人想入非非、自作多情。由于对单相思的对象的幻想和过分敏感,致使错误地领会了对方正常的行为;但也有可能是由于发出信息的一方在行为方式上存在一些过于含糊的信息,有的甚至是一些自己察觉不到的带有暗示性的行为,从而给接受的一方造成误解。如果发现自己陷入爱情错觉中,要设法积极地改善自己,可能对方不喜欢你的性格、风格。等待更好的机会,除他(她)之外,相信一定还有许多异性吸引你。爱不成就生恨,不一定是真情。如果是自己有意而对方并不知情,并且觉得对方有很大的可能也爱自己,就可以大胆地向对方表白自己的感情。当然,也应做好对方不接受自己的感情的心理准备。如果觉得对方根本就没有可能爱自己,就没有必要表白自己的感情,因为这种表白既可能给对方造成心理压力,也会使两个人的关系显得不自然。

培养对爱情的内在审度力。爱情往往反映出一个人最深层的需要。爱什么往往最深层反映出一个人对人生本质的追求。人们在寻找爱情时,同时也在寻找自己对生活的向往和追求,而这些是外在的容貌和风度所不能替代的。因此,你选择爱情,首先要弄清自己内在的追求。爱的吸引力不仅在外表,更重要的是两情相悦。有了对爱情这种内在的审度力,一个人的理智度就大大提高,这样因外在吸引产生的光晕心理就会大大减少,继而消失。

### 3. 爱情挫折

爱情挫折是阻碍人们得到所追求的爱情的客观情境和主观情绪状态,主要有四种常见类型:一是舆论挫折,指由社会上的传统思想、习惯势力形成的舆论所产生的阻力;二是家庭挫折,由于家庭成员的观念差异而给爱情设置的障碍;三是遭遇挫折,指对方在事业、经济、身体等方面遭到的变故,比如事业滑坡、经济发生困难、染上重病或遭遇某种不幸等;四是自我挫折,就是自我怀疑已建立的爱情,产生动摇感以及要求对方做到尽善尽美而招致的烦恼。那么,如何面对爱情挫折? 一般说来,对于舆论、家庭挫折,由于遭受的对象是相恋着的双方,虽然有挫折感但是爱情仍然在,因此可以逆反地使俩人生出更强大的力量来对抗挫折;而对于如失恋、单恋、离婚之类,由于种种原因造成恋爱关系的被否定及中断的爱情挫折,都伴有痛苦、孤独、绝望的负情感产生,若不及时疏导、转移,就会形成情绪障碍,极易导致报复、内郁、自杀等不良后果。所以,面对爱情挫折,努力地自我克制,求得心理平衡是上上策。

可以用转移法。这是利用了心理的"补偿效应"的一种方法,即用另一种可能成功的活动来代替自己在某一方面的受挫感、失败感。将自己的情感注意力转移,不是说立即去寻找新的爱情,而是可以到友情中去寻求力量,譬如跟朋友们更密切地交流思想、倾吐心事,求得开导和安慰;和大家一起参加娱乐活动,释放苦闷,陶冶性情。也可以进行空间转移,有条件的话,离开自己所生活的熟悉的环境,或者到外面作一次短途旅行,去散散心。这都能够减少由于联想而产生的无意记忆,避免触景生情,睹物思人,沉浸在悲伤中不能自拔。在陌生而美丽的环境中,用新奇感来替代旧的情感,摆脱它们的纠缠。

当然,这一切都需要在理性的大脑指挥下才可以完成,借助理智来获得解脱。应摒弃"爱情至上"的观点,仿佛失去了爱情,就一切都没有了。遇到挫折,伤心总是难免的,不过一定要用理智的"我"来提醒、暗示并战胜感情的"我",防止一时冲动,造成难以弥补的遗憾。要学会宽容,心平气和地面对现实,找到并承担自己应负的那部分责任。即使在这中间自己并无过错,也不要怨恨他人,"退一步海阔天空",宽广的胸襟,对别人、对自己都是一剂良方,但这并不等于说在爱情的道路上碰到一点点小挫折就打退堂鼓,而是说在爱情无法挽回时,不要强求,不要觉得老天爷对自己不公平而自怨自艾或心生愤恨。要知道,当一个机会失去的时候,另外的机会又会展现在你面前。正如海伦·凯勒所言:"一扇幸福之门对你关闭的同时,另一扇幸福之门却在你面前洞开了。"所以,一定要有理性的头脑,"在你爱的时候,请你时刻开着理智的闸门"。

另外,还有一种最积极的办法,就是去追求自我实现。挫折是一把双刃剑,既可以毁掉一个人,也可以成就一个人。如果能够勇敢地以积极的态度面对生活,把更多的精力投入到事业中,投入到追求自身价值的实现中,那么,一定会得到精神和人格的更新与升华,这时的"不幸",便成了"一所最好的大学"。

## 第二节　爱情·心理卫生

谈吐文雅、举止文明是一个人文化教养程度的具体表现形式。婉转、含蓄、幽默，是高级语言文明的特点，粗俗、鄙陋，是欠缺文明教养的语言表现。两性交往中的爱情生活同样应优美、文明。尤其是男性，更需要用充满爱意的文明语言，温柔地向女性示爱。一个经常口吐污言秽语，对异性进行语言侮辱的人，是不会获得异性的垂青的。倘若用粗鲁的语言漫骂对方，伤害对方，则会彻底毁坏爱情的发展。

### 一、个人心理卫生

爱情生活中的礼仪形象往往是一个人内在气质的外在表现。在社会交往与公共活动中，仪态打扮要注意淡雅自然，不要过于华丽和浓妆艳抹。衣着尽量做到美观新颖、朴素大方、典雅和谐，给人以雅而不俗、新而不奇、美而不奢之感。根据自己的爱好和审美情趣去选择精美、雅致的服装，以充分表现自己的个性与气质。不同季节、不同场合，服装要随之而变；要合度，掌握分寸，恰到好处，才能显出内在的修养气质。举止要大方典雅。培养自己无论在走路、站立、坐姿都要端正洒脱、绰约多姿，给人以美的感受。既不要缩手缩脚、拘泥古板，也不要不拘小节、随随便便。

### （一）仪容仪表

仪容仪表是指人的容貌，是一个人精神面貌的外观体现。一个人的卫生习惯、服饰与形成和保持端庄、大方的仪表有着密切的关系。清洁卫生是仪容仪表的关键，是礼仪的基本要求。不管长相多好，服饰多华贵，若满脸污垢，浑身异味，那必然破坏一个人的美感。

男士应讲究仪表和服饰整洁，面、手、衣、履要洁净，发、须要修剪整齐。不宜在公众场合理装。着装要与场合相适应，礼服、领带、领花应结好，佩戴端正。举止大度得体，态度端正和蔼，挺胸正颈，精神饱满，讲究身份，说话客气，不对女友做任何越礼之事。不在女友面前做不雅的动作，如剔牙、挖鼻、掏耳等。勤洗手、剪指甲，保持清洁，在正式的场合忌有长指甲和修饰不当。注意口腔卫生，早晚刷牙，饭后漱口；经常洗澡、换衣服，消除身体异味，有狐臭要搽药或及早治疗。

女士应仪态端庄，衣着整洁，妆扮不可浓妆艳抹，过分妖艳，而以自然为上。面带微笑、温文尔雅、举止得体，对人态度诚恳热情，但不可过分讨好谄媚。服饰要求整洁大方，忌另类服装。既要和身材、体形相协调，根据自己的体形和特点做到扬长避短；又要根据自己的爱好、情趣、个性和审美观，按照着装的基本要求选择合意的服装，穿出自己的风格和魅力。在服装穿着、饰物佩戴和配件使用等方面，都必须适应具体的时间、地点和目的的要求。

(二)语言谈吐

语言的适当与得体在两性交往中就显得格外重要。从谈吐方面说,要求态度诚恳、亲切,使用文明用语,简洁得体;要注意语言的选择,措词得体、话语文明、讲究方式,不过头,不嘲弄,不庸俗,不粗鲁。谈话要谦和、谨慎,男性不能粗言秽语,出口不逊;女性不要拿腔作调,故作姿态。语言交流时对某些事情要有所避讳,要有节制,不能过于饶舌滔滔不绝。有时沉默也会收到意想不到的效果。多说了,反而会暴露自己的弱点和愚蠢。如果约会时,出现了针锋相对的状况,或是话不投机,此时,就应避免争论,巧妙扭转话题,或用诙谐的话语缓和气氛。应含蓄地、真诚地赞美对方,虚假、过分的恭维,只能招致误解。文雅而不粗俗、庄重而不呆板、热情而不轻佻是语言美的表现。

(三)仪态举止

行为举止要大方得体,过于随意或亲昵的举动会被人视为轻浮,甚至令人厌恶。特别是进入恋爱阶段的未婚男女,由于感情的深入产生一些拥抱、亲吻等亲昵的举动,在所难免。如何把握好恋爱中性行为的尺度,是对双方的考验。爱,要爱得彬彬有礼;爱,要爱得文明适宜;爱,不要轻率放荡。过分的亲昵行为,会过早地丧失性爱的神秘感,从而限制了对方对自己肉体的丰富想象力,因而减弱了自己的性吸引力。

男女双方恋爱时,如能保持行为适度,循序渐进,一层层揭开面纱,就可增加性心理的敏感度。一旦突破禁区,性神秘感就会消失殆尽,异性的纯洁性也不复存在。性爱的兴致就会由激烈趋于平淡,由挚爱变为游移。这种适度是互为遵守的,男子自觉不去逾越,女子也应自觉地加以维护。失态的举动是对性爱的亵渎和玷污。情至深处,自然金石为开。肉体上轻易地占有,使性爱的丰富内涵变得贫乏而苍白。甚至成为婚后双方相互猜忌的把柄或攻击对方的口实。若女方被男方所抛弃,懊悔、愧疚、惶恐、自责等消极心理更是难以解脱。鉴于生理原因,在性行为适度问题上,男性应起主导作用,自我克制、自我约束。

情侣交往时应注意分寸。既不能过分亲昵,显出轻浮之态,引起女友反感,造成不必要的误会,也不能过分冷淡,因为冷淡会伤害女友的自尊心,也会使人觉得对方高傲无礼、孤芳自赏。既不必过分拘谨,造成言行不自然、不成熟的表现,也不可太严肃,让人不敢接近,望而生畏。男女恋爱使两性心理距离由长变短、由远及近。即使是夫妻,亦存在心理距离。适当地包装自己,将最美的形象呈现给意中人,更易受到青睐。有了距离,有了迷蒙,所有事物会显得更美。有的人以向对方袒露自己的心事来缩短双方的心理距离,往往适得其反。适当地有所保留,使双方有一定的心理距离,对方才会觉得你永远是一个谜,是一本百读不厌的书,这样才能紧紧抓住对方的心。

## 二、公共心理卫生

在公众场合,特别要注意讲究礼貌与礼节。礼貌在先,礼节周到,彬彬有礼,避免失态。情感表露要自然,符合身份。谈吐文雅,落落大方,自然轻松。只要我们分清对象、区别场合、注意方式,自然就能从容、灵活,以相应的仪态处之,显示出风度魅力。

### (一)在影剧院里的礼仪

在闲暇时间去看电影、看戏剧、参加音乐会等都是爱情生活的一部分,若想邀请对方,最好不要直接提,只需向她介绍该电影如何如何好,别人反响如何,对方有兴趣,自然就会流露出去观看的愿望。此外,男士买票时,女士应尽量避开,避免使他尴尬。尽量提前一点时间到场、入座。如果迟到,入座时走姿要低,速度要快,动作要轻,同时有礼貌地向周围观众致歉。进入影剧院后,先请女方坐下,然后自己坐在旁边。如果女士穿大衣,要帮助她脱下。如果双方握着手,要表现得柔和自然,不要摇晃不停或捏对方的手;双方身体可以微微倾靠,但不能贴得太紧。放映时,应静静欣赏,以免影响他人。高声谈话,窃窃私语,咯咯而笑,隔位向熟人打招呼,都是失礼的举动。中间休息,你可问她要喝些什么。看现场演出,要尊重演员,适时礼貌鼓掌。边观看边吃发出声响的食物或始终与边上的朋友交头接耳,是极不文明的举止。不要无故提前退场,确需退场者,应在幕间休息或一个节目结束时再退场。在影剧院里要绝对遵守规章制度,要为自己着想,更要为其他观众着想。

### (二)在商场里的礼仪

到商场里购物已成为生活中必需的内容之一,因此进入大大小小的各类商场,也必须注意礼仪要求。人们在选购商品时,都不会一下子如愿以偿,无论成交与否,礼貌用语不能忘。现在自选商场不少,进入各类商场,如果你对已拿的商品不中意了,应该物归原处,不要随意乱放。贵重商品应轻拿轻放。自选商场内的商品不能随意品尝、试用。付账时要自觉排队。对售货员的热情服务要表示感谢。所有商品都要付账,不能"顺手牵羊"占小便宜。

### (三)外出的交通礼仪

乘坐公共汽车时,男士要体现出男子汉的风度,上车时应"女士优先",不要挤压、冲撞女士。当有空座时,应让身旁女友先坐,而不应让女士在一旁站立。乘坐火车、轮船和飞机时,不论遇到什么情况,均应以礼待人。男士先找好座位,放好行李后,可帮助女士安置行李。抽烟时,如邻座有女士,最好事先征得同意。乘坐出租车或小轿车时,如果男女同行,男士应先为女士开启车门,等她上车,关上车门,然后再绕行到司机座位的一边。到达时,男士应该先下车,打开车门,扶女士下车。骑自行车时,要注意尊重行人,不能在人群中横冲直撞,或在行人背后猛然揿铃吓别人一跳。如果不小心撞了别人,要主动道歉,并下车搀扶,如有必要,还要将伤者送往医院。

(四)参加舞会的礼仪

根据舞会的形式适当修饰自己的外表,不可过分随便,无论男士还是女士,都应讲究整洁,不应太透、太露。进入舞场后,言谈举止要文明,不要高声说笑,不要在舞池中穿行。邀人跳舞时要注意礼节,当舞曲响起后,男士走到女士面前,弯腰鞠躬做出邀请手势,并轻声邀请,女士如有同伴在身旁,邀舞者应先向其点头致意。邀舞时表情谦恭自然,不要紧张做作,更不能流于粗俗。女士一般不应随便拒绝别人的邀请,如需拒绝应婉言拒绝,并向对方表示歉意,不要在同一支舞曲里拒绝前者又接受后者的邀请。邀请者面对拒绝,也应该坦然自如,不要再三强迫或表示不满。跳舞时,男士与女伴之间的距离,以两拳为宜。男士的一手应轻放于女士腰部,另一手轻握女方的手。不要将女士搂得太紧,或盯视女方的脸。舞姿要优美,身体自然直立,并略微向上提起。肌肉松弛,挺胸缩肚,眼睛平视。情侣跳舞时,要求舞姿优美而不失态。双方无论怎样亲密,男女间的亲昵行为,都不能让他人成为观众。切记不要紧抱对方的身体,不能出现有失稳重和检点的言行。这是有伤大雅的行为,也是不自重自爱的表现。

总之,男女双方初恋时,要理智、互相尊重,在相互交往中,自制有度,大方得体,言行慎重;热恋时,文明节制,不轻举妄动、越轨而行。失恋时,不鲁莽行事、伤及对方、殃及自身。这些准则可以保证爱情正常发展,行进于文明之轨上。

# 第三节　爱情心理保健

爱情占人生的比例有多少? 是20%、50%、80%,还是100%? 一个人规划的爱情比例,决定了爱情的质量;一个人对待爱情的态度,决定了爱情的结果。但当爱情以排山倒海之势而来时,有人在这场"袭击"里拥有至诚的爱,也有人被浪涛冲击得伤痕累累。这并非是幸运与否的问题,而是理性与感性平衡的问题。

在开始本节学习之前,先阅读知识窗4-2。

【知识窗4-2】　　　　　　呵护爱情

一位悲伤的少女求见爱神。

"爱神,你掌管着人世间的爱情,现在,我有件事想请教您,希望您能帮助我。"

"喔,可怜的孩子,请说吧。"爱神说。

少女停顿了一下,忧伤的声调令人心碎:"我爱他,可是,我马上就要失去他了。"少女流泪了。

"孩子,请慢慢从头说吧,怎么回事?"爱神慈祥地说。

"我与他深深相爱着。他以他的热情,日复一日地用鲜花表达着他对我的爱。每天早上,他都会送我一束迷人的鲜花,每天晚上,他都要为我唱一首动听的情歌。"

"这不是很好吗?"爱神说。

"可是,最近一个月来,他有时几天才送一束花,有时,根本就不为我唱歌了,放下花束就匆匆离去了。"

"唔? 问题出在哪儿呢? 你对他的爱有变化吗?"

"没有,我一直从心里深深爱着他,但是,我从来没有表露过我对他的爱,我只能以冰冷掩饰内心的热情。现在他对我的热情也在慢慢逝去,我真怕,真怕有一天我失去他。爱神,请指教我,我该怎么办?"

爱神听完少女的诉说,从屋里取出一盏油灯,添了一点儿油,点燃了它。

"这是什么?"少女问。

"油灯。"

"点它做什么?"

"别说话,让我们看着它燃烧吧。"爱神示意少女安静。

灯芯嘶嘶地燃烧着,冒出的火苗欢快而明亮,它的光亮几乎映亮了整个屋子。然而,灯油越来越少,灯芯火焰也越来越小,光线变弱了。

"呀! 该添油了!"少女道。

可是爱神示意少女不要动。任凭灯芯把灯油烧干,最后,连灯芯也烧焦了,火焰终于熄灭了,只留下一缕青烟在屋中飘绕。

少女沉思了一会儿,恍然大悟,拜谢爱神而去。

## 一、掌握爱情修炼的技巧

感觉爱情复杂混乱,往往是自乱引发的,很多人常常问:"真搞不懂他(她)到底想怎样! 能不能告诉我他(她)是怎么想的?"——这并不是别人的想法莫测,而是我们自己在内乱。如果我们能把自己的心意想清楚,就能清晰地看懂别人的想法。

### (一)整理爱情

当爱情需要发展,或者遇到坎坷时,及时整理感情,往往可以帮助我们重新掌握主动。

1. 亲密距离

爱情的本质就是一种亲密关系的建立。亲密不亲密,直接度量着爱情的好坏。所以它是需要最先整理的部分。而我们往往以为和一个人行为上的亲昵就是亲密了,以为拥抱接吻,三分钟不见想得慌……就是亲密了,其实真正的亲密,是用心灵距离衡量的。

距离包括时间上的距离和空间上的距离,即交往时间和交往深度,直接影响到恋爱的状况,你和一个人在一起3年,但真正相处的时间却不超过1个月,这样的爱又怎么会成熟。所以在整理时,询问自己的是真正的相处时间,就是两个人四目相对在一起的时间,打电话、网聊、视讯这都不算。另外,交往的深度也是重要的指标,一个人真正爱你接纳你,就会慢慢让你进入他的圈子,在家人朋友面前介绍你,这也是一个需要整理的重要信息。

2. 相处方式

适合的两个人也会有摩擦,但有能力借着摩擦力前进,而不是后退——这才叫适合。两个人的相处方式,反映了爱情是否善用摩擦力,是否真正相互爱着,而不是相互折磨着,整理相处方式,可以帮助你停下来照照镜子,看看你们一路走来,是如何制造问题、面对问题以及解决问题的。你会看到你们是在用彼此都任性的方式在相处,还是在善待彼此,努力去接纳另外一个个体。

3. 共度事件

恋爱是在生活里的,令人印象深刻的事件才是真正守住两个人缘分的绳索。有些濒临分手的恋人,都是回顾起曾经刻骨铭心的往事才突然懂得要珍惜的,才发现自己只要转一点身,就能爱下去。所以,回顾共度事件,也是整理我们爱情的一个很重要的项目。如果你会画个小漫画,也建议你用图来回答这部分的问题,给自己的爱一个美丽的故事吧。

4. 自我认识

爱情的问题,往往是自我认识的问题。如果你无法获得永久的恋人,就获得一个更清晰的自己吧。整理一下,你自己在这段爱情里是如何表现的,有时候,在爱情里的那个自己,也是我们自己不认识的一个“自我”。认识这个“我”,才能继续拥有别人的爱。

5. 爱情阶段

很多人以为自己的爱情“变了”,其实是错觉。并不是爱情变了,而是它发展了,你却还用旧眼光去看它。我们的爱情都要经历三个阶段:电光石火的激情期、开始争吵的磨合期和逐渐平稳的平淡期。有人发现最近常和恋人吵架,就觉得是恋人变坏了,其实并不是,而是你们的爱情进入磨合期了——不仅不是坏事,而且是值得恭喜的发展。有时候,我们需要先搞清楚爱情的阶段、感情所处的状态,然后再去判断它,才能面对问题,而不是制造问题哦。

6. 爱情期待

其实两个人在一起,是很简单的,双方的需要相互满足的话,就会一起走下去。但难就难在,看懂自己的需求和对方的需求太难了。我们总会以为自己想要一样东西,折腾了半天,走了很久弯路,才"验证"出原来这并不是自己想要的,连自己也看不懂,自然也很难懂得对方。所以"到底对爱情期待点什么"这个问题,就需要时不时扪心自问一下。对自己来说,如果发现自己的期待太高了,就试试降低吧,低期待,容易获得惊喜。

### 7. 爱情打分

评分是心理学上自我评估常用的方法,给自己打分既是对过去自我的总结,也是对未来自我提出的一个愿望和鼓励,给你的爱情打打分,也给自己打打气。

整理的目的在于理清,理清的目的在于自明,自明的目的在于明确方向,有了明确的态度与方向,就会拥有面对问题的勇气和解决问题的智慧,你会发现想清楚自己,停下来整理感情,也是一种解决爱情难题,或者寻找爱情勇气的好方法。

### (二) 驾驭爱情

每个人都期待驾驭爱情,都希望让恋人终身痴情于自己,也希望爱情保持新鲜,但爱情是一种非常缥缈的心理因素,能驾驭爱情的技巧是什么呢?

### 1. 用内疚感来驾驭

在发现爱情温度下降时,有些人会向恋人大哭大闹,竭尽全力诱发出对方的内疚感。他们会描述两人在恋爱时的海誓山盟和刻骨铭心,然后一直纠缠,一直哭诉自己境地的悲惨、身世的可怜。让对方感到自己的远离和淡忘是一种罪过。

这种方法的优点是:对那些念旧情的人来说很有效,在情场往往也有扭转乾坤的作用。这种方法的缺点是:过度的纠缠有时会起到反作用,令人心生反感,激起对方的逆反心理。毕竟谁也不喜欢"内疚感"。

### 2. 用虚荣心来驾驭

一旦爱情不如意,有些人会用自贬身价、扮作卑微的方式来激活爱人的心,让对方觉得自己控制了爱情,人前面子十足,以达到默默维护爱情的目的。他们会用言听计从、博取同情的方法,让对方不忍心对自己不好。他们会不顾自己地满足对方所有的需求,也会在关键问题上让步,以博得爱人的欢心。

这种方法的优点是:利用人"欠债还钱"的心理,用"感情债"来获取爱情的保障,"对人好,总会感动他吧","如果他明白除了我,没人会对他那么好,他就不会离开我了",有时确实有效。这种方法的缺点是:丢失了自我价值,很容易在对方心里也"贬值",短时间内的示好,可能有效,但长期的卑微会变成真的低下。

### 3. 用嫉妒心来驾驭

感到对方朝三暮四或不那么重视自己,有些人会利用嫉妒心来挽回感情。他们会故意和其他异性接触,表现出对其他异性有兴趣,或貌似忙碌于联谊和约会,以诱发爱人的嫉妒心和占有欲,重新得到对方的关注。

这种方法的优点是:有时候在关键时刻可以挽回爱情,而且能瞬时改变对方的心意。这种方法的缺点是:嫉妒有时会引发占有欲,有时也会引发不可挽回的愤怒,如果稍有不慎,可能会导致爱人彻底离开。

以上这三种方法,是我们在爱情遭遇危机时常会本能使用的法子。但值得注意的是,这三种方法利用的都是人性的弱点。无论是内疚感、虚荣心还是嫉妒心,都是我们共有的、正常的,却包含负向能量的心理。虽然利用起来很有效率,却往往引发同样能量的副作用,使施予和接受的人都无法快乐。

毕竟爱情是从爱这种美好的情感出发的,真正能驾驭爱情的,也是心底对于爱的真诚愿望,我们需要靠近的是人性的光芒,那些美好的正向能量,而不是利用弱点。比如同理心、安全感和归属感,都是可以帮助我们对爱"无为而治"。男性对伴侣的愿望是"理解和支持",女性按照他的要求给予必要的支持,他便能获得归属感。你不用做得太好,只要关键时刻说句:"我理解,你可以的。"而女性对伴侣的愿望是"温柔的关注和有力的保护",男性能及时给予这些,她便能获得安全感。你不用拼命追求,只要在她主动求助时,给予她稳定的帮助即可。

## 二、维持爱情亲密的秘诀

我们都渴望的爱情的本质是,有一个人可以陪伴自己,抵御寂寞、孤独和软弱。所以维持爱情的关键就在于用美好的正向能量,让对方感受到爱。理解自己的伴侣真正渴望的是什么,并做出相应的努力,这才是驾驭爱情的核心。

### (一)把握亲密进度

#### 1.亲密关系

人都渴望与另一个人在情感上达到亲密的程度,渴望被对方理解、欣赏、接受和挚爱。人对亲密关系的需要甚至比强烈的性满足更加迫切。心理学家罗洛·梅亚说:"对人类来说,更为强烈的需要不是性本身,而是关系、亲密、接纳和肯定。"

亲密关系(或一体性)的建立需要大量的时间、关怀和爱心。双方必须彼此为对方创造一个情感上的安全区。这种安全感对爱情来说必不可少。只有在安全的情感基础上,双方才会开始在理智上、情感上、经验上和性欲上越来越深层地展示自己。

心理学家约翰逊博士在《今日心理学》一书中说:"无论对儿童还是成人来说,爱的核心要素是相同的——需要感觉到情感上存在着某个人,感觉到你可以与某个人发生联系,他会对你作出回应,特别在你需要的时候。爱的本质就是伙伴对你的需要做出回应,这使人感到世界就像自己的家,而不是一个危险的地方。"

如果真如约翰逊博士所说"爱的本质是伙伴对你的需要做出回应",那么,学会把另一个人的利益或需要置于自己的利益和需要之上,是婚姻获得成功的重要条件之一。只有学会满足对方的需要,才能达到真正的亲密或一体性,也就能创造出真正的情感安全。

人类渴望亲密关系,同时又害怕这种关系受伤害。这就是性贞洁对婚姻具有极端重要性的原因。夫妻之间的性关系是他们感情上的亲密在生理上的表达,它象征着夫妻的一体性。

2. 亲密节奏

牵手,亲吻,做爱,有很多人说这是爱情三步曲。于是,为了赶上爱情的进度,很多人加快了三步曲的节奏。恋人之间,有一些行为,是亲密的象征,是爱情的表达。但如果不是恰到好处地自然流露,就很容易因亲密节奏紊乱导致爱情解体。

让我们来看一看恋爱心理学家调查的最佳亲密节奏:从相遇到牵手的最佳节奏:相处 3 天到 15 天时;从牵手到亲吻的最佳节奏:相处 2 个月到 3 个月时;从亲吻到做爱的最佳节奏:相处半年到 1 年时。不过,这里说的时间,是实际面对面相处的时间,如果只是认识、网聊、打电话,却没有真正面对面在一起交往,就不算相处。

爱情需要节奏感,亲密需要随着心理的感知度配合前进。当喜欢一个人时,总想和他呆久一点,自然想亲近他的磁场,碰碰他的手——于是手拉手;当逐渐熟悉他后,发现他说话很有趣,那蠕动的嘴唇吸引你,自然想吻上去感受一下——于是嘴对嘴;当感情进展到如胶似漆,和他分开就会焦虑,总想向他表达更强烈的感情,牵手、亲吻、拥抱、爱抚似乎都不足够时——顺其自然,就会有生理唤起,想用更进一步的行为表达你的爱……如果爱情的三步曲一下子走到头,没有了目标,爱自然也停止了。

因此,一定要把握亲密的节奏,可以让我们的爱总有目标,总在发展。所以,有句忠告说:"请尽量延长'只是亲吻'的时间",当你发现你能给对方的,不仅仅限于身体行为,已经可以渗透至心灵的层面,比如安全感、归属感和幸福感……那时,你们就可以做爱了。"

(二)掌控性爱节奏

爱情里的性占有什么样的位置? 是必不可少,可有可无,还是重要条件? 如果想拥有好的爱情,该怎样处理好性问题?

请读者带着问题阅读经典案例 4 - 1。

**【经典案例 4 - 1】**　　　　　**身心合一的困惑**

　　**【案例咨询】**小云是个浪漫的女孩,大学毕业刚参加工作不久。同事丁力有着伟岸的身材、英俊的外貌,令小云暗中倾心,即便在丁力有女朋友的前提下,她仍如痴如醉地喜欢着他。在一次郊外聚会中,一股强烈的莫名的感觉使小云主动接触后献身于丁力。可事发之后,丁力再也不愿意见到她,还有意躲避她。面对这样的结局,小云近几个月都郁郁寡欢,茶饭不思,情绪一落千丈,被家人发现后送到心理门诊进行咨询。

【案例分析】可以看出,小云情绪抑郁的诱发原因是对性观念错误的认知所引起的。暂且除去道德因素,这种不理智的轻率行为本身对自己、对社会明显缺乏责任感,因为这种试图通过性来发展两人关系的想法和行为十分幼稚。不可否认,性是维持或升华感情的一个重要因素,但仅有性是不够的,更不可将性作为一种手段。因为没有爱交织的感情之网,性所带来的就不再是愉悦,尽管可以获得生理或心理上的暂时满足,但更可能造成心灵的恐慌、情绪的忧郁、意志的消沉。

恋爱中的男女在对待性的问题上,存在相当明显的性别差异。因为双方收获的快乐与付出的代价有明显的差异。显然,男生体验到刺激更快乐,而女生无论从生理上还是道德上,风险都更大。对大部分女性来说,她们认为"可以发生性"是要在一个可以建立长期关系的对象身上,而且女性更注重情感忠诚,男性则更在意身体忠诚。

1. 别用性检验爱

很多男人喜欢以女友愿不愿意和自己发生关系来检验对方的爱,其实用性检验爱情,既很片面,也缺乏自信。

女友不愿和对方发生关系,并不是不爱对方,而是她不确定对方能不能长久地爱她。她感到这份爱还没有得到长期安全的保证。在没有心理安全的前提下,女性往往很难笃定地确认情感,她们此时还在摇摆。如果这时提出性要求,恐怕只会带给她一场内心的风暴。就算她出于好奇与讨好顺从了对方的性要求,这种性关系也只是单方面的,无法达到美妙的和谐。如果自己非常介意女友不愿发生性关系,与其责怪她不爱自己,不如好好想想怎么做才能让她信任自己在情感上的忠诚。给她安心,她才能给自己性。

而对于女性来说,不要急,不要在对方步步紧"逼"时心慌意乱,等到自己心理的确感到安全踏实了,才可以涉及性。性的作用在于,它是一种爱的表达方式,就像用嘴说,用手抚摸一样。用得好可以催进爱,不用也可以用别的。性可以帮你体验爱,滋润爱,但千万不要用它检验或证明爱。

2. 延长"只是亲吻"的时间

"Just kiss"在性开放的年代,可以作为一种新的"爱情风潮"提倡一下。对于很多初尝爱情滋味的男女来说,强调延长"只是亲吻"的时间是帮助他们最大限度地用好自己的性。

谈过恋爱的人都会有这样的体验。第一次接吻,是最美妙的,两个人都春心澎湃。但随着关系的进一步发展,虽然性爱的加入,让两个人更亲密了,但也增加了对彼此的要求,以及暴露很多隐藏的问题。两个人对彼此信任的建立,需要随着身体的一点点亲密来递进。"只是亲吻"的阶段,就是在亲密却也可以抽身的时间段,这时两个人都有期待,也都保留着安全独立,"进可攻,退可守",所以给了情感很大的伸展空间。我们都知道,情感安全是美妙的性最好的基础。牵手、拥抱、亲吻、依偎、抚摸、舔舐……这些都是性,并不是一步到位的性关系才叫性。我们可以给这些"性的表达"更多的时间,让它们都有机会传递给爱人,"一口吃不成胖子"的道理同样适用于性爱,循序渐进才能给我们的心理安全一个最好的适应时机。所以延长一些"只是亲吻"的时间,性的基础越苗实,那第一口牛排的味道,也就越咂口。

3. 用性表达爱

性关系一旦发生,两人之间的"高墙"倒掉,两个个体真正地融合。因为发生性时,身体的联结也会引起内心冥冥中的联结。可以说,性是人与人之间最极致的"亲密接触",因为亲密距离是负的,自然就会影响心理距离。很多发生性关系的情侣,会更加亲密,更加有心理默契;而没有发生性关系的情侣,总比发生关系的情侣更客气。

你会发现,当女生和一个男生做过爱后,会对她的爱人更依赖,更挑剔,也更有小脾气。这是一种真正信任和依赖的表现。因为她已经锁定了她身体忠诚的对象,她可以确信这个人是"她的男人"了,哪个女人不对自己的男人撒娇呢?但对于男性来说,如果一个女人把性交给他,多少都会激发出他内心的一些"守护者之爱",尤其是对于情感态度健康正常的男性,和一个女人的性关系,可以给他带来一份责任感,会让他更疼爱这个女人,也会激发他的情感忠诚。

的确,性关系这种联结,会给两个人之间迅速建立一种默契,与依靠被依靠、呵护被呵护有关。所以,如果你感到安全,对你的爱人笃定信赖,或许可以试试用性表达你的爱,虽然性不是不可替代的表达方式,但毕竟它是天赐的最有效的表露。当你和你的爱人有了较为稳定的性关系,你会发现,你们深爱对方时,就会用性来表达,而且是随着性的默契,而越来越爱对方。

在结束本章之前,先对你目前的感情做一个测试,检验你是否达到真爱的程度。你可以在附录1中找到答案及解释。

**【互动测验4-1】 真爱程度**

【指导语与题目】下面请你做一次真爱程度测验,该测验一共有10道测试题,每个问题有3种答案供你选择,选择一个与你的看法最相近的答案。

1. 你们相遇时,你是怎样称呼他(她)的?

a. 直呼其姓名。b. 只叫名字。

c. 亲昵的爱称。

2. 在过去的一星期里,你们互通电话,哪一方先拨电话的次数多?

a. 我先拨的电话多。

b. 大致相同。

c.他(她)打来的电话多。

3.你们一起照的照片,双方都有吗?

a.没有。

b.我有,但他(她)可能没有。

c.是的。

4.两人散步时,有否无意中手牵着手或碰触肩膀?

a.没有。

b.我有此意,但对方并不乐意接受。

c.有的。

5.你们本来约好会面,但他(她)无缘无故失约,有这样的情况吗?

a.他(她)失约了还满不在乎。

b.有时有,但他(她)是有事在身,不得已。

c.没有。

6.你们一同外出时,服装方面注意和谐吗?

a.未注意。

b.有时注意。

c.有意追求和谐。

7.你有没有向自己的父母或兄弟姐妹介绍他(她),并一同进餐?

a.没有。

b.时间不允许。

c.介绍过。

8.最近一段时期,你们有没有约会至夜深人静的时候?

a.没有。

b.最近没有,以前有过。

c.有的。

9.两人上餐厅时,结账付款的是谁?

a.各自付一半。

b.我自己。

c.都是他(她)。

10.你们约会的场所在什么地方?

a.热闹地区。

b.富有浪漫情调的咖啡店。

c.环境优美的公园。

# 第五章　恋爱心理体验

　　恋爱是发生在两个人之间,一个人与另一个人建立起的一种亲密关系。这种亲密关系能否稳固、发展、走向成熟,其实也是自我成长的一个重要标志,更是良好心理素质的体现。一段感情的成功与否,不是看是否还牵手,而是由感情品质而定,很多时候牵手不代表成功,分手不代表失败。关键是看在这段感情中你是否完成了两件重要的恋爱心理任务:你是否更了解自己的需求? 你是否已学会疼爱别人?

　　"我爱你"是人间最美好的语言。恋人之间一句"我爱你",常常是情感升温的开始,夫妻之间一句"我爱你",往往是爱情保鲜的秘方。爱要说,要让对方明白你的爱意;爱也要做,以证明你爱的深度。

　　在开始本章学习之前,请先阅读知识窗 5 - 1。

**【知识窗 5 - 1】　　　　I Love You 的含义**

　　I(inject):投入;有对自己所爱的人,投入自己所有的感情,让你所爱的人感受到你真实的爱的存在,也有对自己的投入,投入自己对爱的理念的深入,对爱的真谛的理解,对双方未来的理性思考。还有在经济方面的投入也是不可缺少的,没有面包的爱情,真的很难在现实中存在的。总之要获得爱情就要投入得很多!

　　L(loyal):忠诚;对自己所爱的人的一种必备的东西,没有了忠诚也就不会有在爱情的存在,双方都要将自己的爱全身心地投入到对方中,对自己爱情观的一种见证,对自己爱情的负责。总之忠诚是真正爱情的必备之物!

　　O(observant):用心;对自己所爱的人用心,当然同样也不要忘记对自己用心,如果一个人都不能对自己用心,那还能对谁用心呢? 所以对自己用心,善待自己,也是不可缺少的,用心是双向的,用心去理解爱情,才会让双方的爱情更加的牢固。总之用心就是爱情的桥梁通往彼此的心灵深处!

　　V(valiant):勇敢;爱情就是需要勇敢,勇敢地面对自己的爱情,让自己的爱情不要留下任何遗憾,勇敢地去为自己的爱情而打拼,勇敢地为自己所爱的人而努力奋斗。总之勇敢就是爱情的武器,为爱情保驾护航。

　　E(enjoyment):喜悦;就是在得到或是经历过一切后所获得的果实。

Y(yes)：愿意；愿意将自己的一半托付给自己所爱的人,这应该是一种幸福。总之说出愿意是得到爱情前的最后美妙的时候。

O(obligation)：责任；对爱情的责任,要对自己努力得到的爱情有一种延续,是对自己所爱的人的一种负责,也是对自己的负责;对家庭的责任,爱自己的亲人,不要辜负了你所爱的人对你的爱,这种爱已经将责任转换到对家庭中,所以要你们都去为之努力。总之爱情的责任将会一直都存在你的周围,为之努力奋斗将是我们所必备的!

U(unison)：和谐；一个和谐的家庭是每个人的向往,也是我们所应追求的,并为之努力创造的。和谐总能给人以安静祥和的感觉,给人以白头偕老的一种意境! 总之和谐是爱情的美好境界!

I Love You(我爱你)意味着投入、忠诚、用心、勇敢、喜悦、愿意、责任与和谐。

# 第一节  恋爱心理问题

爱是一种深刻的情感,在这种情感中无疑包含着强烈的尊重、接纳、认同的成分。当一个人感到自己被人爱着的时候,肯定会体验到自己同时也是被尊重、被接纳、被认同。这样,相爱的双方都会在对方的爱中体会到被尊重和被肯定。恋爱现象可以去解释、去理解、去研究……但爱情的美妙只能在感动中得以体会,那是一种充满想象与超脱现实的生命体验。你永远没有办法去"理解"为什么一个人可以那样的去爱另一个人,除非你曾也深深体会过。

## 一、恋爱心理偏差

### (一)恋爱心理效应

#### 1. 光晕心理

又称光环效应或晕轮效应,是指个体对某个人的整体印象直接影响到对此人的具体特征的认识评价的一种心理现象。当个体对某人印象不好时,就会觉得什么都不顺眼,会被消极否定的光环所笼罩。相反,当个体认为某人很好时,就会被一种积极肯定的光环所笼罩,被赋予其好的品质,尽管其本身并不具备这种品质。

光晕心理实际上是认知主体对他人形成的一种心理定势,是个体在人际交往中形成的一种夸大的社会印象,是一种明显的从已知推及未知、由片面看全面的认知现象。这样,往往会歪曲一个人的形象,导致不切实际的评价。如,在与他人交往过程中,将对方的最初印象主观臆断地进行想象与夸张,致使对其原来面目的认识发生模糊和偏离的心理定势。

在恋爱过程中,光晕心理常常表现为两种类型:一是在恋爱过程中对对方产生的光晕效应心理,即人们通常所说的"情人眼里出西施"。恋人在光环的笼罩下,对方的许多不足与缺点被忽略、掩饰,妨碍了双方对彼此的正确深刻的了解。原因在于恋人在某些方面赢得了自己的异性好感,乃至把对方理想化、完美化、偶像化。而对对方的弱点、缺陷却视而不见,对其评价以主观色彩掩盖了客观现实性。在此种心理基础上建立的恋爱关系,一旦随着时间的推移,情感光环消失,感情冲动的逐渐平静,便会发现眼前的崇拜偶像并不完美,对方毛病百出,心理上产生一种"受骗"的感觉,甚至造成日后爱情的悲剧。

另一种类型是在恋爱择偶的过程中,对自身所产生的光晕心理,即所谓的"西施眼里觅情人"。有些人在选择恋爱对象时,过高地估价自己,过低地评价他人,强烈的自我优越感使其对择偶的期望标准过高,脱离了自己的实际水平,对对方百般挑剔,结果在现实生活中屡屡碰壁,难以获得爱情。

光晕心理在恋爱中往往会使当事人不能客观地评价认识他人或评价自己,造成感情上的错觉,由此带来恋爱中的心理问题。如何防止和克服恋爱中的光晕心理呢?

(1)对自己、对他人要持有一种冷静、客观与全面的审视和分析的态度,防止感情用事。

(2)要注意丰富自己的社会阅历,积累自身的社会生活经验,使自己具有分析和辨别生活中的任务、事件的能力。

(3)在学习、工作、生活的不断相互了解过程中,寻求和建立真挚的爱情,避免仅凭一时冲动,轻易许定终身,给自己或他人带来烦恼和痛苦。

2.逆反心理

逆反心理是指因客观现实与个人主观愿望不相符,主体所产生的强烈抵触情绪,并引发一种负向要求和行为的心理活动倾向。逆反心理在人们的日常生活中时常可以见到,越是那些难以得到的,人们就越是渴望去得到,越是珍惜它;相反,越是容易得到的东西,人们的兴趣则会大大下降,反而不珍惜它。

在现实生活中,恋爱中的逆反心理有多种多样的表现,如有的恋人之间,为了使恋爱及早成功,过早地、不适当地做出过于亲昵的行动,被认为轻薄之行,结果欲速则不达,反而使爱告吹;又如有的男人,对痴情追求自己的姑娘不愿理睬,他偏不喜欢爱慕崇拜自己的姑娘,相反却倾心于冷落慢待自己的姑娘,加倍地去爱并不爱他的人;还有的男女相爱,越是遭到家人的竭力反对和亲友的重重阻挠,就越是爱得炽热坚决,难分难舍,如逼之过甚时,则采取殉情的方式来对抗,西方心理学家对此称之为"罗密欧与朱丽叶效应"。还有些正在恋爱中的男女,如果一方突然疏远了对方,对方反而表现得更加积极主动;如果一方狂热地追求对方,对方往往会更加目中无人,漠然对之。两个恋人之间不时闹点小矛盾,争吵几句,事后,双方反而会感到对方更加可爱。那么,产生逆反心理的原因有哪些呢?

(1)好奇心。每一个人都有很强的好奇心,对于不知道的事物,总是产生浓厚的兴趣,如果一个人或者是一件事,没有解释说为什么好或是不好,更没有分析它的利害关系,往往会使人产生猜测,好奇心就会使他们集中注意力,弄清楚为什么。同样的,当周围之人都对一个人表现出热情和关注时,而唯独你不感兴趣,则这个人反而会对你产生兴趣,他会怀疑你为什么会和其他人不一样,想要探个究竟,因为你使他产生了逆反心理。

(2)自尊心。一些较有个性的人,在恋爱时受到朋友的冷落,或者是父母亲人朋友的阻碍后,往往会使自尊心受到伤害,于是,那种"越得不到的越想得到"的逆反心理会越来越强烈。恋爱中的人,都想自己的恋爱得到别人的肯定,如果得到别人的否定,他们的自尊心就会受到伤害,就会产生一种对立的情绪,他们为了表示不满,表示反抗,往往会做出一些让人意想不到的事情,有的甚至很危险。

(3)心理发展的必然。恋爱过程中,达到双方心理相容,就是在观点、信念、志趣与感情方面达到相一致,是恋爱成功的心理要素。未达到心理相容的程度,也就是感情没有达到那种亲密的程度,而过分地亲昵,或发号施令,都可能引起对方的反感,不利感情的培养。相反有可能达到一种逆反心理使恋爱遭到失败。如果已达到心理相容的程度,则恋爱更易成功,因为任何外界阻力干扰都会成为推动力。

逆反心理在恋爱现象中虽不能完全认为是一种消极心理,但不可否认它对正常恋爱心理的不良影响和干扰。因而,青年人在恋爱中,尤其是当客观与主观需要相抵触时,要注意控制自己的感情,防止逆反心理的产生。

3. 自卑心理

自卑心理是由于自我评价偏低而引起的害羞、不安、内疚、胆怯、忧伤失望等消极的情绪体验,是青年人恋爱中常见的心理障碍之一。自卑心态具有负性的、消极的心理作用,因而会对恋爱心理产生较大的不良影响。自卑感较强的人,在对待恋爱问题上,经常会怀疑自己的能力,害怕自尊心受到伤害,而无法敞开爱的心扉;一旦恋爱受到挫折,又往往会采取自我封闭、不再与他人交往的方式逃避现实。青年人恋爱中的自卑心理多是因为自身存在的"缺陷"或"不足"造成的。实际上,自卑心理反映了人的性格上的一种缺陷,其根源往往是因为个人的成长经历、生活环境、自我认识偏差等,造成个体于主观上不能正确认识自己、评价自己和接纳自己的一种消极情绪体验。如何才能克服恋爱自卑心理呢?

(1)要正确认识自我。在现实生活中勇于正视自身的缺陷与弱点,同时也要看到自己的优点与长处,做到客观地评价自我,愉悦地接纳自我。

（2）要增强自信心。时常看到自身的优势，不断地以各种方式激励自己，积极进取，奋发向上，充满信心地面对生活。再次，要磨炼自己的意志，培养自己敢于面对挫折与困境的百折不挠的勇气和毅力。

（3）要树立积极的人生理念，加强自身修养，以乐观积极的态度对待生活与人生。

### 4. 羞怯心理

羞怯心理是指个体在与他人接触和交往过程中，出现的羞涩、胆怯、拘束、尴尬、态度不自然的内在心理体验和外在行为与表情。羞怯心理人皆有之，不过程度却又有所不同。尽管羞怯有时会给人带来谦虚、稳重、诚实、有涵养等好感，更容易让人接近。但是，过分严重的羞怯心理，则是一种心理障碍，往往会造成恋爱交往中因羞涩感而出现的紧张、焦虑、面红耳赤、声音颤抖、举止失态等难以自制的情绪反应，以至于陷入无法充分表达自己的思想与情感的难堪境地。羞怯心理严重的人，在对待恋爱问题上，为了减轻心理压力，保护自尊心不受伤害，常采取消极地回避、退缩等自我防卫机制，形成恋爱心理障碍。

羞怯心理的产生固然离不开气质等先天因素的影响，但更为主要的是个人的成长环境、受教育的方式以及幼年期的生活与经历等后天因素造成的。例如，自幼形成的与陌生人交往的恐惧，父母的过分保护而形成的对家庭的过强依赖性，对人对己评价过于敏感，惧怕挫折与失败等，都会造成羞怯心理。其中，自卑感是产生羞怯心理的重要原因，因此，克服自卑心理的方法，同样也可以用于消除羞怯心理障碍。另外，还可以运用认知平衡法、气氛转换法、情绪松弛法、观察模仿法等多种方式，调整自己的情绪状态，克服恋爱中的羞怯心理障碍。

### 5. 嫉妒心理

嫉妒心理是指由于他人在才能、名誉、地位或境遇，甚至容貌、身材等方面强于自己，而产生的羞愧、愤怒、怨恨等复杂的情绪体验状态。青年人恋爱中的嫉妒心理更多的是指性嫉妒，即在男女异性关系中，由于他人比自己强而对自己在异性心目中的位置构成某种威胁，所产生的苦涩、羞愤、愤懑，甚至敌视对方的情绪状态。

一般而言，嫉妒心理是一种不良的心理倾向。恋爱中的嫉妒心理是爱情排他性的一种心理反应。男女间一旦确立了恋爱关系，双方都会要求对方的爱情专注于自己，很难容忍第三者的插入，或对方同时涉足于第三者。事实上，嫉妒之心在恋爱中是难以避免的。嫉妒之心过度膨胀将会毁灭纯真的爱情，严重的嫉妒心理表现为自私、狭隘的占有欲，是一种不良的心理情绪，是青年人恋爱的心理障碍之一。

虽然嫉妒心理在恋爱中容易出现，但并非是恋爱心理的必然规律，它往往与人的个性心理素质关系密切。气量较小，虚荣心过强，自我心理不平衡和性格过于偏执的人，更容易出现嫉妒心理。因此，克服和避免恋爱中嫉妒心理的负面影响，重要的是提高自身的心理素质和加强个人修养，培养良好的耐挫能力和自我情绪的管理能力。正确地认识与评价自己与他人,冷静地处理好恋爱过程中的各种人际关系。

6. 猜疑心理

猜疑心理是指在缺乏充分了解的情况下,一方对另一方的不信任与怀疑,是一种消极的心理反应。尤其是毫无根据的猜疑,不仅会给自己和他人带来不必要的烦恼和痛苦,而且还会产生对对方的憎恨、嫉妒,甚至图谋报复的不良情绪。猜疑心理在青年人恋爱过程中经常会导致严重的不良后果。

猜疑心理产生的原因复杂,但主要是源于猜疑者自身的认知偏见。

(1)暗示性过强引起的猜疑心理。一般说来,情绪心理上容易受到他人暗示的人,往往听到风言风语便会马上信以为真。

(2)投射效应引起的猜疑心理。即把自己所想或者所担心的事情,投射到他人身上,无端地猜疑他人。

(3)不良心理定势引起的猜疑心理。"一朝被蛇咬,十年怕井绳",形成不良的心理定势,处处设防,事事起疑。

消除恋爱中的猜疑心理应注意以下几点:首先,要增进恋爱双方的相互了解,提高彼此的信任感,避免轻易被闲言碎语所左右。其次,要努力提高个人修养,加强自信,改变不良心理定势,襟怀坦荡,宽以待人,与人为善。再者,要学会冷静、全面地看待问题。最后,坦诚地保持相互间的思想、情感的沟通,一旦产生疑问,敢于开诚布公地交换意见,正视矛盾,尽早消除误解。

(二)恋爱心理困惑

1. 恋爱的疑惑问题

(1)不知道该不该谈恋爱。首先树立对爱情的正确态度。如果自己还不知道该不该谈恋爱,那说明在你的心里还没有自己喜欢的异性,只是因为看到许多同学都在谈恋爱,才产生了自己是否谈恋爱的想法。什么是真正的爱情,在此刻应有明确的态度。当真正的爱情还没有来到的情况下,不要盲目去寻找爱情,寻找的爱情并不一定是真正的爱情。

(2)不知道该不该表白。自己爱上了别人,但不知道对方是否也爱自己,想表白心迹,又怕遭到拒绝,左右为难。对于这样的困境,首先要学会正确认识对方对自己的情感。如果经过观察甚至巧妙的考验,发现对方根本就对自己没有那个"意思",就没有必要向对方表白自己的心迹。因为你的表白不但得不到回报,而且会使对方为难;如果两人是同班同学,还会影响两个人之间的关系。如果经过观察,发现对方也对自己有一定的感情,就可以大胆地向对方表白自己的心迹。

(3)不知道如何拒绝求爱。面对他人的求爱,当你不准备接受时,一般应当在不伤害对方自尊心的情况下,委婉地拒绝,如果对方进一步追求,而你无论如何也不可能接受对方的爱情,那就应该明确地拒绝。另外,应注意不要为了害怕伤害对方的自尊心,或者是为了自己的虚荣心,在自己没有产生爱情的情况下,盲目接受对方的爱,因为这不但会伤害对方,而且对自己也是一种伤害。

(4)不知道如何提出分手。在恋爱的过程中发现对方不适合自己,而对方还依然爱自己,不知道如何提出分手才不会伤害对方的自尊心。在这种情况下,要明确爱情是不能强求的,如果一方发现对方不适合自己而准备结束恋爱关系,也无可厚非。当然,最好是让对方有一定的思想准备,如用一些暗示性的语言表明两人不合适。在对方有思想准备的情况下,再提出分手,对方可能好接受一点,感觉到的伤害也会少一些。

(5)能做恋人的异性朋友难寻。这种恋爱心理困惑的原因主要在于对友情和恋情的认识还很肤浅,并缺乏对社会中人际关系的科学认识。正确的做法是,认真审视、调整自己的择偶标准,在寻求爱情的过程中,既要有主观上的用心,又要顺其自然、不可强求。

2. 恋爱的道德问题

(1)"第三者"的道德问题。当代青年应珍惜爱情的纯洁性,不要掺杂庸俗和虚伪的杂质。一旦建立了爱情关系,就应忠贞专一。如果男女双方正在恋爱,同时又搞三角恋爱或多角恋爱,如:有的人不珍惜自己的感情,走马灯似的更换恋爱对象,今天与这个山盟海誓,明天又与那个如胶似漆;有的明知道别人有恋爱对象,硬要充当不光彩的"第三者";有的脚踏几只船,这山望着那山高;等等。这些都是有悖于婚姻道德的思想和行为,是对自己和别人感情的嘲弄、践踏,往往会给自己或他人带来烦恼和伤害。

(2)婚前性行为的道德问题。在改革开放的过程中,随着西方文化的涌入,一些青年人本来就不牢固的婚恋道德观念发生了动摇甚至瓦解,在没有正式登记结婚以前就偷吃"禁果",发生性行为。他们认为,婚前性行为是个人自由,是一种可以理解的冲动,只要感情真挚,真心相爱,婚前发生性行为无所谓,相反可以增进感情,使爱情具有浪漫色彩。应该明白,爱情是性爱和情爱的完美结合。性爱多属于自然属性,而情爱则更多地归于社会属性。性爱几乎是纯感情的,情爱除了强烈的感情因素之外,还蕴涵着相当大的理性成分。所以,爱情不是人的本能的感情的冲动,而是受理智支配的高尚的精神活动。失去理智控制的情感,将会导致人们特别是青年学生的失误和堕落,可能会影响未来家庭的幸福,给社会、个人带来不良后果。

(3)失恋的道德问题。恋爱的目的在于结为夫妻,但由于存在种种不利于恋爱的个人和社会因素,失恋就难免了,这也是爱情生活中出现的正常社会现象。如何对待失恋,这也是一个涉及婚恋道德的问题。失恋的原因是多方面的,对此应冷静分析,总结经验教训,切不可意气用事。如果对方认为志向不合或兴趣不合,希望早日分手,以便重觅更好的伴侣,这说明双方的感情基础薄弱,已失去了向前发展的动力,那就应该勇敢地与之分手;若由于对方见异思迁,不尊重感情或心术不正,甚至不讲恋爱道德,就应为与这样的人分手而感到幸运;若是一开始恋爱就带有一定的盲目性,双方年少幼稚,通过一段时间的交往,才发现双方缺乏结合的基础,没有共同语言,则应该理智地中断恋爱关系,友好地道一声"再见",否则,即使将来勉强结合,也无幸福可言。我们在选择对方的同时,也应尊重对方对自己的选择,尊重个人爱与不爱的权利,决不应出现违犯社会道德的言行,更不应有触犯法律的举动。

## 二、恋爱的心理误区

恋爱在给人带来幸福的同时,也给人带来烦恼和苦涩。

### (一)恋爱心理困扰

1. 疯狂的爱:爱得死去活来

恋爱是以感情为基础的,随着恋爱的进程,双方必然会发生很大的心理变化,如初恋时的激动不安,等待恋人的焦急烦躁、离别时的依依相思等,这些反应是正常的。但如果这些情绪反应过于强烈,就会影响身心健康。一日不见就坐立不安,三日不见如生死离别,这是缺少理智的爱,是疯狂的爱。恋爱中的青年男女不要把全部精力都投在恋爱上,因为恋爱不是生活的全部,还要努力学习和工作。

2. 波折的爱:爱的考验良多

每个青年男女都希望自己的恋爱过程能够一帆风顺,但实际上恋爱中总会出现一些波折。因为恋爱本身就是双方加深认识和了解的过程,也是双方个性磨合的过程。由于双方所受的教育条件、生活环境、性别类型、个性特征等方面的差异,以及思考问题的角度不同,在恋爱过程中出现一些波折和分歧是正常的。因此,青年朋友要善于与恋人沟通,彼此开诚布公,求同存异,豁达大度,珍视情缘。

3. 孤独的爱:独角戏

恋爱是两个人之间的感情交流,如果只是一方投入感情,而对方毫无感觉或不想与之交流,就形成了单相思。单相思只是单方面的倾慕,所以不是恋爱。但由于这种倾慕者大部分是默默地表现着,又迫切希望自己能够被接受,所以这种情感往往十分强烈,也容易受到伤害,产生心理疾病。一个人处于单相思状态下,容易心情烦躁,情绪低落,敏感多疑,严重者造成忧郁症。所以对单相思者来说,如果相思的对象就在身边,应积极主动地通过某种方式了解对方的态度,若对方有意,即可由相思到相爱。若得不到对方的回应,说明缺乏爱情基础,应斩断情丝,另觅知音。

4. 失落的爱:恋爱中断,指青年男女中止恋爱关系

恋爱的过程是两个人相互了解和选择的过程。当某一方经过了解,认为对方不适合自己而提出中断恋爱关系时,另一方就会感受到恋爱失败的痛苦。

（二）恋爱心理苦恼

1. 一见钟情

无论是过去还是现在，青年男女"一见钟情"的故事都层出不穷。当事者们几乎都不明白自己为什么如此闪电般地坠入情网，只觉得自己突然发现了"意中人"。从心理学上解释，恋爱者对"白马王子"或"白雪公主"的幻觉，是预先就潜藏在心底的，偶遇有貌似心目中偶像的异性出现，便以为梦幻成真，穷追不舍。精神分析学派的专家弗洛伊德认为，这种幻想很多都是孩童对父母印象的收藏，即"恋母"或"恋父"情结，后来的反映便是对某位貌似父亲或母亲的异性"一见钟情"。另一位心理学家修德克尔则认为，有些人具有"恋爱发动状态"的心理，一旦达到这种心理的临界点，只要外部稍加刺激，爱情便会"一触即发"，一泻千里，其实所爱的对象并非引人注目的"白雪公主"或"白马王子"。外部刺激因素中，最危险的莫过于"崇拜"心理。修德克尔说："崇拜是恋爱发动状态的征服者。崇拜在恋爱的萌发中扮演着极其重要的角色。"现实生活中，人们看到，只要有了崇拜，爱起来就如醉如痴。这种在对方的表面崇拜感主导下的爱，不能不说是危险的。一来这种爱情过于虚空，缺少对恋人的起码认识；二来对被崇拜的"偶像"只有远远观察才会觉其完美无缺，近看则多有瑕疵，难免让崇拜者大失所望。许多始于崇拜、终于厌恶的短命爱情，就是例证。然而，那些基于崇拜而"一见钟情"的人们，其盲目的爱情一开始又是那样顽固与坚定，在别人看来是那样惊诧与可笑，当事者却如获救星，竟然一往情深。待到梦醒时分，苦酒却已酿成。难怪有人说：局外人的智慧，永远不能胜过热恋者那颗狂跳的心。

2. 情感危机

情感危机是青年人恋爱挫折中最严重的不良心理反应。主要指当事人由于感情上遭受到突然的打击，而产生的极度悲伤、恐惧、紧张、忧郁、焦躁等不良情绪体验。情感危机会使人心理上受到严重危害，而无法控制自己的思想、情感、态度与行为，精神濒临崩溃边缘，影响到正常的生活和学习，且极易导致自杀、报复伤人等过激恶性事件的发生，乃至诱发精神疾病。

摆脱情感危机，可以寻求他人或心理咨询机构的帮助与指导，但根本上取决于本人的自我心理调控能力。防止强烈消极情绪的不合理发泄，以免违反道德或触及法律。要适当宣泄以缓解巨大的心理压力和情绪张力，避免过分压抑自我的负性情绪，导致心理疾患。

3. 感情纠葛

感情纠葛是指在恋爱的过程中因某些客观原因引起的、欲爱不能、欲罢不能的一种强烈的内心矛盾和感情冲突。常见情况有：一是分分合合的纠葛冲突，两人之间存在一些感情基础，但又在一些重要问题上不能取得共识，导致相爱双方之间持久分手舍不得，在一起却又总有矛盾的一种尴尬局面。二是陷入三角恋，某些同学在寻求爱情的过程中进入三角恋的漩涡,可能同时喜欢上两个人,也可能是同时被两个人所追求,还可能是正在与另一个竞争对手进行这持久战。三是恋爱中的误解,有些人恋爱中被彼此间无休止的矛盾、误解和猜疑所困扰,忧心忡忡、郁郁寡欢。在恋爱过程中,无论哪种感情纠葛,都会导致当事人情绪受到严重的冲击和干扰,进而影响正常的学习和生活。应当冷静分析感情纠葛的原因,具体分析问题的实质。彻底摆脱感情纠葛还需要有坚强的意志和耐挫折的能力,及正视现实与自身的勇气与决心。

4.中止恋爱

恋爱双方在交往中,随着交往的频度的增加与卷入深度的加强,如果一方发现对方不是自己心中想找的人时,能够理智地分析恋爱的走向,并提出分手。有的人因为担心对方受伤害而忍受内心的痛苦,误使对方以为你还在爱他;有的人不告知对方为何中止恋爱关系,或者只用含糊不清的理由比如性格不合,当你告诉对方不爱的理由时,一定要具体而且令对方接受。所以说分手对双方都不是一件愉快的事,特别是对确立恋人时间较长,具有较为稳定恋爱关系的人。

每一个准备恋爱或正在恋爱的人,要懂得一些恋爱心理学常识,明白坠入情网的非理性特点,不要完全相信自己和对方在情感冲动时说出的种种"合理谎言"。每次约会、亲昵之后,都要冷静地思忖,及早发现其中某些变化迹象,在做成功努力的同时也做好不成功的思想准备,因为任何恋爱都包含着失恋的可能性。一个性格及修养都较为成熟的人,一般在恋爱不成功时能够保持头脑冷静,经历暂时痛苦之后,很快解脱出来,重新去探索新的生活世界。而人的成熟性,是通过对生活知识的学习和实际经验教训而培养的。因此可以说,失恋也是锻炼培养一个人成熟性的难得机会。它包含着"坏事变好事"这个道理。

# 第二节　恋爱心理卫生

## 一、消除身体异味

### (一)防治口臭

所谓口臭(俗称"口气"),就是人口中散发出来的令别人厌烦、使自己尴尬的难闻的口气。别小看口臭这小小的毛病,它会使人(尤其是年轻人)不敢与人近距离交往,从而产生自卑心理,影响正常的人际、情感交流,令人十分苦恼。可以将左右两手掌合拢并收成封闭的碗状,包住嘴部及鼻头处,然后向聚拢的双掌中呼一口气后紧接着用鼻吸气,就可闻到自己口中的气味如何了。口臭问题产生的原因有些复杂,大约80%

的口臭问题都与不良的饮食、作息等生活习惯有关,也有一些是疾病原因。

1. 口腔、呼吸道与胃肠道疾病

患有龋齿、牙龈炎、牙周炎、口腔黏膜炎以及蛀牙、牙周病等口腔疾病的人,其口腔内容易滋生细菌,尤其是厌氧菌,其分解产生出了硫化物,发出腐败的味道,而产生口臭。一些呼吸道疾病如支气管炎、支气管扩张、鼻窦炎、咽喉炎、扁桃体炎、肺囊肿等,亦可能引发口臭。如消化性溃疡、慢性胃炎、功能性消化不良等,都可能伴有口臭。防治措施:检查并治疗引起口臭的口腔、呼吸道与胃肠道疾病。

2. 烟酒、辛辣刺激食物

吸烟、饮酒、喝咖啡以及经常吃葱、蒜、韭菜等辛辣刺激食品,或嗜好臭豆腐、臭鸡蛋等具有臭味食物的人,也易发生口臭。防治措施:积极戒烟,少喝酒。吃过蒜、葱等刺激性食物后,应立即漱口,或嚼些新鲜香菜、口香糖,以减轻口臭。

3. 节食减肥

因病不能进食,或老年人的唾液腺功能降低、妇女在月经期间出现内分泌紊乱而导致唾液分泌减少,有利于厌氧菌生长,因此发生口臭。防治措施:少吃动物脂肪,多吃高纤蔬菜,进食注意细嚼慢咽。平常感觉口中无味时,可以时常采用一些良性方法刺激唾液分泌,例如,闭合双唇,以鼻呼吸,然后将舌头抵住上腭,连抵数次,唾液即会不断分泌。

4. 长期便秘

会因体内产生的有害物质不能及时排出,被吸收入血而引起口臭以及腹胀、食欲减退、易怒等自体中毒症状。防治措施:多吃苹果、香蕉、西瓜、竹笋、叶菜、燕麦片、糙米粥等高纤维食物。生活作息规律,适时舒解精神压力以保持自律神经的平衡,对预防便秘也极有助益。此外,平日注意多运动,刺激肠胃蠕动。

5. 精神压力

精神紧张会使身体副交感神经处于兴奋状态,消化腺尤其是唾液腺反射性地分泌减少,导致口干,有利于厌氧菌的生长引起口臭。防治措施:精神压力大时,听听缓和的音乐,读一些有趣的书籍,多开怀大笑,有意识地放慢工作生活的节奏。

6. 不当清洁

一日三餐不经常刷牙,吃完东西倒头睡觉,时间长了,堆积在牙龈沟槽里的牙垢和嵌塞在牙齿缝里的食物就会发酵腐败,散发出臭味。另外,舌沟内也容易积存食物残垢,久而久之,舌苔变得厚腻,积滞大量细菌,出现口臭。防治措施:坚持早晚刷牙,饭后漱口的好习惯;晚上刷牙后不再吃东西,使用牙签、牙线剔除残物;可用牙刷或者质地柔软的毛巾轻轻刷洗舌苔。

如果赶赴重要约会,可以用一些速效但无损健康的方法来清新口气,几分钟就能见效。嚼一两颗青橄榄、话梅,刺激唾液分泌。吃红枣、黑枣,可以消除因吃葱、蒜等引起的短暂口臭。嚼无糖口香糖。放几片茶叶在嘴里咀嚼。使用漱口水、口腔清新喷雾剂。

### (二)防治狐臭

青少年正处于发育旺盛期,内分泌功能不断完善,大汗腺也受激素的影响而日趋发达。某些人由于大汗腺异常发达,致使汗液增多,汗液中的脂肪酸类物质在皮肤表面细菌的分解作用下,散发出阵阵刺鼻的臭味,这就是人们所说的狐臭。注意个人卫生,勤洗澡,勤换内衣,经常保持腋窝部的干燥和清洁,少吃或不吃强烈刺激性的食物。这样便可以减少臭味的散发。

狐臭可以通过外科手术去除大汗腺,一次性地根除狐臭的困扰。也可药物治疗。可局部应用西施兰夏露、溶体腋下香以去除臭味。采用液氮冷冻法,可以达到损坏腋下汗腺分泌机能的目的。如果经济条件允许的话可以使用一些知名的去狐臭的产品,像狐息奥黛班、香奈儿都是去狐臭效果不错的。

### (三)防治汗臭

体汗本身并没有味道。成人的身体平均有305~400万条汗腺,一天产生15升液体,汗液中将近99%是水,帮助身体散热,调节体温。只有当汗液被皮肤表面的细菌分解时,才会产生臭味。一般在剧烈运动后,汗臭会达到最高点。毛发比较浓密的人,大、小汗腺也会分泌旺盛。

除了高温、压力、情绪紧张让人冒汗,也需要警觉像甲状腺亢进、肾上腺肿瘤等疾病也会使汗量增加。如果不是疾病引起的汗臭,在大量流汗后冲个澡,换上干净衣物。在夏天,要勤剃腋毛,减少细菌繁殖的机会,降低体味。可以尽量穿棉、麻材质的浅色衣物,有助体表散热。少吃大蒜、洋葱、韭菜重口味的食品。各种调味的香料和鱼、肉的腥味会经过血管,从汗腺渗透出毛细孔,加重汗味。挑选合适的止汗爽身产品。如有止汗剂和体香剂等产品。若腋下多汗是因为局部小汗腺发达,分泌过量汗液,要做其他手术解决问题。

### (四)防治脚臭

脚臭(俗称脚气)是由于身体的小汗腺分泌旺盛,汗腺分泌物在细菌、霉菌分解下产生秽臭。出汗促使细菌容易繁殖,因此脚臭常与多汗症伴发。要注意清洁,保持皮肤干燥,保持脚部清洁,每天清洗数次,勤换袜子。平时不宜穿运动鞋、旅游鞋等不透气的鞋子,以免造成脚汗过多,脚臭加剧。积极消除诱发因素,如脚汗、脚癣等。勿吃容易引发出汗的食品,如辣椒、生葱、生蒜等。情绪宜恬静,激昂容易诱发多汗,加重脚臭。治疗脚臭主要以外用抗真菌药物为主,如达克宁、兰美抒、贵州神奇、华佗膏等,只要坚持使用,症状消失后继续使用一周,脚臭通常可以治愈。

## 二、消除皮肤斑点

### (一)防治痤疮

痤疮是一种毛囊与皮脂腺的慢性炎症性皮肤病,俗称"粉刺"、"青春痘"。多发生于油脂性皮肤者。正常人皮脂通过皮腺孔排出体外,一旦孔道被堵,就阻碍了皮脂排泄,病菌趁机而入,便发生局部炎症。青年人内分泌功能亢盛,尤其是雌激素分泌亢进,或因情绪受刺激而产生过多的雄激素等,与痤疮也有一定关系。痤疮极为常见,多见于青春期,男多于女,经过缓慢,30 岁以后可减轻或自愈。

患了痤疮应常用温水、含硫香皂洗脸,每日洗数次,以减少皮肤的油腻,防止皮脂腺口的堵塞和细菌的继发性感染。另外,不要用手挤压痤疮,不用油脂类化妆品,不随便外用油膏,不要用肤氢松、肤乐乳膏、恩肤霜等类固醇激素的外用药膏,否则会引起类固醇激互性痤疮,亦不要用溴、碘类药物,否则会引起疣状丘疹,起增殖性痤疮。要少吃脂肪和糖类食品,少吃油炸食品及葱、蒜、辣椒等刺激性食物,多吃水果和蔬菜,防止便秘和消化不良,这些对减轻痤疮都有一定帮助。

### (二)防治雀斑

雀斑是一种多发于面部、颈部、手背等日晒部位皮肤上的黄褐色斑点,呈褐色针头至小米粒大小,因其形状如雀卵上的斑点,故名雀斑。雀斑是比较普遍的一种遗传性疾病,多于儿童期发生,青春期达到高峰。雀斑随季节的变化较明显,夏季由于日晒增强,病损变大,颜色加深。防日晒。盛夏出行时应合理安排外出时间,尽量避免在早上10 时至下午 4 时之间出门。因为这段时间阳光中的紫外线对人体肌肤的"杀伤力"最强。外出时注意遮阳并可涂用防晒霜,最好戴上遮阳伞或帽,穿着棉、麻、丝类的织物。

少量轻度的雀斑可在局部涂用3% 的氢醌霜、曲酸霜等治疗。病损较大的可用液氮冷冻、电离子治疗及化学剥脱来治疗,或皮肤磨削术来治疗,但要掌握药物的剂量及治疗的深度,避免疤痕的形成及色素的加重。配合局部治疗的同时,可服用六味地黄丸及逍遥丸来从根本上治疗。平时可经常食用含维生素 C 较多的食品,如核桃、西瓜、蜂蜜、大枣、韭菜、冬瓜、西红柿等。含维生素 E 较多的食品,也应经常食用,如胡萝卜、茄子、菜籽油、鸡肝等。

### (三)防治酒糟鼻

酒糟鼻俗称"红鼻子"或"红鼻头",是发生在面部的一种慢性炎症性皮肤病。常发于颜面中部、鼻尖和鼻翼部,还可延及两颊、颌部和额部。轻度者只有毛细血管扩张,局部皮肤潮红,油脂多,进而可出现红色小丘疹、脓疱。严重者鼻端肥大而形成鼻赘。一般认为与寄生于毛囊皮脂腺内的一种毛囊虫有关。另外,胃肠功能紊乱、内分泌障碍(如月经不调、更年期、情绪不稳定等)以及体内的慢性感染病灶都可能是酒糟鼻的致病因素。经常饮酒、吸烟爱吃辛辣食物的人患病率较高。

酒糟鼻可以说只与"美容"相关,它的最大危害是对患者心理的影响,会不同程度地妨碍人的社交行为。患上酒糟鼻后,大部分人都会自信心大受打击。考虑酒糟鼻对人的相貌以及心理等连锁影响,需加强防治。应该注意饮食不要吃刺激性太大的辛辣食品,尤其应当忌酒,注意避免冷和热刺激,不要情绪激动、精神紧张。在轻度时,可用内服或外用药物治疗,一般内服维生素 B 族如维生素 B2、B6、复合维生素 B 等。口服四环素或灭滴灵或美满霉素等。外用 5% 硫黄霜或硫黄洗剂或水氯酊等。

## (四)防治白斑病

白斑病(俗称白癜风)是一种后天性色素脱失性皮肤病,对身体并无大碍,有些患者在患病之后因为身体未感不适,只要在不影响外观的情况下就不及时去看医生。白癜风严重损害患者容貌美观、自信自尊,给患者造成沉重的心理负担,常有悲观消沉、自卑自责、忧虑自闭等沉重的心理压力,以及在学习、就业、婚姻、社会交往等受到很大影响,有很多人对白癜风患者有一定的歧视,患者自尊心受到打击,导致一系列心理疾患等。

### 1. 避免太阳直射

适当晒太阳,能使黑色素细胞转移到皮层中,使肤色加深,从而有利于白癜风的治疗。但在炎热的夏季,阳光中的紫外线反而能抑制黑色素的代谢,不利于黑色素的合成,而且白癜风的发生,是因为受遗传、免疫、精神等因素的影响,引起局部皮肤和毛囊内黑色素合成出现障碍。而阳光中的紫外线能促进黑色素代谢,所以,炎热的夏天一定要避免日光浴。

### 2. 合理的膳食

饮食中缺乏酪氨酸也会影响黑色素的合成,因此白癜风患者应多吃一些富含酪氨酸、锌、铁等物质的食物,如各种动物内脏、牛奶、瘦肉、蛋、茄子、丝瓜、胡萝卜等新鲜蔬菜及豆制品等。

### 3. 保持愉快的心情

因为忧虑、恐惧、悲观等情绪,都会影响患者的神经功能,不仅不利于治疗,还有可能加重病情。而且精神刺激可以引发白癜风,因此,患者在接受治疗时,要避免受到精神刺激。

### 三、消除毛发烦恼

（一）防治脱发

一般来说,头发脱落后,很快会有同样数量的头发生长出来,所以不必担心自己的头发越来越少。但是,如果脱发的数量超过了正常的范围,头发过早日渐稀疏,就有谢顶的可能了。

1. 保持头皮清洁

选用对头皮和头发无刺激性的洗发剂,洗头时可在水中滴几滴醋或放少许盐,可预防头皮炎症。洗头的水不宜太热或太冷,洗头的间隔最好是 2～5 天,洗发的同时需边搓边按摩,促进血液循环。

2. 保证充足睡眠

可以促进皮肤及毛发正常的新陈代谢,而代谢期主要在晚上,特别是晚上 10 时到凌晨 2 时之间,这一段时间睡眠充足,就可以使得毛发正常新陈代谢。反之,毛发的代谢及营养失去平衡就会脱发。

3. 注意饮食营养

常吃富含蛋白质及微量元素丰富的食品,多吃青菜、水果,少吃油腻及含糖高的食品。

4. 保持心理健康

精神压抑,状态不稳定,焦虑不安会导致脱发,压抑的程度越深,脱发的速度也越快。经常进行深呼吸,散步,做松弛体操等,可消除精神疲劳。

5. 经常按摩头部

每日睡觉前和次日起床后,将双手十指插入发内,从前额经头顶到后脑揉搓头皮,每次 2 分钟至 4 分钟。经常按摩头皮,可改善头皮营养,调节皮脂分泌,促进头皮血液循环,增进局部的新陈代谢。梳头用黄杨木梳或猪鬃毛刷,既能去除头屑,增加头发光泽,又能按摩头皮,促进血液循环。

（二）防治白发

头发由黑变白,一般是毛发的色素细胞功能衰退,当衰退到完全不能产生色素颗粒时,头发就完全变白了。正常人从 35 岁开始,毛发色素细胞开始衰退。而有的人20 来岁就白了,俗称"少白头"。少白头的发生多与神经因素、营养不良、内分泌障碍以及全身慢性消耗性疾病有关。

1. 精神因素

如果一个人长期抑郁寡欢,心境不佳或精神高度紧张,操劳过度,均可使头发由黑变白。因此,要保持良好的心境。

2.营养状况

毛发是皮肤的附属器,它同身体其他各部位的器官、组织一样,需要充足的营养。据医学临床观察证明,如果身体长期缺乏蛋白质、植物油、维生素 B1、维生素 B2、维生素 B6,也会导致头发由黑变白。因此,要注意科学配餐,多吃粗食、杂粮、干鲜果品及各类蔬菜。

3.疾病、药物和遗传

疾病、药物和遗传也是致使头发由黑变白的因素,脑垂体机能下降、甲状腺机能亢进等内分泌紊乱,结核、伤寒、恶性贫血等消耗性病症,植物神经功能障碍等,均是已发现的与头发由黑变白有关的疾病。

4.习惯影响

尽量不挑食、偏食;养成生活有规律的良好习惯等。

（三）防治多毛

毛发过多是指体表毛发增多,大多数有家族性毛发过多史。由性激素过盛引起的,可考虑光子脱毛技术。

（四）防治头皮屑

头皮的健康直接影响到头发的生长。每个人的头皮上均有一层由汗水、皮脂和各种菌类所组成的天然防御系统。当头皮功能失调,油脂分泌过多或过少时,它会加快头皮组织细胞向表皮层分裂,并且分裂不完全,形成一种没有完全角质化的蛋白质。

使用纯植物或弱酸性的去屑洗发露,并清洗干净。如已出现较严重头皮屑,建议初期使用时用量要足,并坚持前半个月天天使用。洗发时水温不宜过热或过冷,应保持在 36 度左右。不要过度烫、染头发或抓挠头皮。洗发后,一定要把头发吹干;保持头发干爽,并注意个人卫生,洗护用具专人专用。定期对枕巾、毛巾、梳子等用品消毒。除了做好一些正常的洗护及保养外,平时也可多做一些头部按摩。合理的膳食;少食高脂、高糖、高热量和辛辣、油腻、刺激的食物。精神避免出现过度疲劳和焦虑。

# 第三节　恋爱心理保健

## 一、恋爱心理艺术

### (一) 求爱的处理

从古至今,无论东方还是西方,爱情的表达方式都是多种多样的,人们用歌声传递爱情,用诗句赞美爱情,用文字记载爱情,用画笔感悟爱情,用肢体表达爱情,用信物寄托爱情……

1. 一方有意,投石问路

一旦心中爱上对方,却不知怎样表达,不敢向人请教,羞于向人打听,等着对方主动求爱,才会害羞地答应。其实,爱不仅需要大胆表达,更要勇敢去追求,如果顾虑太多,容易错失良机。

(1)约谈:如果真心实意地爱上了对方,就找个机会约对方单独谈谈。在交谈中可以直接说出自己的想法和内心感受。万一对方对自己没有爱的意向,或者已经有了心上人,不要认为丢面子,这是十分正常的现象。

(2)暗示:如果认为直接表达爱难以启齿,就可以采用暗示的方式。如,邀请对方看完一场电影后,可以一同散散步,在散步中借物言志,委婉地吐露心声;若对方心中有意,则自然心领神会,关系会推进一步;若对方对自己无心,就不必一厢情愿了。

(3)书信:通过给对方写信表达爱意,可以避免面对袒露心迹时的羞涩、紧张和难为情。但是在写求爱信时,一定要实事求是,不可漫无边际地形容夸张,言过其实只会引起对方的反感。

(4)传话:除了当面交谈和书写信件外,还可以通过托人传话表露心意。传话者可以是自己要好的同学朋友,也可以是师傅长辈等。自己主动将心事告诉他们,让他们找对方谈心转达,这对那些缺乏足够勇气当面求爱的青年,是比较常见而又自然的好形式。既避免了当面交谈,心慌意乱和词不达意,又及时将心事传给了对方,以防夜长梦多错失时机。

2. 被人求爱,冷静反思

被自己喜欢的异性求爱,两人心照不宣,感情一拍即合;但实际生活不乏落花有意、流水无情的现象。因此,面对异性求爱要冷静地认真反思。

首先反思求爱的异性是否真心实意地爱自己。有些异性迫不及待地追求,并非发自内心地爱慕,而是看中对方的某一条件,一旦对方情况发生改变,就会改变心意追求他人。

其次,被人求爱时,不能一味地沉浸在激动与幸福之中。越是被人求爱,越是要冷静反思,对方是不是自己的理想情人,对方的人品是否令人满意,双方的性格是否合得来。如果各方面条件都较满意,当然可以答应下来,相处一段时间后再确定关系;如果觉得不满意,就应当机立断,委婉地表示拒绝,切不可拖泥带水,当断不断,给对方和自己带来感情上的痛苦和烦恼。

3. 面对纠纷,妥善处理

男女双方一旦建立了恋爱关系,就要经得起时间、空间的考验,经得起困难、挫折的洗礼。如果"脚踏两只船",搞三角恋爱;或朝秦暮楚,喜新厌旧,今天和这个谈情,明天与那个说爱,企图玩弄别人的感情,实际上也是践踏自己的感情。

如果自己正在恋爱,而另一位又主动向自己的恋人求爱,这要根据具体情况决定如何处理。如果对方不知道你们相爱的事实,可视为无意陷入恋爱纠纷,向对方做些解释便会退出。如果对方有意要拆散自己与恋人的关系,那就需要义正词严地进行抵制。与此同时,还要直截了当地询问恋人的态度。倘若恋人态度暧昧,不作明朗表示,说明恋人对自己并非专一真情,这样的恋人迟早都会变心,因此,不值得为这样的人苦恼,不如自己主动退出,以免深陷恋爱纠纷。

如果明知道对方已在恋爱,自己还要涉足其间,希图以某种优势夺走恋人,这种只图自己快活,不管他人痛苦的做法,显然与社会公德相悖。如果自己已在恋爱,又有异性主动求爱,且海誓山盟。应当坚决地拒绝求爱者,不为任何信誓动摇而改变自己的爱情。但有时也不排除对求爱者产生好感的可能,在确定婚姻关系办理登记手续前,重新选择恋人是正常现象。不过,一定要注意妥善处理,先要断绝恋爱关系,再开始新的恋爱,绝不能脚踏两只船,陷入三角恋爱纠纷。

(二)约会的礼节

在恋爱过程中,约会是恋爱双方开始彼此相互了解的方式,是男女感情发展的催化剂。掌握约会的礼仪,注意自己的形象,可避免不必要的误会和窘态,给对方留下一个美好的印象,为进一步交往下去创造条件,还会将爱情生活装点得丰富多彩。

1. 约会邀请

主动提出约会的一方,在提出约会邀请时,不管是用书信、电话,还是口头转告的形式,都必须用商量的口吻,绝对不能以命令式的口气要求对方。在选择约会的时间和地点时,也要先征求对方的意见,以对方的方便为原则。如果对方提不出具体的方案,则可提出自己的意见,供对方参考,对方认为合适,方可做出决定。约会的时间和地点一经商定,任何一方如无特殊原因,都不能单方面爽约或不去赴约。如果因为临时发生的情况而无法按时赴约,也要想办法提前通知对方,实在不能或无法通知对方的,要在事后尽快向对方说明原因,表示歉意以请对方谅解。如果因为路远交通不便或其他客观原因迟到,也要主动向对方说明,以免引起不必要的误会和不快。此外,在确定约会时间和地点时,双方都要考虑留一点余地,以免定得太死,届时赴约有困难。如果约会时间已到,不可耍态度使性子,否则既使对方感到难堪,也会影响约会的气氛。

2. 约会交谈

第一次约会的印象对以后恋爱关系的确立有着十分重要的作用。因此,约会时谈些什么应该有所选择,不可不加思考地信口开河,给对方留下不好的第一印象。第一次约会,一般男青年为了显示自己的才干或优越的条件,喜欢主动介绍自己的情况,或者主动向女方提出诸如兴趣爱好等方面的话题。当男方介绍完自己各方面情况后,女方应主动将自己的情况介绍给对方,以便让对方对自己有个初步的了解。尽管第一次约会双方都希望尽可能多地了解对方家庭经济、住房条件等,但应注意自己的谈话方式以及所提的问题,否则容易使对方感到俗气,引起一些不必要的误会和不快,对关系的发展没有什么好处。第一次约会时,一方在谈话,另一方应注意倾听。如果对方所谈自己不感兴趣,也要礼貌而巧妙地转换话题,不可随意打断或心不在焉。如果两人都找不到适当的话题,无话可谈会出现冷场,致使双方感到尴尬难堪,影响第一印象及关系的发展。如果男方性格内向,比较腼腆,不爱说话,女方就要主动找些话题,以引起对方的谈兴。如果对方在交谈中似有难言之隐,不愿过多涉及工作上的事情,可以尽量岔开话题,谈一些业余爱好、生活情况等。如果一时实在想不起合适的话题,也可以想想其他的办法,可以提议起来走走,再寻机找些别的话题。

3. 拒绝赴约

通常情况下,男女青年在经人介绍或通过别的途径认识后,都希望很快得到对方发出的约会邀请,以便在与对方单独相处交谈中,尽快大略了解对方各方面的情况。但有时在赴约前对对方的基本情况有所了解,并且不愿与对方以恋爱的关系相处,这势必就要想办法拒绝赴约。拒绝赴约常见的做法是找借口借故推托,如自己工作很忙,或家里有事走不开等,这样做可以达到不去赴约的目的。但如果确实已拿定主意,不与对方建立恋爱关系,在决定拒绝赴约时,就应当说明自己的想法,认为不宜单独约会。倘若有意隐瞒自己的真实想法,或担心伤害对方的自尊,而胡乱编造假话,只会使事态复杂化,或者给对方以假象,造成不必要的误会。当然,拒绝赴约的措辞不能过于生硬,让人一下子感情上接受不了。如果真的是因为工作忙,不能如期赴约,在回绝邀请时,更应讲究方法。不可因一时疏忽而影响对方的情绪。这样,对方就会对自己不能赴约予以了解,并在适当的时候再主动联系约会。一般在推托了两三次后,对方会感到事情不妙,因而不再提出约会。但也有些人不管怎样回绝,仍然会死缠不放。遇到这种情况,可以托朋友出面劝说对方,也可以通过领导进行劝止。拒绝约会是一件伤人自尊的事情,所以,具体回绝一定要注意礼貌,讲究方法,不可因自己态度无情,使对方难堪不快。

总之,约会中应该注意的礼节很多,男女双方都要加以注意,不要因为一些不起眼的小事,而让对方认为自己缺乏文明素养。

## (三)热恋的节制

### 1. 含蓄典雅,文明恋爱

热恋中的情侣接触频繁,情切切,意绵绵,这是很自然的现象。但必须注意情意的表达方式,保持恋爱行为的端庄,显示出含蓄典雅的格调,切不可放纵自己的情感,做出不文明、不雅观的举动。

马克思曾经指出:"在我看来,真正的爱情是表现在恋人对他偶像采取含蓄、谦恭乃至羞涩的态度,而不是随意流露热情和过早的亲昵。"在恋爱中,过分亲昵的粗野方式,超越阶段的非礼行为,都是缺乏道德情操的表现。只有使理性与爱的情感真正融合一体时,才能奏出优美动听的爱情乐曲。

### 2. 专一忠贞,自尊自爱

那种朝三暮四、见异思迁、喜新厌旧、轻浮放纵的思想和行为,都是有违道德要求的。

### 3. 沐浴爱河,洁身自好

在恋爱中理智的向导是爱情的灵魂。爱情的力量也只能在人类非性欲的爱情中孕育,恋人之间特有的神秘感和心灵的震颤是十分珍贵的情感源。如果两性关系自由放纵,必然造成严重的后果。

## 二、恋爱心理技巧

### (一)拒绝求爱的技巧

拒绝对方的求爱,本来就是一件非常难处理的事情。所以,拒绝别人时要根据实际情况选择合适的方式,让对方明白你的立场和态度,最大限度地减少给对方带来的伤害。

### 1. 态度要坚决

拒绝难免是一种伤害,但不能因此而犹豫不决。如果拒爱的态度不够坚决,很容易造成对方的误会,尤其是对方处在深爱你的状况,你所采用的出于礼貌或者是顾全的思想,会让对方觉得你也是爱他(她)的,至少是让他(她)觉得还有希望,最后往往带来比拒爱更大的伤害。

### 2. 尽力维护对方的自尊

为了减少拒爱给对方的心理伤害,也使对方更易于接受,就必须设法维护对方的心理平衡,尽量减少对方的内心挫折。具体说来,你不妨先对对方的人品和才华等加以赞许,然后说明你为什么不能接受求爱的理由;说出的理由要合乎情理,最好从对方的角度提出有利的方面,让对方觉得拒绝也是为了他(她)好;如果必须向旁人作出解释,你不妨把消极原因归因于自己,避免给人单单造成一个你拒绝了他(她)的印象。这种方法尤其适用于对那些心理比较脆弱的人,可以避免一些极端现象的出现。

**3. 选择恰当的方式**

应该考虑到你们平素的关系和对方的个性特点,选择或面谈、或书信等方式,但建议你最好不要采用托人转告的方式,因为这显得对对方不够尊重,还可能带来不必要的麻烦。这种方法的采用,也可以结合到第二点,也就是在和他(她)面谈或者是书信说明时,可以对他(她)进行肯定的评价,但是,同时也要结合第一点,也就是肯定对方的同时,让对方知道你拒绝他(她)的态度,不然的话会让对方觉得你也在爱他(她)。

**4. 选择合适的时机**

一般来说,不要在对方刚表白了爱情时立即加以拒绝,因为此时对方很难接受;但也不可拖延太久,给对方造成误会。当然,具体选择什么时机,要视具体情况而定。最好是在对方表白后的三四天时间内,这样对方的情绪也比较稳定了,你的拒绝不会让对方感到太受伤害,同时,也让对方明白了你的态度。

**(二)摆脱异性纠缠技巧**

恋爱中的异性纠缠主要来自两个方面:一是单恋者的纠缠,一方有情,另一方无意,有情者积极进攻,穷追不舍。二是原来有恋爱关系,因为某种原因,一方提出终止恋爱关系,另一方无法接受,因而苦苦纠缠。为摆脱恋爱中的异性纠缠,希望你做到:

**1. 态度明朗**

如果并无谈恋爱打算,应该明确拒绝单恋的追求者。如果是正在恋爱中或曾经恋爱过的对象,要冷静地考虑一下有无重归于好的希望;如果没有,也要明确告诉对方,让对方打消念头。因为态度暧昧,模棱两可,对对方来说是一种成功的希望,增加了幻想,因而也会带来更多的麻烦。

**2. 不卑不亢**

在拒绝对方的要求时,要讲明道理,耐心说服。要尊重对方人格,不可嘲笑挖苦,更不能在别人面前揭露对方隐私。例如:不要公开对方写给你的情书,不要谈论对方曾经对你有过某种非礼行为,等等。如果是中断恋爱关系,自己有责任的,也应主动承担责任,表示歉意。

**3. 有礼有节**

恋爱不成,但仍是好同学、好朋友,不可结怨,更不可成为仇人、敌人。在交往中,最好要节制不必要往来,以免对方产生"物是人非"的伤感,要让对方尽快消除由于失恋所造成的心理上的伤害。

**4. 寻求支持**

在向对方做了工作后,认为可能效果不大,仍制止不了对方纠缠,或者发现对方可能采取报复行为,要及时向组织领导汇报,依靠组织妥善处理,防止发生意外事件。

5. 自爱自重

作风上要稳重,生活上要俭朴,不要刻意打扮,不要在和异性交往中占小便宜,要钱要物。要大方得体,不要随意向异性撒娇,流露出对异性的冲动,以免异性有非分之想。

(三)处理恋爱纠纷的技巧

1. 协商为主

处理恋爱纠纷,应当以双方当事人协商处理为主。

2. 要有诚意

不管恋爱结局如何,都要有解决问题的诚意。只有这样,才能在协商调解中冲破障碍,求同存异,妥善解决争端问题。

3. 严于律己,宽以待人

恋爱双方多做自我批评,防止加剧感情裂痕,铸成难以收拾的僵局。

4. 态度慎重

在感情好的时候,要看到对方的短处,在发生感情裂痕的时候,要想到对方的长处。要珍惜已经建立的爱情,不要人为地制造和加大裂痕。在双方感情矛盾中,有过错一方要主动承认错误,以取得对方谅解。如果确无和好可能,或者一方坚持中断恋爱关系,也要面对现实,为了今后的长久幸福,果断地中断恋爱关系。

5. 处理好善后事宜

对于寄来的恋爱书信,尽可能退还对方。在恋爱中,用于共同生活的款项,不管谁花了多少,以不结算为宜。互赠的礼品,按照民事法律关系中的赠予方面的规定,一般不索还。

(四)提出中断恋爱的技巧

当发现对方并非自己理想的爱人时,当然要提出中断恋爱的要求。中断恋爱对双方都不是一件非常愉快的事,特别是确立恋人时间较长,具有较为稳定恋爱关系的人。提出分手的一方,要注意以下几点:一是选择恰当的时机;二是使用策略;三是艺术地说明原因;四是不逃避责任;五是不拖泥带水。被动的一方,要注意控制自己的情绪,不可自暴自弃也不可死打硬缠,更不可意气用事,寻求报复。值得注意的是:中止恋爱关系不要给对方留有余地,比如"以兄妹相称","再相处一段试试看"等,特别是双方在恋爱关系终止后,都需要一段时间认真冷静地面对这段感情。但即使有足够的理由中断爱情,也应当讲究方式,谈恋爱时要真诚,提出中断恋爱时也要真诚。

1. 双方面谈

选择适当的地方,如对方性格刚烈、占有欲强,必须在不偏僻的地方,首先肯定对方在恋爱时对自己的爱护与关怀,否则如采取诅咒、漫骂的方法,会激起对方的仇恨,使矛盾激化。切忌优柔寡断,给对方留有幻想,那是对对方的折磨,也会给自己留下隐患,所谓"当断不断,反受其乱",这一点尤为重要。

2. 采用书信

通过书信表达态度,此方法有更大的缓冲余地,措辞也能更冷静、得体。

3. 寻求中间人

中间人应当是对方也认识、了解的,最好是对方信得过又非常尊重的人,可以顺势对其进行开导、安慰。切勿给对方造成的感觉是你在到处损害他的尊严、败坏他的名声。

在结束本章之前,先对你的恋爱观做一个测试,检验你恋爱心理的成熟程度。你可以在附录 1 中找到答案及解释。

【互动测验 5-1】　　　　恋爱心理成熟度

【指导语与题目】下面请你做一次恋爱心理成熟度测验,该测验一共有 15 道测试题,每个问题有 4 种答案供你选择,选择一个与你的看法最相近的答案。

1. 你认为恋爱作为人生一个极其重要的环节,其最终所达到的目的应当是:

a. 找到一个情投意合的爱侣。

b. 成家过日子,抚育儿女。

c. 满足性的饥渴。

d. 只是觉得新鲜有趣儿,没有明确的想法。

2. 你对未来妻子要求最主要的是(男性选择):

a. 善于理家干活,利落能干。

b. 容貌漂亮,风度翩翩。

c. 人品不错,能体贴帮助自己。

d. 只要爱,其他一切无所谓。

你对未来丈夫要求最主要的是(女性选择):

a. 潇洒大方,有男子风度。

b. 有钱有势,社交能力强。

c. 为人诚实正直,有进取心,待人和蔼可亲。

d. 只要他爱我,其他都不考虑。

3. 你决定和对方建立恋爱关系时的心理依据是:

a. 彼此各有千秋,但大体相当。

b. 我比对方优越。

c. 对方比我优越。

d. 没想过。

4.对最佳恋爱时间的考虑是:

a.自己已经成熟,懂得人生的意义和爱情的内涵,并且确定了事业上的主攻方向。

b.随着年龄的增大,自有贤妻与好丈夫光临,"月老"不会忘记每个人的。

c.先下手为强,越早越主动。

d.还没想过。

5.你希望自己是怎样结识恋人的?

a.青梅竹马,情深意长。

b.一见钟情,难分难舍。

c.在工作和学习中逐渐产生恋情。

d.经熟人介绍。

6.你认为推进爱情的良策是:

a.极力讨好取悦对方。

b.尽力使自己变得更完美。

c.百依百顺,言听计从。

d.无计可施。

7.你希望恋爱的时间是:

a.越短越好,最好是"闪电式"。

b.时间依进展而定。

c.时间要拖长些。

d.自己无主张,全听对方的。

8.谁都希望完整全面地了解对方,你觉得了解他(她)的最佳途径是:

a.精心布置特殊场面,连连对恋人进行考验。

b.坦诚相待地交谈。

c.细心地观察。

d.通过朋友打听。

9.你十分倾心的恋人,随着时间的推移,暴露出一些缺点和不足,这时候你:

a.采取婉转的方式告知并帮助对方改进。

b.因出人意料而伤脑筋。

c.嫌弃对方,犹豫动摇。

d.不知道如何是好。

10.当你初步踏进爱河之中,一位条件更好的异性对你表示爱慕时,你会:

a.说明实情,挚情于恋人。

b.对其冷淡,但维持友谊。

c. 瞒着恋人和其来往。

d. 感到茫然无措。

11. 当你久已倾慕一异性并发出爱的信息时,你忽然发现他(她)另有所爱,你会:

a. 静观其变,进退自如。

b. 参与角逐,继续穷追。

c. 抽身止步,成人之美。

d. 不知道。

12. 恋爱进程很少会一帆风顺,而你对恋爱中出现的矛盾、波折怎样看?

a. 最好平顺些。既然已经出现了,也是件好事,双方正好趁此了解和考验对方。

b. 感到伤心难过,认为这是不幸。

c. 疑虑顿生,就此提出分手。

d. 没对策。

13. 由于性情不合或其他原因,你们的恋爱搁浅了,对方提出分手。这时候你:

a. 千方百计缠住对方。

b. 到处诋毁对方名誉。

c. 说声再见,各奔前程。

d. 不知所措。

14. 当你十分信赖的恋人背信弃义,喜新厌旧,甩掉你以后,你怎么办?

a. 当自己眼瞎认错了人。

b. 你不仁,我不义。

c. 吸取教训,重新开始。

d. 痛苦得难以自拔。

15. 你爱途坎坷,多次爱均告失败,随着年龄增长进入"老大难"的行列,你:

a. 一如从前,宁缺毋滥。

b. 讨厌追求,随便凑合一个。

c. 检查一下选择标准是否实际。

d. 叹息命运不佳,从此绝望。

# 第六章 婚姻心理体验

爱情与婚姻牵动着无数人的情感,引出多少文人墨客的赞美与讴歌。男大当婚,女大当嫁,几乎没有人对这一社会习俗提出过疑问。婚姻不仅是人们生活的重要组成部分,也成为人生的必由之路。人们在婚姻这个问题上,始终寄予了对幸福的最大渴望。婚姻是青少年的幻想,是中年人的温情,是老年人的慰藉。因此,"死生契阔,与子相悦;执子之手,与子偕老"仍然是我们对婚姻的最高理想。

在开始本章之前,请先阅读知识窗6-1。柏拉图与苏格拉底之间这场著名的对话,或许能为在婚姻中寻找幸福的人们以启发。

【知识窗6-1】 苏格拉底论婚姻

有一天,柏拉图问他的老师苏格拉底,什么是婚姻?

苏格拉底叫他到树林走一次,不许回头,然后,在途中取一棵最好用的树材,而且只可以取一次。

于是,柏拉图又照着老师的话去做。半天之后,他拖了一棵不算最好也不算太差的树回来。

苏格拉底问:"这就是最好的树材吗?"

柏拉图回答:"因为只可以取一棵,好不容易看见一棵看似不错的,又发现时间、体力已经快不够用了,而且害怕空手而归,因此也不管是不是最好的,就拿回来了。"

苏格拉底说:"这就是婚姻。婚姻是一种理智,是分析判断、综合平衡的结果。"

传说苏格拉底娶了一位比较泼辣的妻子,俗称"悍妇"。一个卓越的大师,竟然与一个姿色与才智都十分平常的女人共同生活了一辈子,这个才貌平庸的女人能够理解他吗? 他们两人有什么共同语言? 他们究竟是生活伴侣还是恩爱夫妻?

一日,苏格拉底在外面论辩完回家较晚,妻子因为自己最近的橄榄生意不大好的缘故,看到丈夫却如此兴致勃勃地晚夜归来,于是,便朝苏格拉底大发雷霆之怒,开始像审问犯人一样详加盘问,并夹杂着恶言粗语对其大声呵斥。苏格拉底深知妻子的脾气,故对一切盘问都据实回答。唯唯诺诺的苏格拉底大气也不敢喘一声,妻子却对此非但没有息怒,想到她为家日夜操劳,家里快揭不开了锅,丈夫竟然毫不关心,因而越发怒气冲天不依不饶,街坊邻居也被惊动了,纷纷前来看个究竟。苏格拉底见妻子骂得越发起劲,干脆缄口不言保持沉默,坐下来抽起烟来。妻子见丈夫不理不睬,气急败坏之下,端起一盆水朝着他迎头浇下,苏格拉底顿时淋成了落汤鸡,妻子接着夺门而出,径直回了娘家。邻居们很纳闷,问苏格拉底,为什么被骂了个狗血淋头,你还能如此平心静气地坐下来抽烟?苏格拉底笑言:"我早知道,一阵电闪雷鸣之后,定会有一场倾盆大雨的。"苏格拉底遇到了一个如此泼辣的妻子,是他的不幸,也是他的大幸。正是有了他这个性格暴躁的妻子做后盾,苏格拉底才打着赤脚,身穿破长袍和披风,像叫花子一样地整天游荡在市井街头,到处与人论辩,宣扬着他那些质朴而高超的伟大哲学。

其实,苏格拉底的妻子确实有着她光辉的一面,她痴情、忠烈,宁愿挨饿受苦也愿跟苏格拉底白头偕老,在苏格拉底为了坚守信念而身陷牢狱即将被处斩的时候,他的妻子居然冒险前去探监,亲口告诉苏格拉底:"过不了多久我就会找你的。"可见,能使男女两人终身厮守着,也许有成千上万的原因,但其中肯定有爱。尽管那爱像盐稀释在大海里无从寻觅,可是每一朵浪花都带了点爱的滋味。我们要步入婚姻的窄门,须得做好婚姻的准备:要想好和自己结婚的人并不是遇到的最好的,将来,也许完全有可能遇到一位更爱自己和自己更爱的人,但是,婚姻是绳索,要用理智打结才能拴住情感。因为我们一旦做出选择,就要为自己的选择负责。

# 第一节 婚姻·心理问题

## 一、择偶心理问题

在我国,择偶自由权受到法律保护,婚前交往也是社会认可的。在这种情况下,充分的选择是完全必要而且可能的。在完全不了解对方的情况下就匆匆许下终身,无疑是冒险的行为。有的青年人因为要急于摆脱不幸福的家庭环境,或者逃避不满意的职业境遇,或渴望过合法的性生活,在彼此都不了解时就贸然决定结婚,这是轻率和不负责任的做法,大多会导致不成功的结局。

在开始本节之前,请先阅读知识窗 6-1。

【知识窗6－2】　　　　　　　　爱情地图

约翰斯·霍普金斯大学的医学心理学名誉教授约翰·马尼认为,在众多影响我们判断完美伴侣概念的因素中,一个最具说服力的因素被称为"爱情地图",即在人类大脑中的一组信息编码,这些编码说明了我们的好恶。它显示出我们偏爱的头发和眼睛的颜色,对方的声音、气味和体形。它还记录着吸引我们的某种个性。

在马尼教授看来,爱情地图在很大程度上取决于我们的童年时代。七八岁的时候,我们的脑中就已经开始浮现理想伴侣的模型。这些模型的出现当然不是凭空而来,而是与父母有很大关系。如果让你描绘自己的母亲,你会发现,对理想伴侣的构想会和母亲有很多相似之处。母亲是人们生命中第一个真正爱他们的人,她在爱情地图中占有重要部分。人们成年以后,经常会被具有母亲外表、体形、性格甚至是幽默感的人吸引。如果母亲是热情和给予型,人们就会倾向于被热情和给予型的人所吸引。

美国资深社会学教授罗伯特·温弛则认为,爱情地图的另一个特性是:人们希望得到和自己互补的对象。比如:擅长表达的人会找那些喜欢聆听的人;具有攻击型性格的人可能会寻找一位被动消极的人为伴。

(一)择偶心理偏差

1.外貌型择偶

表现为特别注重对方外表,把漂亮的长相放在首位,不太注重对方的思想品格和情感。

2.拜物型择偶

表现为只注重对方的物质生活条件和经济状况,有些宁肯牺牲青春与美貌嫁给有钱财或有权势地位的人。

3.被动型择偶

表现为找对象没有条件和标准,到了一定年龄便履行结婚手续。所谓"男大当婚,女大当嫁","成家立业,传宗接代"。婚姻受父母支配,或由朋友牵线,自己毫无主见,显得被动,没有激情。

4.精神型择偶

注重对方的思想品德、性格情感、情趣爱好等,追求与自己有相同志向和价值观的人,他们往往考虑对方的社会背景、经济条件等实际问题。

5.综合型配偶

不仅考虑外表、文凭和物质条件,也考虑思想品德、性格情感、情趣爱好等,在选择配偶时进行现实而全面的综合评估。

(二)择偶心理误区

由于对择偶与婚姻成功的关系认识不清,许多当事者可能陷入择偶的误区之中。一位德国心理学家根据青年男女择偶和处理婚恋问题的偏误,总结出择偶成婚的"六大误区"。

1. 我要等待真正适合我的人

问题是你心中渴望真正适合你的那位"白马王子"或"白雪公主",就像中彩那样稀罕和难得。当你被动等待最佳人选出现时,你就忽视了你周围众多"候选人"的优点。因此,你最好这样想:有许多适合我的人,只不过我要有目标地选择罢了。

2. 只有当我感到完全满意时,我才结婚

那么请问你什么时候完全满意呢? 须知害怕结婚是一种孤独感的先兆。在终身大事上认真思考、谨慎抉择当然是必要的,但是前怕狼、后怕虎,或者逃避现实,就不正常了。所以,克服对结婚的畏惧,是战胜孤独感的第一步。况且,两个人的生活会使双方更加成熟,对生活更有信心。

3. 要千方百计考验对方

你买汽车时,反复试一试车,卖家也许能够接受。但是找配偶毕竟不同于买汽车,不信任将会破坏感情的基础。考验时间太长,对方受不了感情的煎熬,终会离你而去。

4. 我要找一个完美的人

然而,世界上没有十全十美的人,你追求一个完人,就只能无限地失望。两个人在一起,免不了在彼此的缺点上磕磕碰碰,但这正是在婚姻中走向成熟的机会,也是两个人生活的乐趣所在。

5. 只要我尽了努力,婚姻一定成功

须知,婚姻成功是双方的事,没有一方应当并且能够单独承担使婚姻幸福美满的责任。如果你只是一个人在尽这样的义务,那会很快感到精疲力竭和委屈伤心。

6. 先同居或试婚,必将提高婚姻的牢固性

对于同居或试婚,有人这样说:"既然能够喝到免费的牛奶,何必劳神养奶牛?"结婚前住在一起,可能有更多的相互了解;但促使同居的动力,多半来自性欲求,它与真正的爱情不可同日而语。婚姻生活与非婚同居是大不一样的,迄今无人证明试婚与婚姻成功之间有何相关。君不见"试"过数年的婚姻,仍有破裂的。如今,"试"而不婚者更为常见。试想想,"新娘变旧娘"了,"新婚"还有什么意义?

【知识窗 6 - 3】　　　　　终身伴侣的十个要素

专家研究表明,判断两个人是否适合"牵手",有 10 个因素必须考虑。

第一,你们彼此都是对方最好的朋友,不带任何条件的,喜欢与对方在一起。

第二,彼此很容易沟通、互相可以很敞开地坦白任何事情,而不必担心被对方怀疑或轻视。

第三,两人在心灵上有共同的理念和价值观,并且对这些观念有清楚的认识与追求。

第四,你们都认为婚姻是一辈子的事,而且双方(特别强调"双方")都坚定地愿意委身在这个长期的婚姻关系中。

第五,当发生冲突或争执的时候可以一起来解决,而不是等以后才来发作。

第六,相处可以彼此逗趣,常有欢笑,在生活中许多方面都会以幽默相待。

第七,彼此非常了解,并且接纳对方,你知道对方了解你的优点和缺点,仍然确信你是被他所接纳。

第八,从最了解你,也是你所最信任的人之处,得到支持和肯定。

第九,有时你们会有浪漫的感情,但绝大多数的时候,你们的相处是非常满足而且自在的。

第十,你们有一个非常理性、成熟的交往,你们双方都感受到,在许多不同的层面上,你们是很相配的。

## 二、非主流婚恋现象

### (一)婚姻监督检测

在中国人的传统观念里,婚姻是基于爱情与信念而结合,是对于爱的信任和忠诚,走进婚姻就意味着双方无私奉献白头到老。但如今科技飞速发展的现代社会,越来越多的观念在不断地影响着我们,现代人的爱情也因此变得越来越实际,婚前财产公证、婚前忠诚协议、婚前性格体检等使越来越多的人在有了保护自己权利的同时,也使本来现实的现代爱情和婚姻关系变得更现实。

1. 婚前财产公证

婚前财产公证是婚前财产约定协议公证的简称,指公证机关对将要结婚的男女双方就各自婚前财产和债务的范围、权利的归属问题所达成的协议的真实性、合法性给予证明的活动。婚前财产公证有两种形式:一种是未婚夫妻在结婚登记前达成协议,办理公证;另一种是夫妻双方在婚姻关系存续期间达成协议,办理公证。办理婚前财产公证时,当事人应当向住所地或协议签订地的公证处提出申请,提出申请时应当提交以下材料:申请人的身份证明;协议书(可在律师指导下完成);有关的产权证明(如个人所有房产的房产证);其他有关的证明材料(如已婚夫妻的结婚证书等)。那么婚前财产公证又有哪些具体步骤呢?

第一步:当事人要准备好以下材料:个人身份证明。如身份证、户口簿,已婚的还要带上结婚证。与约定内容有关的财产所有权证明。如房产证、未拿到产权证的购房合同和付款发票等能证明财产属性的证明等。双方已经草拟好的协议书。协议书的内容一般包括:当事人的姓名、性别、职业、住址等个人基本情况,财产的名称、数量、价值、状况、归属,上述婚前财产的使用、维修、处分的原则等。一般双方当事人的签名和订约日期空缺,待公证员对协议进行审查和修改后,再在公证员面前签字。

第二步:准备好上述材料后,双方必须亲自到公证处提出公证申请,填写公证的申请表格。委托他人代理或是一个人来办婚前财产公证,是不会被受理的。

第三步:公证申请被接待公证员受理后,公证员就财产协议的内容、审查财产的权利证明、查问当事人的订约是否受到欺骗或误导,当事人应如实回答公证员的提问,公证员会履行必要的法律告知义务,告诉当事人签订财产协议后承担的法律义务和法律后果。当事人配合公证员做完公证谈话笔录后,在笔录上签字确认。

第四步:双方当事人当着公证员的面在婚前财产协议书上签名。至此,婚前财产公证的办证程序履行完毕。

婚前的财产公证就是为失败的爱情寻找一个庇护所,也是为个人的利益寻求一种保障。常言说得好:"夫妻本是同林鸟,大难临头各自飞。"结婚并不能保证不离婚,如果真的走到离婚那一天,婚前财产公证会减少许多纠纷,这样的想法是理智的。

2. 婚姻忠诚协议

婚姻忠诚协议是指婚姻双方在婚前或婚内经平等协商、书面约定,以保证在婚姻关系存续期间尽到忠实义务的有关协议,协议一般约定一方有外遇或婚外情、婚外性行为应当以违约金或赔偿金为责任形式。

夫妻之间的忠实义务虽然被写进了《婚姻法》,但现有的法律条文中,关于夫妻一方如果发生婚外情等不忠行为,尚未达到"重婚"、"与人同居"的严重程度时,并无惩罚性的规定。现代社会由于"小三"猖獗,"二奶"泛滥,使婚姻这座"爱情的港湾"在当今成为极易受"二奶"、"小三"攻击的"易碎碉堡"。为保护夫妻关系,维护家庭稳定,夫妻忠诚协议因此应运而生,且在时下异常流行,成了婚姻话题的热点问题。由于目前法律对丈夫"婚外恋"、"包二奶"等处理力度不够,取证难度也较大,加上由男方过错导致家庭破裂而给女性带来的伤害较多。所以,当情感出现危机或对婚姻没有信心的时候,自然会出现"爱情婚姻协议"一类的东西。

根据《婚姻法》第四条规定:"夫妻应当互相忠实,互相尊重。"夫妻相互保持忠诚是婚姻关系最本质的要求,婚姻关系稳定与否在很大程度上有赖于此。新《婚姻法》中明确规定:无过错一方有权要求有过错方进行赔偿,而法律也会在财产分割上全力保护妇女和儿童的合法权益不受侵害。可以说,这类婚前协议的产生,在一定程度上是对现有法律的补充,是对婚姻行为的一种约束,能起到警示和惩戒的作用。

由于"忠诚协议"在双方协商、自愿的情况下订立,对夫妻双方都具有对等的约束作用。不论男方女方出轨,都会受到一样的惩罚。如果女方出轨,男方当然也可以按照协定去主张自己应有的权利,不存在不平等。需要注意的不是对双方平等不平等的问题,而是内容要合法,在订立的时候最好咨询相关法律人员。

但目前各种版本的协议基本都是私下订立,协议双方并未咨询相关法律人员。因此,条款往往不够明晰,甚至内容极为荒谬。有把出轨方置于死地的规定,有的危害了第三方的权益,有的限制了对方的离婚自由。可见,婚姻忠诚协议的签订,很难保证是双方真实意思的体现。只要有一方坚持签订忠诚协议,另一方就别无选择——除非终结双方的关系,否则必定会引起不必要的猜疑,埋下今后矛盾的隐患。因为有一方如果不同意签订忠诚协议,主张签订协议的一方会认为对方不打算对婚姻忠诚。退一步说,就算是双方签订忠诚协议时是心甘情愿的,完全体现了当时双方的真实想法,也仅仅是当时的真实想法。随着时间的推移,随着婚姻双方感情的变化,双方当初对婚姻的承诺,犹如"海誓山盟"一样会变得"不堪一击"。恋爱着的双方往往会相互许诺"永远爱对方"、"永远不分开",建立婚姻关系以后却又离婚,没有人会幼稚地以他们当初的诺言作为劝解他们不能离婚的充足理由;对签订了婚姻"忠诚协议"的双方来说,如果双方或一方"违反"了协议,我们同样没有足够理由来责备他们违反了当初的承诺。

在爱情、婚姻问题上,爱自己、爱对方需要采取正确的方法,本质上"爱是一种能力"而绝不仅仅是一种愿望或一厢情愿的做法。爱情、婚姻的失败原因固然很多,从根本上讲是因为我们缺乏爱的能力,无法让对方获得他们所希望的爱。在这个意义上,指望一纸忠诚协议来"拴住"对方根本不可能。如果我们真正地爱自己、爱他人,我们需要不断地完善自我以促进自己的心智成熟,这样才会使我们具备爱的能力;爱别人也要建立在促进他人心智成熟的基础之上,否则便不是真正的爱,至多是一种关心而已,这种关心的结局有可能害人害己。

3. 婚前性格检查

目前流行的"性格婚检",主要包括"卡特尔16人格因素问卷"等。这一测试体系是美国心理学家卡特尔运用一系列严密的科学手段研制出的,目的是认清自己和对方。卡特尔把对人类行为的1800种描述,通过分析、统计,合并成16种人格因素(简称16PF)。这个量表主要用于测试普通人的性格趋向和特点等。测试过程大多是两人被要求同时做一份内容一致的问卷测试,通过答题进行性格分析。

"性格婚检"在"80后"中非常流行。不仅是那些准备走进婚姻殿堂的男女,甚至一些还没有固定男女朋友的年轻人,也在悄然进行着有关测试,以期在感情路上少走弯路。

能在婚前进行性格测试或心理咨询,这是一种进步,但却不能过于盲从和迷信。影响婚姻的因素很多,性格心理不是唯一因素,有句俗话说得好:一样米养百样人。每一个人都有自己的性格特征,同一种性格类型的人,因所处的环境不同,文化素养不同,家庭背景不同,那么,其性格的差别也是大相径庭的。

性格对一个人的婚恋质量会造成一定的影响。在生活中我们也常看到以"性格不合"为理由而失败的婚恋。但性格决不是唯一的因素。

首先,人的性格不是一成不变的。心理学的研究认为,性格是个人先天和后天共同作用下的产物,是个人对现实的稳定态度和与之相适应的习惯化了的行为方式中表现出来的心理特征。因此,性格具有极大的可塑性,是可变的。所谓"性相近,习相远"就是这个道理。

其次,心理测量是一门科学。因人的心理世界的复杂性赋予了心理测量具有独特的特点,必须由受过充分的专门训练的专业人员来操作,并对测量结果要慎重解释和使用,绝非简单地作出是非的判断。它要求施测人员必须用辩证的观点、联系的观点、系统的和发展的观点来看问题。心理测试是一个主观的产物,性格形成本身则是一个非常复杂的心理动态系统,也不能用简单的量化的东西来确定。对方性格是否适合自己,主要依靠在实际相处中去"甄别"和体会。况且,不是只有性格完全相同者才适宜结婚,性格有不同的类型与特征,美满的婚姻往往是不同性格相互调整、适应和"磨合"的产物。

第三,性格也并不等同于感情。婚恋不是一种单纯的感性接触,在这个过程中,性格可能不是第一位的,更重要的是处理婚恋的智慧与能力,是一种心理的转变过程。婚恋是以感情为基础的,婚恋双方的情感需要爱、宽容、理解、温暖来营造,需要双方相互欣赏并付出很多精力和时间来浇灌。此外,生活事件、家庭行为方式、夫妻双方的心理健康状况以及性生活协调与否等,均会对婚恋质量产生一定影响。因此,"性格体检"的婚前检查是不值得提倡的。幸福美满婚恋的真正魅力在于相互促进,共同进步。

性格不是影响婚姻的唯一因素。一个人的性格也不是一成不变的。婚前有性格上的差异很正常,但婚后在夫妻生活中可以彼此适应对方的性格,在同家庭成员相处、朋友交往及社会接触等行为方式中,也会使性格逐渐得到调节和塑造。即使婚前性格上的差异比较明显,婚后在夫妻生活中仍然可以逐渐调节。事实上,也有不少所谓性格相配的夫妻婚后不久即分手,而不少在旁人看来性格不配的夫妻却通过互补和磨合,最终携手走过人生长长的旅途。

婚姻是门大学问,两个人所要面对的是几十年的相濡以沫,性格并不是影响幸福的唯一因素。没有走进生活,没有经历生活的爱情都是脆弱的。婚姻是爱情的延续,夫妻性格是否般配并不是婚姻幸福的全部,一句"白头偕老"说起容易做起难,只有通过长时间的了解与体会,学会更多地去体谅与包容,才会令婚姻和谐到老。

"性格婚检"的真正意义在于,通过求教于心理专家,了解彼此的性格特点、优点和弱点,从而在以后的婚姻生活中能够扬长避短,减少矛盾和摩擦,以求得婚姻的美满和谐。

**【经典案例6-1】　　　　婚前心理辅导**

【案例咨询】男女双方已经恋爱两年半,现在考虑结婚,但女方称她从两个月前开始出现失眠,而且常做一些梦,都是关于与未来的丈夫在争吵,感觉这些是在给她预示自己的婚姻也许会很不幸。同时,他们正在忙于装修房子,白天会经常想到和未婚夫的性格也存在差异,不知道该如何协调关系,最后经过朋友介绍,双方前来咨询。

【咨询处理】先通过"共情"、"自我开放"等技术让女方对自己及未婚夫进行描述,通过心理测试进一步了解双方的性格特点,并与双方的两个朋友进行交流深入了解,在全面掌握情况的基础上进行合理引导,让他们在看到双方性格互补的同时,也看到了双方需要协调的部分。并指出了女方之所以对婚姻过分地忧虑是源自于其父母婚姻的失败,这对她产生了很大的影响,基于此,又针对女方进行单方面辅导,让她对未来的婚姻有了一个合理的期待,并指导男方应该如何帮助对方顺利渡过婚姻焦虑期。

结婚后半年回访,他们告诉我双方的感情很好,虽然也会出现小矛盾,但都会处理好,并相信他们肯定会一生相守,而且还认为婚前心理辅导很有必要。类似上述的案例,我们会经常遇到,但生活中能在婚前来进行心理辅导的人并不普遍,大多数都是在真正地遇到婚姻危机、不得已的情况下才来寻求帮助,虽然我们也努力地帮助来访者解决危机,但所造成的精神上的创伤是无法弥补的。

4.婚前体检

"婚前体检"是夫妻双方能在结婚以前得到一定的健康保护,有利于婚后的幸福生活。完整的"婚前体检"应该包括三个方面:体格检查、婚前性知识咨询与婚后生育计划的安排。

(1)病史。询问现在的健康状况及以往患病的历史,尤其是对结婚及生育有影响的疾病,女性的月经史及双方个人史,如烟、酒嗜好等。

(2)家族史。直系及旁系的患病情况,最少三代家系调查,帮助遗传病的分析及指导。

(3)体格检查。全身检查,注意精神状态及特殊面容或体型,生殖器发育情况及疾病,必要时作进一步鉴定。

（4）辅助检查。血尿常规、阴道分泌物化验、梅毒螺旋体、肝功能及乙型肝炎表面抗原检查，必要时作淋菌培养、B超、染色体、激素及智商测定等。

（5）咨询及指导。据体检情况分类指导婚育问题，并指导性生活及避孕问题。

婚前体检可以发现暂时不能结婚的疾病，如传染性肝炎、结核病、性传播性疾病、精神病或其他较严重的病。患有这些疾病的男女如果结婚可因劳累加重病情，或通过接触及性生活传给对方，因此必须经过治疗，待病情稳定后再结婚。婚前检查还可以发现影响性生活的病，如包茎、尿道下裂、处女膜闭锁等，应先矫治后才能结婚。

婚前体检可以及时发现男、女本人或双方家系中患遗传病的情况，并根据患病的真实情况作遗传风险度测算及遗传方式的分析，进行优生指导。

当情侣们都认为对方可以成为自己的终身伴侣时，必然要考虑到结婚问题。在结婚登记之前，一定要先进行婚前体格检查。这是保证婚姻美满、家庭幸福和子女健康的重要环节。我国母婴保健法（于1995年6月1日起正式施行）规定对准备结婚的青年提供医学检查，对严重遗传病、指定传染病、有关精神病进行检查，提出医学意见。在结婚登记时，应当出示婚前医学检查证明。

### （二）非主流婚恋族

在现代社会转型期，社会价值观趋向多元化，人们的婚恋观念也在发生天翻地覆的变化，在传统主流婚恋观之外，"毕婚"、"闪婚"、"试婚"、"逼婚"、"不婚"等现象在80后中悄然流行。

#### 1.赶婚一族

（1）毕婚族：指一毕业就结婚的大学生。目前一部分大学生选择当毕婚族，已成为一种时尚和潮流。毕婚族是近几年流行起来的一个新的群体，通常有以下三种情形：一是在大学期间相恋，毕业时不愿天各一方，因此决定毕业就结婚。二是毕业时一方找到经济基础牢靠的"另一半"，打算在就业形势严峻的情形下先建立稳固的城堡，以转移和释放来自就业的竞争压力。三是大学期间就已建立深厚的感情基础，而且毕业后至少其中一方找到了工作，为确保爱情的稳定而毕婚。

"毕婚族"打破了"先立业后成家"的传统观念，纷纷"前脚跨出校门，后脚迈入家庭"。一般来说，毕婚族往往在结婚时还没有定性，对自身和配偶的认识都很不清楚，对结婚后夫妇双方所需承担的义务也认识不够，对社会较缺乏责任感，更重要的是，他（她）们处理问题的能力还不够强。对此，专家建议结婚还是不宜过早。在22、23岁的年纪，应该将更多的心思放在事业上，对自己的人生有个规划，待到思想相对成熟的时候再结婚，不失为一种对婚姻更加负责任的态度。总之，在结婚之前，要尽量多交往一段时间，确定双方是否适合牵手一辈子。

（2）闪婚族："闪婚"，顾名思义是指认识不久便闪电般结婚。闪婚族从双方互相认识到结婚的时间都在半年以内，不少人甚至仅仅认识1个月左右就开始考虑结婚。

一般来说，男女双方从相识到相爱相恋到走进婚姻的殿堂，少则也有一年之余，多则甚至十来年，因为从陌生到相识到了解以至相爱并不是一朝一夕能做到的，对一个人的真正的了解当然也不是三天两月就能办到的，爱可以一见钟情，婚姻再怎么也难于做到，毕竟婚姻不是儿戏。但闪婚族为何如此迫不及待要闪电结婚呢？

由于新婚姻法实施之后，结婚和离婚都不需要单位证明，程序的简化客观上有助于闪婚的实行。如今社会处于转型期，受西方文化影响，人们思想较过去开放，且因生活节奏快，人们各方面都讲求速成。另外，个性化的时代也强化了个人"跟着感觉走"的意识。相当一部分人是抱着功利目的而闪婚的，而并不管是否有爱情，一切从实用出发，只要能达成个人目的，比如升官、发财等，于是就不会考虑两人是否适合结婚，这实际上是一种赤裸裸的物质交换式婚姻。另有极少数闪婚是因为游乐人生，抱着玩世不恭的态度，不是心急的问题，不是观念或性格特质的问题，也不是功利的目的，而是人生观出现了问题。

闪婚族队伍越来越壮大，这已是不争的事实，我们应如何看待？首先作为非当事人的父母亲戚朋友或公众对闪婚应有宽容之心，不要一味地指责或批评；其次作为经历闪婚的当事人，要理智地看待闪婚可能带来的弊端，闪婚本身并没有错，错的是对婚姻不负责任，恋爱时间短可以在婚姻内多加强沟通，学会互相发掘对方的优点，不要闪电结婚又闪电离婚。另外那些打算闪婚的人，一定要慎重看待闪婚，万不可跟风拿自己的婚姻大事当儿戏。

2. 领证婚族

（1）隐婚族：指已经办好结婚手续，但在公共场合却隐瞒已婚的事实，以单身身份出现，因此也成为伪单身。隐婚族认为，隐去已婚的身份，可以换来自由的空间、公平的机会、上司的青睐以及更多职业上的发展。所以，"隐婚"成为时下白领的一种生活方式，也是一种生存策略。

喜结连理本是大喜之事，为什么要把它隐瞒起来、秘而不宣呢？过去结婚这种大事，都要向单位申请，讲求个大操大办，隐瞒不是一件很容易的事情。现在新《婚姻登记条例》颁布后，结婚、离婚等不再受行政权力的干预，更好地保护了个人隐私，并且让隐婚族具备了必要的法律依据。在许多单位，招聘和用人都向单身员工倾斜，普遍地认为是单身没有什么负担，可以一心扑在工作上。于是，隐婚就意味着有更多升职、进修和培训、调动的可能。对私生活的自我保护或者顾虑工作中已婚身份会成为交往障碍，甚至遭到不公正的评价。如果说，许多独立、自主、自强的白领被迫以"单身"的姿态出现。那么，还有一种"隐婚"心态则与职场无关，那就是认为结婚是个人隐私没必要公开。当然，还有一些人是为了在外风流快活而刻意隐瞒婚姻状况而逃避婚姻责任，他们普遍使用假的单身身份享受单身的乐趣，日子久了就造成了心理上的单身。但由于"隐婚"毕竟不是一种常态，大家在处理时一定要把握好分寸，否则对人对己都会产生不利影响。

隐婚实际上是一种危险游戏，长期"不在婚姻状态"的心理暗示会减弱家庭责任感，进而可能引发婚姻危机。隐瞒自己结婚的事实，会给别人造成单身的假象。如果有异性对隐婚族产生好感，而隐婚族依旧不愿意透露自己的真实婚姻状况，那么精神出轨的概率将大大提高，肉体出轨也会既成事实。其实，从法律的定义上来讲，婚姻不属于个人隐私行列，应该可以对公众公开。有意隐瞒自己的已婚事实，在客观上可能会对他人造成精神伤害。

此外，"隐婚"毕竟不是"未婚"，还是需要根据具体情况来选择当"皇后"还是"公主"。当职场女性由于工作需要选择"隐婚"时，一定要明确告诉丈夫，相互协调，以不影响家庭和睦为前提。

## 【知识窗 6-4】 光棍节（One's Day）

传说公元 3 世纪时，古罗马有一位暴君叫克劳多斯。离暴君的宫殿不远，有一座破庙，修士瓦伦丁就住在这里。罗马人非常崇敬他，不论男女老幼，贫富贵贱，人们总会群集在他的周围仰视他，在祭坛的熊熊圣火前，聆听瓦伦丁的祈祷。

这一时期，古罗马的战事一直连绵不断，暴君克劳多斯征召了大批公民前往战场。为了保证人们忠于战争，他下令禁止人们于此时结婚，甚至连已订了婚的人也要马上解除婚约。许多年轻人就这样告别爱人，欢天喜地地走向战场。

瓦伦丁对克劳多斯的虐行感到非常难过。当一对情侣来到神庙请求他的帮助时，瓦伦丁在神圣的祭坛前为他们悄悄地举行了婚礼。人们一传十，十传百，很多人来到这里，在瓦伦丁的帮助下结成伴侣。消息终于传到了克劳多斯的耳里，他暴跳如雷，命令士兵们冲进神庙，将瓦伦丁从一对正在举行婚礼的新人身旁拖走，投入地牢。

公元 270 年的 11 月 11 日，瓦伦丁在地牢里受尽折磨而死。悲伤的朋友们将他安葬于圣普拉教堂。为了纪念瓦伦丁，后来的人们把这一天叫作"光棍节"。

(2)悄婚族：是指崇尚简约低调结婚方式，只领证不摆婚宴的人。时下很多青年夫妻领完结婚证后，不举办复杂的婚宴，只请几个要好的亲戚朋友吃顿饭宣布两人结婚的消息，通过"悄然结婚"的方式规避复杂的结婚典礼形式。以"80 后"居多的"悄婚族"认为，真正维系爱情的不是一时的排场风光，而是两人内心的相知相爱。不过，一般家长都不太会支持"悄婚族"，特别是女方家长会认为不办婚宴不体面。虽然办婚礼比较烦，但婚礼毕竟不是两个人的事，还要受到家庭和习俗等多重影响，所以对婚礼要理智看待。

(3)周末婚：周末婚是一种新鲜的婚姻形式，即，男女双方领了结婚证，在法律名义上是夫妻，但在周一到周五工作日，住各自的房子，过各自的单身生活，只是在周末聚居在一起,过夫妻生活。他们认为能够维持男女双方各自精神生活和经济的独立,有各自的私人空间和隐秘生活,同时保持婚姻的新鲜感,周末时的聚会能够调整到好的状态,而不会出现传统婚姻的"审美疲劳"和家庭琐碎。

3. 游戏婚族

(1)网婚族:网婚族是一个时尚的群体,他们不愿被固定的婚姻模式所束缚,渴望着更多的自由空间,也不需要每天妻子老公陪在身边,只需要在网上得到想要的心灵慰藉。相比一般的网恋,网婚族拥有渴望已久的家庭温暖。网婚族一般不善于交际,自己的朋友圈很小,但在网上却能找到庞大的交友圈,虽然双方都未曾谋面,但在虚拟的世界里能够寻求心理上的安慰,也是对心灵的一种补偿。

面对日益激增的网婚族,许多网站提高了时尚交友服务。网上社区、论坛上的网婚,和现实婚姻十分相似,从新人登记、领证、发喜帖、预订酒席……参与者只需同时登录网站,动动鼠标键盘,便能目睹婚礼的全程盛况。"网婚"的程序非常简单,只要在网婚网上注册一个身份,就可以进入一个"虚拟城市",拥有一套住房,到"婚姻登记处"和聊得情投意合的网友申请"登记结婚"。结婚后,"夫妻"两人的金钱共同存放在一个"包"里,"油盐酱醋茶"等生活开销共同支配,他们得"买菜"、"做饭"、"干家务",也可以装修房子,种菜偷菜,饲养宠物等。如果不想维持婚姻关系了,同样,只需点点鼠标,申请离婚即可。

(2)试婚族:试婚,顾名思义,就是尝试婚姻,即男女双方为了考察性情及性爱上是否"匹配",是否能在真正的婚姻生活中协调而作的尝试。可见,试婚是一种"准婚姻"状态,不承担婚姻所具有的法律上的责任和义务。

现实生活中,我们身边也有许多年轻男女试婚的案例,他们由于对双方未来的婚姻存在顾虑或对自己的不自信等,面对感情时大多会采取一种回避性的处理方式。其实,"试婚"要讲究双方的性格、气质类型、认知结构等。也就是说,试婚不但要做好心理上的准备,更要做好情感上的准备。

不过,在中国的儒家文化里,试婚是被谴责的,它打破了人们对于婚姻的严肃性,抛弃了一夫一妻婚姻制的道德观点。试婚可能导致性泛滥,导致卖淫合法化,甚至成为玩弄异性的手段,并且一段时间的试婚,并不能解决未来婚姻中出现的问题,而且在试婚期间,双方的权利义务也得不到法律的保护。

4. 简约婚族

(1)裸婚族:在全球经济危机的大背景下,"裸婚"成了近年来最流行的词语。越来越多"80后"的新人选择了裸婚。即:无房、无车、无钻戒;不办婚礼、不照婚纱照、不度蜜月。两个人照张结婚照去婚姻登记处领了证,这婚就算是结了。他们把所有传统中用在"结婚"上的时间,变成两个人的享受。"裸婚族"年龄大多在20至35岁之间,以"80后"居多,他们大多思想前卫,其中也不乏高学历、高收入的都市白领,在"裸婚族"看来,领了证就生活在一起,轻松自然。"裸婚族"正成为高房价高物价社会的主流,租房结婚也受越来越多的"80后"所追捧。

(2)拼婚族:所谓"拼婚",就是指几对新人为了节省成本,相约一起拍婚纱照,一起买家具、家电,一起蜜月游……通过"拼婚"来享受优惠的"团购价",从而降低结婚成本。由于参加工作时间不长,多数人积蓄不是很多,而结婚费用水涨船高,当几对新人恰好婚期相近,个性、品位和经济条件相似,一种类似于团体购买方式的"拼婚",迎合了时下年轻人筹措婚礼时节约省心的需求。拼婚族认为,程式化的婚礼过程中,重复的部分和别人拼着来,既节约婚礼开支,又让婚礼用品物尽其用。不过,"拼婚"绝非人人适用,那些要求较高、希望婚礼与众不同的新人,"拼婚"的可能性就不大。结婚的各个环节也并非都可以一"拼"了之,几位新人拼礼服,一套服装共享,如果消毒、清洁等环节不到位,就有卫生问题。摄影师、化妆师一般每天只能为一对新人服务,一旦在几对新人间串场,服务质量难免有损。拼婚由同事和朋友间同拼为妥,拼婚的风险在于,通过网络认识的拼婚对象,拼婚对象身份的真实性不易考证,不能不有防范之心。

(3)丁克族:丁克是英文 Double income and no kids 的缩写 DINK 的译音,意即双收入、无子女的家庭结构。丁克族取消了传统家庭得以维系的两点:一是孩子,认为家庭不是建立在繁衍后代的基础上;二是经济,认为家庭不是一个经济共同体,夫妻双方在经济上都是独立的、自主的。丁克族的家庭,认为情爱和性以及共同的精神追求是婚姻的基础。并且,如果没有了孩子的负担,婚姻生活质量将更高,不必沉湎在日常家庭琐碎之中,情感更纯粹,也能保持各自的人格独立。一种简约主义开始在新的家庭中流行,家务被尽量精简,外出吃饭和雇佣小时工省下了大量的家务时间。在个人享受主义与婚姻简约主义并行的年代,丁克族流行看上去不可避免。在中国,丁克家庭一般知识层次较高,经济收入也较稳定。

5. 被动婚族

(1)恐婚族:谈恋爱的感觉挺好,很轻松,何必要用一纸婚书把两个人绑在一起呢?结婚太麻烦了,还是做恋人比较好,合则聚,不合则散,没有心理负担。他们"理智"地认为,日子久了,总会有彼此厌倦的时候,何必束缚别人、束缚自己?因此他们始终对婚姻持观望态度,不肯把幸福的赌注押在未来的配偶身上。那些眼界狭窄、整天迷恋二人世界的人在恐婚者眼里是最没出息的。

"恐婚症"是一种很有代表性的现代社会心理疾病。社会舆论对婚姻生活的负面宣传是"恐婚症"的起因之一,媒体经常就如何处理婚姻关系进行各种讨论,这种社会氛围使尚未走入婚姻的人们感到一种无形的压力。对婚后生活的过多考虑在面临婚姻时的表现形式就是对结婚的恐惧和逃避,很多人因此推迟结婚,甚至宁愿独身,也不愿意"受罪"。

(2)不婚族:常说婚姻是爱情的坟墓,随着社会的发展,不婚主义也在盛行。他们选择同居来规避婚姻的"麻烦",尽量享受简单生活,彼此经济独立,没有法令约束,却更代表自己忠于感情的选择。这一群人或为了自由,或为了享受爱情,抑或是无人合适宁缺毋滥。

不婚族认为,婚姻就是一张纸,不要这张纸,爱情美丽的光芒不会褪色。有些不婚主义虽然也渴望结婚,但是抱着随缘的心态,并不强求非要走大多数人都走的这条路。在逐渐适应一个人的过程中,感情生活的空当被很多其他的生活乐趣所填补。不管是出于无奈还是主动选择,中国的不婚族队伍逐渐扩大。尽管目前还没有形成社会问题,但迟早会对婚姻传统、法律以及社会保险制度等提出严峻的挑战。

(3)逼婚族:逼婚就是被逼结婚,也可称为"被结婚",是指到了该结婚的年龄而迟迟没结婚的人,但又囿于父母的催促和周围结婚族的影响而选择相亲结婚。

现代社会各方面的压力增大,一些青年人希望事业有成后再结婚,但每每事业有成时,爱情生根发芽的最好时机也错过了。但对于急于抱孙的父辈不愿空等下去,恋爱双方中有一方特别想结婚的,也不愿意因空等候而错过花期。所以,这种被逼结婚主要有两种情况:一是被家长逼婚,一是被对方逼婚。无论逼婚处于哪一种情况,都不是出于自己真实的意愿。可见,逼婚族应放下思想包袱,回归平和心态,同父母与恋人及时交流,将自己的真实想法和婚恋观念传递给家人,在争取他们理解的同时也为自己减压。

总之,现代人的非主流婚姻也在寻求自己的"活法",它们是只追求短暂、刺激的游戏式的爱情观最真实的写照!或许传统婚姻有不合理的地方,但人们对爱的诉求都是一样的,就这点来说,传统婚姻有它的独到之处。

# 第二节 婚姻心理卫生

## 一、婚前心理准备

结婚是人生的一个重要里程碑,它标志着单身生活的结束和另一种全新生活模式的开始。做好婚前准备,对每一对即将结婚的恋人来说都是非常重要的,是保证以后婚姻美满幸福的先决条件。

### (一)结婚心理准备

结婚是人生中的大事,要组建一个新的家庭,还要做好一系列的心理准备。有了充分的心理准备后,就能从感情与行动上自觉调整,在婚后建立和睦协调的夫妻关系,使婚后的家庭生活充满甜蜜和幸福。

1.对爱人的认识

恋爱期间,由于"晕轮效应"致使"情人眼里出西施",不仅把对方的形象美化,而且会把对方的缺点美化,情人眼中的爱人形象是完美无缺的。等到结婚以后,恋人成了夫妻,长期生活在一起,有可能相互吸引力减弱了,还会发现爱人有许多自己不知道的缺点甚至毛病,他(她)不仅有自己的见解,会动气与发脾气,而且不会像热恋时迁就自己,在许多问题上都会争论,双方争得面红耳赤,甚至出口不逊……许多青年婚后发现对方并非十全十美,而且与原来的感觉相差甚远,恋爱时的耳鬓厮磨成了话不投机半句多。所有这一切,在婚前就应该想到,并且心理有所准备,和自己共同生活的是一个普通的人,是一个有血有肉的人,不是理想中的梦中情人。对爱人的缺点要宽容和谅解,还要耐心地帮助爱人克服一切缺点和毛病。

2. 对家庭的认识

由于受小说、电影、电视的影响,一般青年人都对婚后家庭生活充满幻想,总是以热恋时的眼光看待未来的家庭。他们认为结婚后,有了心爱的人相伴,人生道路上会铺满玫瑰花。因此,如果他们对婚后生活期望过高,而现实生活又并非如此时,就会感到大失所望,产生不必要的心理负担。结婚意味着一个新家庭的诞生。有了家庭,负担自然会加重,诸如买米买菜、烧水做饭、打扫房间,乃至刷厕所、倒垃圾等家务劳动,都得由夫妻双方动手。在与他(她)结合在一起时,不应该只想到会从他(她)身上获得幸福,而要先想到奉献,只有对爱人能无私奉献自己一切的人,才能获得爱人给自己的一切。因此,婚前每一对恋人必须有充足的心理准备,应该做好为家庭吃苦受累的准备。

3. 对家庭人际关系的认识

婚后生活与独身生活是很不相同的,开始时新婚夫妇都会感到不适应,这是因为,结婚把两个生活经历不同的人结合成为一个小家庭,使其生活内容、方式、环境等各个方面都发生显著变化。能否和家庭其他成员相处得好,不仅直接影响家庭的和睦幸福,也会影响新婚夫妻的感情。恋爱时,由于与对方家庭成员相处时间少,而且往往以"客"相待,相互关系较为融洽客气。但结婚后,"客人"变成了主人,成了家庭中的新成员,各方面的关系都将重新调整。如果能顺利融入新家庭,和家庭成员相处融洽,就能促进夫妻感情,否则,就会影响夫妻关系,甚至感情破裂。有些年轻人在婚前想得很少、很天真,认为结婚就是与自己最心爱的人生活在一起,肯定会无忧无虑幸福美满。事实上,在自己心爱的人身后还有一大堆他(她)的亲人、朋友和同事,因此,在婚前就主动地创造条件去认识和熟悉未来的家庭,一定要有同新家庭的成员友好相处的心理准备。

4. 对性生活的认识

婚后性生活是夫妻生活的重要内容,性生活质量的好坏都将直接影响夫妻感情与家庭幸福。男女双方在婚前要懂得性生活的一些常识,掌握性知识与性卫生,努力提高性生活的质量。真正的爱情不仅以生理的吸引为基础,而且还需作心灵的伴侣,满意的性生活有赖于性心理和谐。在夫妻性生活中,应考虑和照顾对方的心理需求,既不应只顾自己的性冲动,也不应存在敷衍、勉强和应付的态度。

总之,恋人之间的相互了解和培养感情需要时间,更需要坦诚,必须以心换心。真诚是爱情的基石。同时,在相处、相爱的过程中,双方应该细致、深入、全面地观察、了解对方,把恋人的脾气、爱好、习惯、追求乃至优点和缺点都吃透,即应该想方设法摸透他(她)的心灵深处。这是婚前心理准备的一个重要的内容。当然,仅仅相互了解还是不够的,还需要相互理解,相互采纳,即相容,在此基础上建立、发展深沉、炽热的爱情。当恋人间的感情已经达到了如此程度时,那么,婚前的心理准备则自然宣告圆满完成。

(二)结婚登记准备

**1.法律上的准备**

我国婚姻法第二章第八条规定:"要求结婚的男女双方必须亲自到婚姻登记机关进行结婚登记。符合本法规定的,予以登记,发给结婚证。取得结婚证,即确立夫妻关系。未办理结婚登记的,应当补办登记。"

履行结婚登记手续是婚姻关系得以成立的必不可少的条件。只有履行了结婚登记手续才得以确立夫妻关系,而且只有这种夫妻关系才得以受到法律的承认和保护。至于举不举行结婚仪式,倒是无关紧要的事情。

**2.年龄上的准备**

我国婚姻法第二章第六条规定:"结婚年龄,男不得早于二十二周岁,女不得早于二十周岁。晚婚晚育应予鼓励。"法定婚姻是指国家规定男女公民结婚最低限度的年龄,并不是最佳年龄。从医学上讲,青年的生理发育要到23～25岁才能完成,如女性的生殖器官和骨盆发育要到23岁时才达到完善的程度。如思维逻辑以及自我控制等也要到这个时候才能成熟,并开始对自己的事业、理想充满信心,对选择对象和成家立业也较能成熟及认真思考。因此,等到身体完成发育成熟再结婚生育对健康有好处。婚姻法规定晚婚晚育应予鼓励,这是有道理的。目前认为最适合结婚的年龄,男性是25岁,女性是23岁。

**3.思想上的准备**

结婚是人生中一件十分严肃而郑重的事情,要求每个人在婚前要做好思想准备。首先,应当对自己作一番自我剖析。通过对自己的婚姻观、家庭观以及个性成熟程度进行冷静的审视,看看双方在对待婚姻与家庭的基本观点是否一致,双方的个性是否已经较为成熟。如果对方这些方面有很大差距,最好别匆忙结婚。如果对方品德较差,人生观、世界观尚未成熟、定型,草率结了婚,也会造成悲剧。恋爱期间双方一定要有较深刻的了解,共同协商选择一个较为稳定、较有把握开始共同生活的最佳结婚时期。其次,无论双方是多么般配、多么志同道合,也会在性格、爱好、习惯和作风方面存在差异。由于婚前相识时间不太长,这些差异引起的矛盾暂不会充分暴露。即使在热恋中有所显露,也常常会被爱慕遮掩。可一旦结婚后,在朝夕相处的日常生活中,往往成为现实的具体的矛盾。这些矛盾即使很小,但积累起来容易激化,从而导致反感,酿成风波,致使夫妻关系恶化。因此,除了在婚前要加深相互了解外,还要正确认识相互间存在的差异,自觉地做好"整合"的工作。

### 4. 物质上的准备

结婚不但是使双方在精神上结为一体,而且将两个独立生活的个体组合成一个新的生活共同体。婚姻不仅是双方实实在在地过日子,而且还要生儿育女和赡养老人,如果尚不具备独立的经济条件,过早地结婚,生活上会有困难,增加经济与精神上的负担。因此,在婚前应考虑好婚后的经济生活,做好必要的物质准备。

所谓物质上的准备包括婚后经济生活的来源和婚后必要生活用品的购置。一般来说,婚后至少要有足以维持日常生活的开支,如果做不到这一点,最好是推迟结婚,以免婚后出现矛盾。即使有独立生活的能力,还应考虑量入为出,勤俭持家,合理安排家庭生活。另外,购置必要的生活用品,应当本着节俭、实用、美观、合理的原则,切莫为摆阔气而超出经济支付能力。这些都需要男女双方在婚前共同商量,统筹规划与合理安排。

### 5. 知识上的准备

结婚意味着双方的结合从此进入一个新阶段。在这个新阶段都将面临一些陌生的实际问题。要想对这些问题正确处理就需要具备一些必备的知识。如,包括婚姻法在内的法律常识,婚后性生活方面的生理卫生知识,计划生育与抚养子女的知识,以及伦理学、心理学等。

### 6. 身体上的准备

婚后的家庭生活状况,除了与精神、道德、物质等方面的因素有关外,还与生理方面的因素密切相关。因此,男女双方都应当进行婚前检查。通过婚前检查,全面了解男女双方的身体情况,及早发现某些生理缺陷,以便婚前抓紧矫治,或暂缓结婚,或婚后注意相互适应,避免婚后才发现对方的生理、病理方面的缺陷,从而造成家庭不和,影响夫妻感情。

## 二、婚姻心理适应

男女结婚之后,便走上了一条漫长的"相伴旅行"。因此,夫妻关系并不是静止不变的,而是随着时间的推移处于动态发展之中。一对夫妻从结婚成家,建立婚姻关系。到生儿育女,子女成长与分离,夫妻关系逐渐演变,从形式到本质均在发展与变化。

### (一)婚前阶段

即恋爱交往阶段,经过认识、交往产生感情,进入恋爱期,决定彼此是否愿意缔结姻缘。此阶段的主要任务是试探、观察彼此的感情反应,研究彼此的性格是否相配,是否是理想的婚姻对象。结伴爱情不像冲动爱情或依赖爱情那样激动人心,双方开始时是朋友,具有相同的兴趣爱好,在一起工作,逐渐发展产生爱情。具有这种爱情关系的双方,即使后来分手了,可能仍然保持朋友关系。

（二）初婚阶段

即婚姻关系开始,过共同的夫妻生活。开始建立亲密的情感关系,性关系确立开始,建立夫妻新角色,渐渐与原来的生长家庭脱离,建立自己的新家庭。此阶段最主要问题是婚姻适应,需要经过相当时期的尝试,建立彼此认可接受的适宜的关系和角色。另一个问题是如何逐步且适当地和自己原来的父母家庭分离,保持合适的心理距离,维持自己新家庭的界限与整体性。结婚头五年内,夫妻要经历两次"角色转换"的考验。一次是从恋人到夫妻,另一次是从夫妻到为人父母。若这两级台阶上不去或上不好,婚姻的基础就会出问题。

1. 从恋人到夫妻

新婚燕尔,夫妻开始了朝夕相处的日常生活"操练",眼前的景象与恋爱期间大不相同了:对恋人幽会的渴望与欢悦被习以为常的饮食起居、家务操劳所取代;锅碗瓢盆、油盐柴米生不出多少浪漫情趣;对方身上的某些"瑕疵"在夫妻彼此的零距离观察中得以赤裸裸地暴露;谈情说爱时的那种温顺、耐心、迁就、妥协、容忍,随着婚姻岁月的流逝而荡然无存;新婚性生活中那种新鲜刺激感也在减弱。有时,姻亲关系、亲属应酬、作息时间、家务分工、家庭的经济安排等,也无处不存在困难和矛盾。

从"恋人"到"夫妻",要求双方适当改变自己过去的生活方式,以便使自己的生活情趣与对方的情趣相吻合。这并不是件容易的事,尤其是对于那些婚前交往不充分,彼此缺乏深层了解,承诺感不坚实,未作好适应对方的心理准备的夫妻来说,这第一个台阶是很难顺利跨上去的。须知,每个人结婚后,都会把自己特有的习性和品格即一个独特的"自我"带到夫妻生活中来。夫妻关系后来的发展,在很大程度上是受两个"自我"的相互作用影响的。夫妻中一方要认清理解和悦纳对方那个"自我",是件异常复杂和困难的事;而没有这种理解和悦纳,则很难达到彼此沟通、默契、包容,更谈不上亲密无间、心心相印了。夫妻认识对方那个"自我"的过程,就是从婚前的"附和"到婚后的"融合"过程。夫妻关系反映着彼此是用什么方式方法去了解和适应对方的。可以说,婚后生活的和谐与否,正是取决于夫妻双方在多大程度上能够相互承诺、相互体察、进入对方的内心世界、探明对方特殊的需求和心理体验,从而做出适当的努力。通过这种努力,才能完成从"我"走向"我们"这一必需的"心理组合"过程。当然,认识对方的过程往往是非常缓慢的,有时甚至要等对方在家庭内外的人际关系中做了许多蠢事错事,惹出了某些麻烦之后才真正了解他(她)。

2. 从夫妻到做父母

即使按计划、有准备而生育的夫妻,对孩子降生后的一系列具有挑战性的问题也并非都能应付自如。因为,从单纯的做夫妻到做父母,又要迈进一个新的生活领域。可以说,对绝大多数夫妻来说,养育子女是婚姻受到严峻考验的阶段。

过去,夫妻把生儿育女视为履行天职,对此抱以冷静和质朴的态度;并且养育子女多有老人帮忙,遵循一套固定的模式,无须摸索创造。但今天的夫妻,尤其是城市的小两口,结婚较晚,又只生一个宝贝,生育就成了非同小可的事。很多人赋予生育以浪漫主义色彩,加上关于生育的科学信息如此之多,进一步强化了夫妻生育的主观意识。许多夫妻既把生育作为一种神圣天职,又以此作为自我满足的手段,试图集娱乐、创造、人格、训练、实现自我价值为一体。他们生育之前精心设计,生育之后万般考究,对孩子期待甚高,难免脱离实际。如今,夫妻因养育子女后出现的矛盾冲突或失望而导致夫妻关系紧张或家庭不和谐的例子,现实生活中不胜枚举。究其原因,大多在于年轻父母缺乏养育子女的全面准备和所需的各种科学知识。

因此,帮助新婚夫妻学习优生优育的知识,补习做父母的课程,就显得十分必要。在我国目前的社会条件下,这种"父母资格训练"至少应包括如下内容:

第一,提倡晚育。如前所说,夫妻婚后面临着婚姻调适的艰巨任务,要学会扮演丈夫和妻子的角色,互相照顾,关心对方,形成亲密无间的夫妻关系,完成从恋人到夫妻的一系列过渡。如果孩子来得太早,就会打乱夫妻的生活规律,冲淡两个人尚未发展成熟的感情。一般说来,从结婚到孩子出世,至少该有两年以上的时间作好思想和物质准备。到了有一定的生活经验时,才能够从婚姻实践中吸取足够的力量去战胜由怀孕分娩到养育幼儿所面临的种种困难。而夫妻的心情不紧张、家庭气氛和谐,对孩子的成长也是十分有益的。

第二,除了夫妻的思想感情成熟之外,必需的经济积蓄也很重要。这是由于现在养育独生子女的代价本来很高,加之物价上涨等因素,没有相当的经济能力是难以应付的。孩子出世后的经济生活拮据,是部分夫妻发生矛盾冲突的原因之一。无论如何,孩子出世后增添的经济压力是不可忽视的。

第三,妻子怀孕后要经历 9 个月的妊娠期。在此期间,夫妻双方首先要有良好的心理调适。丈夫要协助妻子顺利度过妊娠反应期,使她消除焦虑不安甚至畏惧心理。其次是提醒妻子饮食有节,防止营养过度而使胎儿生长过快过大,造成难产。许多研究都证明,孕妇心理紧张、忧郁、身患疾病以及不良的习惯、嗜好,对胎儿都有相应的影响。在孩子出世前 6 周,夫妻要尽可能节制性生活,以确保妻子平安分娩。

第四,父母是孩子社会化的第一任老师,家庭是培养儿童健康人格的第一所学校。因此,创造和谐温馨的家庭气氛和舒适宁静的生活环境很重要。国内外的有关研究都证明,在充满矛盾冲突和动荡不安的家庭环境中成长的孩子缺乏安全感,内心焦虑,容易形成扭曲的人格和不良的行为倾向。父母自身的价值观、道德准则、言谈举止,也无时无刻不在影响年幼的孩子。

第五,由于现代双职工夫妻的家庭条件和隐秘化的居住环境,使独生子女容易产生人际交往的障碍。因此,父母要注意从孩子幼小时就作些补救,如带他们外出与别的孩子玩耍,送进幼儿园生活一段时间,多接触其他亲属和邻居,等等,预防他们长大后的人际交往障碍。

第六,不要过早地向孩子施加学习压力。如今,"望子成龙"、"望女成凤",揠苗助长,强制性地培养孩子具有某种"特长",成了父母的通病。加上学校功课负担过重,使孩子的个性发展和身心成长受到压抑,甚至造成了幼龄儿童的心理疾病。父母应根据孩子的兴趣爱好、健康条件和家庭经济等情况,适当引导孩子学习,开发其智力。对有特殊天赋的孩子进行培养的任务,主要应当由训练有素的老师和专业人员来承担,家长只能起辅助作用,不可本末倒置。

(三)生育子女阶段

此阶段的主要课题是夫妻在实际生活和心理上如何做好为人父母的心理准备。孩子的出生不应改变夫妻生活的重心,如果一方过分关注孩子,甚至把注意力全部转移,有意或无意地忽略对方的家庭成员地位的存在,使对方感到被冷落,将不利于夫妻关系的和谐发展,更不利于彼此的心理健康发展。

孩子降生后,无疑要增加很多麻烦。夫妻必须根据实际情况,分别轻重缓急,重新安排家庭内外的活动。此时仍旧幻想刚结婚时那样无牵无挂、自由自在的生活,肯定是不现实的。

新生儿会给父母带来无比的喜悦。当父母怀抱自己的亲生骨肉、发现生命的奇迹时,会感到无比的欣慰和自豪。可惜,这种欣慰感一般不会持续很久。随着刷奶瓶、洗尿布及为各种琐事的操劳,夫妻双方都会产生心理上和体力上的疲倦感。由于哺育婴儿的繁杂任务主要落到母亲身上,有些妻子还可能因"角色不适"而出现产后忧郁症。实际上,孩子出生后的一年内,是夫妻关系最容易发生"危机"的时期。因为,孩子出世前,小两口如胶似漆、亲密无比,心目中只有对方。可是,自婴儿呱呱坠地,家中就由两人变成了三人,小两口的生活圈子顿时被"第三者"打破。从此孩子成了中心,使夫妻感情发生了"历史性转移":似乎丈夫总是在与孩子争夺妻子的爱,而在这一争夺中,孩子又几乎总是胜利者。对于这样的变化,丈夫容易感到不适应。由于婴儿对母亲的需求是绝对的,夫妻双方都不得不牺牲一部分自我需求,重新调整夫妻的生活安排,这时的夫妻性生活也多少会受到干扰,频度可能降低,这尤其容易引起丈夫的不满。所有这一切,都在一定程度上挑战夫妻关系的和谐和稳定。如果夫妻双方在生育之前对这种情况没有充分的准备,仅仅抱有对生儿育女的不切实际的幻想,那么,对于有孩子后的实际情况就很难适应,甚至会感到痛苦。有些夫妻正是在孩子未满周岁时就争吵不休,甚至提出离婚。

要较好地适应从做夫妻到做父母的转折,就应当有如下的认识和实际行动。

第一,明白新生儿对母亲的照护需求是绝对的,做父亲的只能服从孩子的利益,暂时"忍痛割爱",承受感情上的某种程度"被剥夺",谅解妻子在这一阶段无法"两全其美"的困难处境;倘若要使妻子能较好地照顾丈夫的需求,唯一的办法是尽力帮助妻子操持家务、照料孩子,减轻她在心理上和体力上的负担,使她多些"闲情逸致"。

第二,无论在生育前怎样周密地计划,孩子出世后的许多问题都是始料不及的。例如婴儿患病或出现各种异常表现(晚上哭闹、吐奶、便秘等),父母的心理负担会因此加重。在此情况下,夫妻双方更要同心协力去保护孩子,并从中加深夫妻之间患难与共、风雨同舟的情谊。

第三,由于妻子全神贯注于婴儿的抚育,性欲望可能会下降,性反应也许出现迟钝,甚至产生疲乏感或厌烦情绪。这时,做丈夫的就应耐心体谅,不能"唯我独尊",以免伤害妻子的感情。另一方面,作为妻子,也不要一味怠慢丈夫,视他为"二等公民",无形中伤害丈夫的自尊心。须知,丈夫毕竟没有怀孕生育的体验,如果他是一个生理上正常的人,性的需求一般不会因妻子生育而自动放弃,所以妻子应适当把握丈夫的心情,照顾丈夫的正常需求,不能在"房事大权"上一意孤行。要知道,在这方面,年轻丈夫的克制力是有限度的。

第四,妻子要尽量与丈夫在一起抚育婴幼儿,尽量不要回娘家长住,使丈夫产生失落感和"局外人"的感觉。照护新生儿理应是夫妻双方的责任。丈夫参与养育孩子,不仅是为了减轻妻子的一份操劳,而且是男女平等的体现,也是培养男人和家庭责任感的机会,对于防止或克服大男子主义的思想是有好处的。如果从孩子出世起,就能够凭着夫妻感情去预防男人不顾家的倾向,今后的夫妻关系调适就有较好的基础。事实上,有些夫妻在家庭之内的不平等,恰恰始于孩子出世后妻子的迁就或丈夫的任性。"丈夫的懒惰是女人惯出来的毛病","一个对家庭不负责任的男人是两个女人的错,一是母亲,二是妻子",许多妻子对这些说法都有同感。

总之,夫妻做了父母之后,要努力让生活的齿轮正常运转。尽管夫妻双方都要为养育子女花费很多时间和精力,但仍要为夫妻亲昵留出一定时间和空间。如果情况允许,夫妻应从老人或保姆那里得到一些帮助,以便经常都有属于两口子的时间,继续小两口的亲密生活。孩子稍大,送其上幼儿园是使夫妻获得部分解脱并使孩子获得与同龄小伙伴交往机会的明智选择。

(四)养育子女阶段

此阶段是夫妻生活发展经历中时间较长、富于变化的阶段。随着孩子的成长,夫妻需要不断地学习如何养育和管教子女,如何沟通、协调彼此的养教方法或态度,尽量避免因管教子女方面的分歧而导致夫妻关系紧张。

(五)子女分离阶段

子女长大,离开父母,家庭进入子女分离阶段。此时,夫妻又开始了两人世界的生活。

### (六)婚姻后阶段

即"空巢期",虽然还是夫妻两人,但已经不同于子女未产生前的两人世界。进入中老年的夫妻彼此陪伴了大半生,性格已经定型,感情生活显得平静,此时面临的重要课题是夫妻如何在子女离家后,重新组织与安排家庭生活。

### (七)婚姻终尾阶段

步入老年的白发夫妻,如何适应人生终尾期,调节好老年的生活方式,安度晚年,继续享受生活,是这一时期的重要课题。

# 第三节 婚育·心理保健

## 一、婚姻生活保健

### (一)婚后生活保健

新婚夫妻需要了解婚姻的规则,包容对方的缺点。比如,婚姻就是让双方都快乐,而不是只顾自己快乐。"琴瑟和鸣"只有主动的"和"才有精彩的"鸣";同时还要学会赞赏对方,赞赏和赞美会使两颗心靠得更近。双方要设法避免陷入爱情的心理误区,比如,"爱情是幸福的婚姻不可缺少的","我这么做是因为我爱你","美满的婚姻是相敬如宾、没有争吵",这些都是对婚姻关系的片面认识。

1. 学会处理自己与家人之间的关系

男女结婚后作为女婿或媳妇应履行相关责任,把岳父母或公婆当作自己的父母来照顾。但如果有不满意的地方,最好先跟妻子或丈夫商量,再决定以什么方法来解决。与父母同住的新婚夫妇,更要注意与家人的关系和家务的分配,心里要有准备,岳父母或公婆或许有不少你认为难以接受的行为,而且不能改变,乐观地接受总比闹翻脸好。

2. 学会逐渐适应家人的生活习惯

由于男女双方在不同的家庭中长大,必有相异的生活习惯,其中某些习惯可能会互相冲突排斥,这些要在婚后生活中双方才会发现。万一你的伴侣真的让你有些不满的生活习惯,千万不可立刻要求他(她)改变,要知道放弃固有习惯需要较长的时间和决心,绝不能靠一时的勉强得来。

3. 学会妥善处理家务与财务

一般结婚后都会带来新的生活秩序,家务的分担和财政的处理都跟恋爱时不一样。女性一般对家务热忱点,可以把男性容易做的家务分配给他,如倒垃圾、洗碗等。如经济许可的话,请全职或钟点保姆是上上之策,因为大家下班后往往疲惫不堪,结婚久了,就容易互相推卸责任,这些都会成为夫妻间争吵的导火线。

已婚男女经常怀念婚前自己赚钱自己花的情景,抱怨一结婚有了家庭,钱又要给父母家用,伴侣又常监视自己的花费,心理压力很大。所以,我们要妥善处理这些问题。

4. 学会通过有效的沟通来解决家庭问题

婚后的家庭生活,总会有种种的矛盾,这是司空见惯的事实,同时,也因为快节奏的现代生活,使越来越多的人陷入生存的苦恼中,回到家中也都不愿意多说话,因此导致了彼此间缺乏沟通。没有沟通的家庭不亚于死水一潭,可怕的危机就存在其间。在家庭中,沟通是指传达意思给对方,因此,不管它是语言的或非语言的,有意的或无心的,只要意思被对方明了,就算双方有了沟通。千万要记住,关系的破坏往往因为日常小事,请一定不要积沙成塔、积怨成疾。

(二)婚后性生活保健

1. 树立夫妻平等的观念

夫妻性生活主要表现为双方人格的全面交互作用。性关系既具有生儿育女的功能,又能带来性的满足、爱的幸福以及促进彼此人格的发展,传统的观念使得女性在性生活中经常处于被动消极的状态,这不仅妨碍了女性的性唤起和愉悦的性心理体验,同时也影响了男性的性享受。因而,要摒弃陈旧观念对女性性心理的压抑,提倡夫妻性生活心理的平等性,即平等的性欲要求、表达方式和主动权。夫妻都有权利主动提出或拒绝性生活,强迫发生性行为或消极地忍受性生活,都是不利于心理保健的,容易引起另一方对性生活的反感、厌恶、冷淡,甚至造成性功能障碍或其他的心理卫生问题。

2. 重视夫妻感情的建立

良好的夫妻感情是性生活和谐的基础。除了有生理疾病的人,不和谐的性生活往往是基于夫妻感情不和、动作配合不协调、容忍力不高等心理因素导致的。一般来说,感情和睦的夫妻在性生活中也是比较和谐美满的,而感情存在隔阂、积怨等的夫妻很难有和谐美满的性生活。

3. 性生活和谐的期望值要适度

从心理卫生的角度来看,性生活是夫妻双方的生理与感情需求的满足。只要彼此不感到影响心身健康及日常生活和工作,而且心满意足,就是正常和适度的。夫妻对性生活所带来的性快感的期望值不宜过高,否则失落感越强。有些夫妻过分追求每次性生活中的性高潮体验,同时又担心达不到,造成心理紧张、害怕、担忧、焦虑等,这对性生活是极为有害的,甚至会诱发性功能障碍。期望值过高容易导致三种消极后果:一是会人为增加夫妻双方的心理压力;二是容易减弱夫妻的心理满意感;三是假如性生活不顺利或发生问题时,夫妻的失望情绪体验会很强烈,甚至给日后发生的心因性功能障碍埋下隐患。

4. 营造适宜的性生活环境与氛围

温馨浪漫的性生活环境与氛围有利于提高性生活的质量。一般来说,房间不宜过大,卧具要洁净,选择彼此共同喜爱的颜色和款式,窗帘能挡住强烈光线;环境要安静,排除外界干扰,保持室内光线柔和,充分利用视觉刺激的性唤起,避免注意力的分散,提高性感受。

5. 了解性生理与性心理知识,克服性观念障碍

学习和掌握有关自身及对方的性生理、性心理特点是获得和谐美满性生活的前提条件之一,是夫妻性心理保健的重要途径。包括对异性的性生理结构、性敏感部位的知晓,性交前的心理准备、性交过程的心理体验、性高潮知识、性交障碍的知识、性交操作知识与技巧等。另外,夫妻双方对性生活要持有正确的观念,努力克服一些不利于夫妻性生活和谐的消极或非理性思想。

6. 正确看待性生活中出现的问题

性生活不是夫妻单方面的事,而是彼此共同参与的性行为过程,相互指责和埋怨、推卸责任只会加剧问题的严重性,影响夫妻感情。夫妻双方应主动调整自己,共同面对现实,探讨问题发生的原因,积极寻求问题解决的方法,必要时求助于专业帮助。

## 二、婚后生育保健

很多疾病在萌芽时期的表现都不明显,每年定期体检可以帮助女性及早发现、及时治疗。至少一年做一次妇科检查、分泌物涂片检查,宫颈刮片检查,有条件的还可做阴道镜检查、HPV 病毒检测、临床乳房检查和性病检测。

(一)疾病防治

1. 生殖器炎症

引起女性生殖器炎症的细菌主要有链球菌、葡萄球菌和大肠杆菌。炎症可以发生在生殖器官的任何部位,而且常常是几处同时发生,这是相互感染的缘故。

(1)滴虫性阴道炎:是由滴虫感染而引起的,主要症状为白带增多,并呈黄色泡沫状,阴道口处瘙痒,阴道黏膜充血并有红色斑点。由于阴道分泌物增加,感染其他部位,常引起女阴炎等合并症。平时注意生殖器官的清洁卫生:勤晒衣裤(尤其是内裤)和被褥;尽量不用公用的坐式马桶,洗澡最好用淋浴,避免使用盆浴。

(2)子宫颈炎:有急性和慢性之分,多发于产后妇女。急性子宫颈炎大多是由于分娩后子宫颈裂伤受到感染而引起。主要症状为子宫颈红肿,有大量脓状分泌物,常伴有低烧。慢性子宫颈炎为妇科中最常见的疾病,主要症状为白带增多,有异味,性交

后有血丝带出。

(3)盆腔炎:有急性和慢性之分,包括子宫内膜炎、输卵管炎、卵巢炎和盆腔腹膜炎等。它们既可能单独发生,多数情况也同时发作。造成炎症发作常常是分娩或流产(包括刮宫)时消毒不严,细菌侵入或者经期性交感染。急性盆腔炎主要是体温升高(38摄氏度以上),脉搏加快,头痛,腹部发胀,阴道分泌物增加,呈浓状,带血丝并有臭味。慢性盆腔炎多由未彻底治愈的急性盆腔炎转来,主要病变发生在输卵管与卵巢等处。主要症状是腹部隐痛,月经期尤甚,并且月经过多,经期延长,白带不止。

### 2.子宫脱垂

子宫位于输卵管与膀胱之间,若低于正常位置就是子宫脱垂。子宫脱垂的病因主要是由于产后子宫韧带松弛,阴道、会阴处伤口缝合不好,体力负担过重,气力下沉所致。产后应充分休息,避免重体力劳动。分娩时减少裂伤,发生伤口及时缝合。做产后保健操,使子宫位置迅速恢复。

### 3.乳房肿瘤

女性应经常对乳房进行自我检查,检查时举起一只胳膊,另一只手沿举臂一侧乳房根部旋转抚摸、轻压,看有无异常。及早发现,及时治疗。

(1)乳房纤维瘤。多见于青年女性,是良性的生长缓慢,少数可恶化为癌。一般长在一侧,有时两侧同时发生。一旦发现应及时手术摘除,并做病理切片检查,如有恶变须进一步治疗;摘除后应定期复检以防再长。

(2)乳房肉瘤。多见于30~50岁妇女,良性瘤长得很快,瘤表面皮肤变薄,有明显的静脉曲张,无痛感。手术摘除,一般可根治。

(3)乳腺癌。多发生在40岁左右的妇女身上(极少数男性也可发生),初期可发现乳房内有一硬结,无痛感。随后,硬结逐渐增大,向周围组织浸润,并经淋巴管向附近淋巴结转移。早期手术摘除,结合放射治疗,可控制病情发展,效果较好。

4.卵巢囊肿。是一种常见的良性肿瘤。初期一般没有什么症状,可手术摘除。

5.子宫肌瘤。多见于30岁以上的妇女。瘤由子宫肌纤维长出,大小不一,常为多发性良性肿瘤。主要症状为月经增多,白带增加,呈脓状,恶臭,腹痛,大小便困难,不孕或习惯性流产。一般可进行手术摘除。

6.子宫颈癌。大多发生在绝经期前后。主要症状为白带增多有血,渐变为脓性、恶臭;不规则的阴道出血,初期仅性交后带血,后期则可能持续大量出血;腹痛,尿频,尿痛甚至尿血。早期发现应进行手术治疗,摘除子宫;较晚期只能放射治疗配合药物治疗。

### (二)生育保健

### 1.妊娠期保健

妊娠期母亲的身体状况和心理状态直接影响婴儿的身心健康。

（1）纠正胎位。定期进行孕检，注意掌握胎位，一旦发现胎位不正，应当及时纠正。可以每天坚持做膝胸卧15～20分钟，也可以由医生从外部把胎儿（6个月以上）正过来，然后把腹部兜扎起来，不让胎儿乱动。

（2）科学胎教。孕妇要精神愉快，情绪安定，遇事要自我控制，不要大喜、大悲、大怒，排除有害信息对情绪的干预。尽量不看惊险刺激或恐怖的电视、不参加紧张的活动，可以多欣赏优美的音乐，阅读些趣味的、活泼健康的文学作品，到风景秀丽的地方去散步，保持正常的生活规律，避免懒散的生活方式。可以选择晚上临睡之前，把双手放在腹部，由上至下地用手轻轻抚摸胎儿，每次5分钟，同时可以轻轻地和胎宝宝聊聊天，让胎儿听到你的声音。

（3）乳房护理。怀孕后乳房隆起、发胀，乳头渐渐粗大，颜色加深。乳房不仅是婴儿的粮库和餐具，又是容易感染疾病的部位，因此要经常用温水擦洗揉搓，增强它的柔韧性和抵抗婴儿吸吮的能力。如果乳头凹陷，应轻轻牵拉，使其突起外显。

（4）防治妊娠纹。腹围在孕期膨胀的比率最大，因此，妊娠纹的形成部位，以腹部最多，其他较常见的地方，则有乳房周围、大腿内侧、臀部、胸部、腰部和手臂。在怀孕早期，妊娠纹还未出现时，准妈妈要每天坚持按摩妊娠纹易产生部位的肌肤，最好配合抗妊娠纹按摩油或按摩乳液一起使用。适度按摩肌肤，尤其是按摩那些容易堆积脂肪产生妊娠纹的部位，可以有效地增加皮肤和肌肉的弹性，保持血流顺畅，避免过度拉撕皮肤中的胶原蛋白弹性纤维，减轻或阻止妊娠纹的产生。适当控制体重，怀孕中、后期每周增加体重0.3～0.4公斤，整个孕期理想的体重增加值为12公斤，可以有效防止和减轻妊娠纹的产生。

2. 产褥期保健

产褥期保健的目的，是防止产后出血、感染等并发症发生，促进产后生理功能恢复。

（1）产后2小时内的处理。产后2小时内极易发生严重并发症，如产后出血、子痫、产后心力衰竭等，故应在产房严密观察。

（2）排尿与排便。应鼓励产妇尽早自行排尿。产后4小时内应让产妇排便。产妇在产褥早期腹肌、盆底肌张力降低，容易便秘，鼓励多吃蔬菜及早日下床活动。

（3）观察子宫复旧及恶露日。应于同一时间手测宫底高度，以了解子宫复旧情况。每日应观察恶露数量、颜色及气味。若子宫复旧不全，红色恶露增多且持续时间延长时，应给予子宫收缩剂。

（4）做到早接触、早吸吮。于产后半小时开始哺乳，通过新生儿吸吮动作刺激泌乳。哺乳的时间及频率取决于新生儿的需要及乳母感到奶胀的情况。

（5）产后健康检查。包括产后访视和产后健康检查。产妇访视至少3次，第一次在产妇出院后3日内，第二次在产后14日，第三次在产后28日。产妇应于产后6周去医院做产后健康检查。

（6）计划生育指导。已恢复性生活,应采取避孕措施。原则是哺乳者以工具避孕为宜;不哺乳者可选用药物避孕。

（7）产后健身操。产后尽早适当活动。经阴道自然分娩的产妇,产后6～12小时内起床轻微活动,于产后第2日可在室内随意走动,按时做产后健身操。阴侧切或行剖宫产的产妇,可适当推迟活动时间。拆线后伤口不感疼痛时,也应做产后健身操。做产后健身操,有利于体力恢复、排尿及排便,避免或减少静脉栓塞的发生,且能使骨盆底及腹肌张力恢复。

3. 哺乳期保健

哺乳期是一个特殊的生理时期,做好哺乳期乳房的保健,对母婴二人的健康均意义重大。

（1）提倡母乳喂养,按需哺乳。母婴同室,按需喂养,掌握正确喂奶的技巧,不喂母乳代用品,不使用人工奶瓶奶头等。应保证充足的营养,以满足母婴二人的生理需要,否则,可能造成少乳、缺乳而影响婴儿的生长发育;亦可能使体内的脂肪消耗过多,形体消瘦,日后易造成乳房萎缩。还应保持良好的精神状态,心情愉快,生活规律,睡眠充足,避免因各种精神刺激及不良情绪的影响,使乳汁分泌及排泄不畅。

（2）乳房护理。哺乳过程中,左右两侧交替喂奶,避免因过多地喂某一侧而引起乳房不对称。应佩带柔软的棉布乳罩,因哺乳期乳房肥大,受重力的作用容易下垂,用乳罩能起到一定的固定、托起的作用,从而防止乳房发生下垂;用棉布乳罩可防止化纤织品的纤维尘粒进入乳腺导管,避免由此导致乳汁分泌、排泄障碍。退奶或断乳后要逐渐戴较合适的乳罩,并注意胸肌锻炼,恢复乳房的弹性和健美,否则,将来会造成乳房下垂、干瘪。

（3）催乳与退奶。乳汁不足时,应鼓励产妇树立信心,指导哺乳方法,尽量按需哺乳和夜间哺乳。若产妇不能哺乳应尽早退奶,停止哺乳的同时少进汤汁。

（4）哺乳与断奶。哺乳前要擦洗乳头,先挤出一些奶汁;哺乳后要把乳房中的剩奶挤净,再擦洗乳头。这不仅能促进奶汁分泌,还能避免乳痈。哺乳时间不要超过1年,一般以6个月到10个月为宜,避免因哺乳时间过长而引起卵巢功能抑制,造成乳腺过度萎缩退化,且性欲减低。断奶后仍要注意乳头卫生,及时擦掉渗出的乳汁,发现肿胀、硬块要及时检查治疗。断奶初期乳房发胀、疼痛是正常现象,有时还会发烧,不要过分紧张,但要注意观察,因为此时易引起乳房各部位的脓肿或炎症。

（5）预防乳头皲裂。乳头受唾液浸润,容易干燥皲裂,吸吮姿势不正确,也会引起乳头皲裂。如发现裂伤,应停止哺乳,加以纠正,用吸奶器吸净奶汁,待伤口好了再喂奶。

（6）防治乳痈或乳腺炎。哺乳时,应尽量将乳汁排空,每次哺乳若婴儿不能完全将乳汁吸完,则应用吸奶器将其吸净,避免乳汁淤积,否则,易因乳房过度充盈及乳腺管不通畅,引起细菌感染而引发乳痈或急性乳腺炎。哺乳前,用湿毛巾热敷3～5分钟,并按摩、拍打抖动乳房,频繁哺乳、排空乳房,可以缓解并痊愈。若乳痈或乳腺炎严重者,要及时断奶就医,否则,会酿成大病需手术治疗。

在结束本章之前,先对婚姻状况做一个测试,检验一下夫妻关系。你可以在附录1 中找到答案及解释。

**【互动测验 6 - 1】　　　　夫妻关系测试**

**【指导语与题目】**本测验共由 10 个题目组成,请根据你的实际情况和真实想法作答。

1. 在你看来,最为理想的夫妻关系应该是:

a. 双方事事如意。

b. 多数情况下如意。

c. 介于两者之间。

2. 你和你丈夫(妻子)的生活属于:

a. 常年不在一起,难得一见。

b. 从没分离。

c. 时有短暂分别。

3. 你认为夫妻之间由于某些分歧而吵架、怄气、不理睬等是:

a. 很大的不幸。

b. 最好别发生。

c. 这不要紧,重要的是赶紧和好。

4. 闲暇时间,你们总喜欢这样度过:

a. 夫妻一起度过。

b. 和亲友一起度过。

c. 介于两者之间。

5. 繁重琐碎的家务劳动你们总是:

a. 争着做。

b. 推给对方。

c. 合理分担。

6. 你们夫妻对性生活的要求是:

a. 在可能的情况下质量兼顾。

b. 只注意量。

c. 只注意质。

7.引起夫妻之间争吵最多的话题通常是:

a.经济支出。

b.对一些事情的认识以及处理方法。

c.猜疑一方不忠诚。

8.夫妻怄气后言归于好的一般过程是:

a.一方让步。

b.互有让步。

c.都不想让步,求助于外力。

9.在教育孩子的基本方向和采取的方法上你们:

a.认识一致。

b.分歧严重。

c.少数情况下不一致。

10.你感到当初选他(她)做配偶的决定是:

a.一个失误。

b.聪明的选择。

c.说不好。

# 第七章 性心理体验

由于性激素的作用,大学生更加渴望得到恰当的性体验,如与异性交往。在男女交往过程中,双方的亲吻和抚摸都会引起性欲望和性冲动。感情的闸门在巨大的性压力下显得极其脆弱。有的通过自慰性行为如性梦、性幻想、性自慰加以调节,而有的则通过性行为得以实现。

## 第一节 性心理问题

大学生正处于青年中期,生理发育已基本完成,所以性意识的明朗化与进一步发展都是正常的。但由于他们还不善于处理与异性之间的关系,或者他们的经济地位与心理成熟度还不足以应付这种问题,从而带来种种不安和烦恼。

### 一、性心理烦恼

(一)性生理困扰

1. 性器官困扰

主要表现为对自己性器官的形态、大小和功能的过分关注与担忧。如,男性怀疑自己阴茎、睾丸大小,自觉阴茎勃起能力欠佳或对自己阴茎夜间发生勃起迷惑不解;女性担心自己乳房过大或过小、外阴太丑、小阴唇偏大或处女膜是否完整等。其中,许多对性器官的担忧并非真的有问题,仅是对解剖、生理知识和性知识缺乏了解。这种对性器官的担忧,表示性心理活动是多面的,既可能针对异性,也可能针对自我甚至会产生自卑感、耻辱感,影响身心的自我完善与发展。

2. 性体相困扰

进入青春期后,男女性的体相发生了很大的变化,他们开始关注与自己性别相关的体形特征。几乎所有的男生都希望自己身材高大,体魄健壮,音调浑厚,拥有男性磁力,以吸引女性的注意;而女性也几乎都希望自己容貌美丽,身材苗条,乳房丰满,音调柔美,来显示女性魅力,以吸引男性的关注。然而,这些希望只是我们心目中的理想情况,绝大部分青年都不会拥有这样一副近乎完美的体相。因此,有些为自己的身材太矮或太胖而自卑,也有些为自己的阴茎或乳房太小而感到焦虑。甚至还有些为自己的声音不符合心意而出现烦恼。

### 3. 遗精与月经困扰

遗精是指男性在无性交状态下的射精现象,是青春期男子常见的正常生理现象,"精满则自溢",是性成熟的标志。由于受传统观念的影响,不少人认为遗精会失去身体的精华、伤元气、肾亏。因而一有遗精,有些男生便感到焦虑不安,惊恐失措。这种不良心态和情绪,严重影响青少年的正常学习、生活和身体健康,容易产生不良后果。

月经的来潮是女性进入青春期的标志,是一种正常的生理现象。有的女生受错误观念的影响,认为"月经不干净""见不得人",对来月经有一种厌恶排斥心理,把来月经称"倒霉"就是一种不良的心理暗示。由于部分女生对月经本身产生害羞、厌恶、恐慌的情绪,以及外界环境的不良刺激所引起的紧张、烦躁、抑郁等,都可能不同程度地引起月经紊乱、恶性情绪甚至会引起痛经、闭经。而且月经期间人体容易疲劳,容易受凉感冒,因此,女生经期的生理和心理卫生是一个不容忽视的问题。

### (二)性意识困扰

伴随着性生理发育成熟,青年男女性意识也开始觉醒。但保守的文化观念通常把与性有关的一切视为肮脏的、下流的或邪恶的,当这些观念或多或少被青少年接受时,便会对心理产生不良的影响。性意识困扰通常会给当事者造成烦躁不安、苦恼、厌恶或恐惧、自责等,严重的会出现失眠、情绪抑郁、注意力不集中、不愿与异性交往,并常陷入焦虑、矛盾、困惑和苦闷之中,从而影响学习、生活及与异性正常交往。

### 1. 性压抑困扰

性压抑是人成长过程中遇到的一种很正常的生理现象,特别是在青春期,对青少年正常的心理和行为都会带来极大影响。性冲突若是强烈明显且又找不到转移和宣泄途径的话,便会给当事人带来极大的负面困扰,引发诸如焦虑、抑郁、强迫、狂躁等诸多不良情绪,长期下去,就会导致身心失衡。青少年可以通过学习、工作、文体活动、社交途径等使自己的性生理能量得到正当的释放,从而减弱、转移性的生理冲击力,使之宣泄、代偿和升华,并逐渐恢复自己的心理平衡。此外,因为性教育的缺失,部分青少年只要出现性的冲动,就自认为不洁可耻,不道德,又好奇又恐惧,过度压抑自己,对人的身心健康也是不利的。

### 2. 性幻想困扰

性幻想,是指人在进入意识松散状态后逐渐专注于带有性色彩的想象,也称白日梦。多与性的实际行为如手淫等同时发生。性幻想的基础是性的吸引,是人类才具有的功能。主要是通过联想异性的形象,特别是异性的性特征、性表现外露的部分、一些情景及在已有性感的经验基础上编织出符合自己性审美的性爱对象而产生的。性幻想是对现实生活中暂时不能实现的希望的精神满足。

每一个心智健全的人都会有这样那样的性幻想。只不过在出现频率、长短、内容、性质以及对待它的态度等方面存在着较大的差异而已。性幻想的内容五花八门,无所不包。研究表明,性幻想的翔实程度与以往性经历、想象力和所接受的信息量成正比关系。有人在性幻想中爱做旁观者(像电影观众),有人在性幻想中则偏爱充当情节中的主人翁,还有人喜欢客串多重角色。醒后睡前的空闲时间、性活动之前和刚刚结束之后也是不少人偏爱性幻想的时间。性幻想是一种普遍的心理现象,通常是无害甚或有益的。它既可作为性兴奋的"心理调节",也是一种心理防卫机制,替代不能实现的性追求而获得部分性心理满足。

### 3. 性梦困扰

性梦是指在梦中发生性关系,在睡眠中发生与性相关的内容,绝大多数可达到性高潮,醒后仍然有舒畅感。性梦中的性对象一般多变,无固定规律,或者内容荒诞,情节无序。每天夜里在"快速动眼期",人的身体会进入性兴奋状态 4~5 次,血液向性器官灌流,男性表现为阴茎勃起,女性则会阴道湿润。每到这时,人就容易做性梦,一般持续 20~25 分钟。而且,女性在经期内更容易在梦里出现有关性的内容。其实,人在睡梦中能感受到性快感并不是偶然现象,夜间的性兴奋对人体本身有以下作用:人体对各种器官和系统功能在进行自我检查和维护;睡梦中的性高潮能使人摆脱白天造成的精神压力;性梦是对现实生活中没有得到性满足的一种补偿。

### (三)性情绪困扰

### 1. 性焦虑困扰

性焦虑是对性行为产生焦急、忧虑和不安的情绪状态,同时还可能伴有心慌、出汗等植物神经症状和肌肉紧张、运动性不安等症状。性心理矛盾、性冲突以及各种性适应不良都会引起性焦虑。如果认为自己第二性征为重点的体相不如己意,而且很难改变它时,就会出现烦恼和焦虑。如有的女同学认为自己个子太矮,乳房太小不对称、体毛过多等将影响自己的性吸引力。这些认识成为她们在性生理发育问题上一个主要的思想负担和心理压力。

此外,青少年时期过分严厉的禁欲教育,婚前对性交知识一无所知,害怕意外妊娠的心理状态,都是引起性焦虑的重要原因。另外一些情景和性因素也可能会导致性焦虑,如性活动不隐蔽、不安全等。

### 2. 性嫉妒困扰

来自自私的性心理,有合理的方面。性爱中排他性的表现,是两性关系中极为普遍的心理。无爱便无妒。爱情趋于死亡的夫妻,是断然不会有嫉妒心的。性嫉妒还具有迫害性。它是自私专横的心理反映,受占有欲的驱使,容不得性对象与其他异性的交往,发现性对象与第三者相爱,嫉妒之火,立即燃烧,将会发生灾难性的突发事件,就是在同性恋中也是如此。

### 3. 性厌倦困扰

是人类对性活动的一种持续性的憎恶反应。尽管这种现象是有处境性的,即仅在配偶中性生活方面表现,常威胁家庭稳定。曾有人提出:人们要求回避某种事物,就会对这种事物感到害怕,如果对它有不舒适的感觉,就会感到厌恶。也有人认为:当男性想尽力使配偶达到性高潮而未获得成功,或女性竭力治疗丈夫的阳痿而失败时,都可发展到讨厌性生活,进而出现性厌恶。

由于长期的性生活,对性行为缺乏调适,尤其是女方对男方的定期和迫切要求,便处于尽义务的被动应付状态,致使男方泄欲但无快乐与满足之感。这种爱的淡化和性生活的厌倦继续发展,可导致爱情的转移,如果不及时纠正与调适,很可能出现不良后果。为此,要明确提出在性生活中必须要调适,调适是克服厌倦的最好方法,是增加喜新性的手段。

## 二、性行为问题

按我国性道德规范,男女恋爱期间的性行为只能是接吻、拥抱、爱抚,只有在婚姻关系得到法律保护的条件下,方能发生性交行为。当然夫妻间的性行为也必须在双方自愿的情况下才是最安全的。性生活乃是随情所欲、随欲所动的美妙促成,是万万不可强迫的。同时,夫妻间有避孕措施的性行为一般不会导致计划外怀孕。避孕可以由男方也可以由女方来实施;可以事前也可以事后避孕;可以一次也可以长期甚至永久避孕(绝育)。可以采取不同的方法来达到避孕的目的。

### (一)性行为困扰

随着性生理与性心理的不断成熟,青年男女发生性行为的活动频率随之增多,由最初的性模仿和性好奇逐渐过渡到接近性本能、性实质的水平。主要包括性自慰、抚弄性器官、游戏性性交、婚前性交等,其中,许多男女对自己的性行为既不能控制,也不能理智接受,或是受某些错误性知识的误导,结果在心理上受到较严重的困扰,并因此影响学习和生活。

#### 1.性冲动困扰

在性激素的作用下,来自视觉、听觉和触觉的某些刺激可能成为性刺激,甚至语言、文字、图像也可能成为性刺激,引起青年男女的性冲动,一旦发生后,这种性冲动的困扰会对性心理活动产生很大影响。针对这种困扰,一种会顺应性冲动而行,寻找异性偶像、性幻想和自慰等情况相继发生,容易发展到性迷信、性崇拜,甚至泛性论观点,即认为生活中到处有性存在和性体现。另一种是压抑性冲动,强行抑制性冲动,有意回避异性,容易引起性心理偏见,如,性与爱分裂,还有性厌恶、性偏好等障碍。可见,面对性冲动的困扰,要正确对待、适当调节,否则,容易将性心理活动引向极端。

#### 2.性自慰困扰

性自慰是一种宣泄性欲的最安全、最方便的发泄方式。自慰一般被称为手淫,在传统观念里是一种难以启齿的,甚至被认为是不健康的行为方式。然而现代医学研究后指出,自慰其实是一种正常的生理现象,是一种合理的、安全的释放性欲的方式,同时也能够避免一部分因为涉及"性"而引起的道德问题和社会问题。对于性发育成熟的人来说,可以解除性紧张而引起的不安、躁动,因此偶尔为之无妨,适可而止就好。

3. 性障碍困扰

在性活动中寻求性满足的对象或满足性欲的方法与常人不同,并且违反当时社会习俗的行为,视为性心理障碍,或称性变态。主要体现在性身份异常、性对象异常、性目的异常和性行为手段方法异常四个方面,如性偏好障碍、性取向障碍和性指向障碍等。性障碍形成的因素很复杂,一般认为,除少数成因与遗传因素和内分泌失调外,大多数是幼年性别角色认同发展不良所遗留下来的后果。

4. 性伤害困扰

性伤害主要是因性行为给受害者心理上造成严重伤害性体验的现象,这类给受害者造成严重心理创伤的性行为可能是侵犯性的、违法的,也可能是非侵犯性的,但其行为后果都给当事人造成事发当时或以后长期消极退缩、担惊受怕、回避人际交往、自尊心严重受损等心理反应。此外,后期的心理伤害很可能造成婚后性生活的功能性障碍,如阴道痉挛、性冷淡等。尤其是极端性侵犯造成的心理创伤是相当严重的,会给当事人的心理及其学习生活等造成巨大损害。

(二)性越轨行为

1. 同居行为

同居指男女在性关系基础上暂时居住在一起。同居是不被法律承认的一种婚外性行为,可以随时出于当事人的意愿而终止关系,对双方都具有很大的自由,但同居双方都没有任何法律保障。

婚前同居已成为当今男女恋爱方式的一种流行趋势,很多年轻男女认为婚前同居是理所当然,试婚是为了提前考验婚后的幸福生活;也有的年轻人仅仅是因为个人的生理需要,只是抱着游戏的心态共同生活。

不少男女视同居为婚前准备,往往两人对未来的认识一致,心中已经有了白头偕老的打算,只是限于各种客观条件,如时间紧张、资金紧张、结婚典礼有待筹划等,不得不先同居,后结婚。这类人走向稳定婚姻的几率较大。

也有人完全将婚前同居当作婚姻的体验,期望能在共同生活中不断建立对婚姻的信心,既了解了彼此的好恶,又节省了生活开支,还学习了该如何经营婚姻。一旦发现对方不是自己所期待的,能够很快结束感情。

还有些人是由于对结婚失去信心而选择同居。同居者之间完全没有婚姻承诺,一旦遇到问题引起不合则分,反而更增加了失落感,甚至引发暴力冲突。这种人经历的同居关系越多,就越容易选择同居而不是婚姻。

2. 婚前性行为

婚前性行为是指男女双方在恋爱期间发生的性交行为,其特点是双方自愿进行,不存在暴力逼迫;没有法律保证,不存在夫妻之间应有的义务和责任;容易产生一些纠纷和严重后果。

3. 一夜情行为

一夜情,顾名思义是指发生在一夜之间的情事,但一夜的时间,能够产生真正的感情吗? 实际上,发生过一夜情的人,他们的出发点并非感情,一些人是由于空虚寂寞想寻找一种寄托和刺激,一些人则纯粹是出于满足生理需要,也就是"一夜性"。毋庸置疑,一夜情能给男女双方带来生理上的欢愉,可以解除生活中的压力、精神上的紧张。但它同时带来的种种恶果,更是不容忽视的。

一夜情的泛滥必然会带来性病的泛滥,由于一夜情具有突发性特点,不了解对方的身体状况,大多数男女在发生关系时都没有采取必要的安全措施,对方有可能患病从而传染给另一方。这使得一夜激情后感染艾滋病与性病的可能性大大地提高。

一夜情对人们的性观念形成新的冲击,也给传统的家庭模式带来危机。可见,一夜情,是最不安全的性行为。一方面,性行为中过分激动的表现也会诱发自身器官中已有的疾病,特别是心脑血管系统的疾病,甚至会暴死于性活动中。另一方面,很多人在婚外性行为以后常常出现比较严重的心理后遗症,如担心自己被感染上性病、担心被家人特别是自己的配偶知道等,心理上后悔、自责甚至长期忧虑、惊恐,从而损害健康。

4. 未婚先孕行为

未婚先孕是指未履行结婚登记手续的男女发生性行为而导致女方怀孕的现象。这是非婚性行为的直接后果之一。这里所说的"男女"通常是指双方均无合法配偶的人,尤其是指准备结婚的年轻人;不过也可以是一方有合法配偶的男女。造成未婚先孕的情况有:男女双双在恋爱期间有亲密的身体接触,抑制不住自己的感情,在一时的情绪冲动之下发生性行为,造成女方怀孕;没有恋爱关系的男女在平时的交往和接触中,由于感情冲动或者为了进行某种交易或利益交换,双双自愿发生性行为而造成女方怀孕;男女双双在"试婚"过程中发生性行为,导致女方怀孕;一些未婚的女性在为他人提供性服务或者进行卖淫活动的过程中,为了获取金钱或者其他利益而与他人发生性行为,导致自己怀孕。绝大多数未婚先孕的女性要通过人工流产方法进行堕胎,一些女性出于保密等原因而寻找非法行医者堕胎,这种非法行医者的堕胎手术往往会给女方造成严重的伤害,甚至会危及女方的生命。即使在医院中由专业医生进行的合法堕胎手术,也对女方的身体健康有较大的危害。堕过胎的女性往往有不同程度的自卑心理和罪恶感。

# 第二节 性卫生问题

## 一、性卫生护理

### (一)女性卫生护理

#### 1.外阴护理

女性的外生殖器构造较为复杂,皮肤、黏膜皱褶较多,既有汗腺、皮脂腺,又有前庭大腺和宫颈、阴道之分泌物,还有月经来潮,且前有尿道口,后有肛门,再加上女性的会阴部屏障作用尚不完善,容易罹患阴道炎。

(1)注意阴部卫生。进入青春期后,随着月经的来潮和白带的分泌,易患青春期阴道炎。因此,应注意经期卫生,正确使用消毒后的卫生纸巾;内裤要在日光下照晒,借以紫外线消毒;经常洗澡,睡前用温水清洗外阴,洗盆专用;大便后,手纸应由前向后擦,小便后用卫生纸擦干净。

(2)防止罹患"时装性阴道炎"。内裤穿得太紧,易与外阴、肛门、尿道口产生频繁的摩擦,使这一区域污垢(多为肛门、阴道分泌物)中的病菌进入阴道或尿道,引起泌尿系统或生殖系统的感染。随着审美观念的增强,女性追求体形美,喜爱各种体形裤。这类裤子裤裆瘦短,布质厚,弹性不佳,透气不良,这就使得前有尿道口、后有肛门的阴道备受窘迫,阴道的分泌物不得排泄,会阴部处于温热、潮湿的状态,各种致病菌在此环境下最容易生长、繁殖,容易罹患时装性阴道炎。因此,在选择内裤时宜选择浅色、宽松的纯棉制品。要少穿或不穿紧身裤,尽量选择面料弹性好、透气良的服装,以防后患无穷。

(3)洁身自爱,守身如玉。个别女性过早地发生了性行为,患上了性病性阴道炎。对此,女性应自强、自尊、自爱。

(4)合理应用抗生素。少数女性长期大剂量应用抗生素(广谱)和激素治疗某些疾病,导致体内菌群失调而患霉菌性阴道炎。因此,女性患炎性疾病,选用广谱抗生素治疗时,请遵医嘱,尽量不与激素合并用药。

#### 2.子宫护理

子宫身居腹地,外有体壁屏障保护,内有阴道门户缓冲,按理不应该遭受伤害。但近年来已婚妇女的不孕症、胎盘植入、子宫黏膜异位、宫外孕等日趋增多,这其中有相当一部分是由于随意人流而埋下的祸根。

子宫虽已发育,但其壁尚不厚,子宫黏膜也薄,人流手术,尤其是反复人流,势必使子宫壁更薄。因此,不但在人流中会发生子宫穿孔,亦会于流产、分娩时子宫乏力而致难产、产后大出血或导致胎盘植入。

人流手术中一旦感染还容易引起宫颈粘连、附件炎,进而造成不孕;另外,人流术中,由于负压的作用,子宫黏膜会逆流入腹腔而引起子宫黏膜异位症。因此,女性保护好子宫的最佳之举,就是杜绝婚前性行为。

3.乳房护理

乳房发育是女性的重要第二性征,主要由乳腺叶、脂肪、结缔组织构成。乳腺叶系由乳管、乳腺小叶和腺泡所组成。从生理和审美角度上说,挺拔而高耸的乳房是女性成熟的表现,也是女性的天资之美,亦倍增了女性的固有魅力,而且又是哺育后代之源。但有的女性却视美为丑,产生羞涩心理,限制其发育而紧身束胸,使乳房受尽了委屈,乳房所受的这种不白之冤是少女乳房保健的一大误区。乳房瘪小、乳房扁平、乳头下陷、产后无乳等,往往与少女时期紧身束胸有密切关系。因为少女长期穿过紧内衣或乳罩,势必会限制乳房发育,影响其血液循环和新陈代谢,使乳腺管堵塞、闭锁,各种乳患症状便应运而生。

(1)注意行走坐立姿势。平时走路要抬头挺胸,收腹紧臀;坐姿也要挺胸端坐,不要含胸驼背;睡眠时要取仰卧位或侧卧位,不要俯卧。在劳动锻炼或体育运动时,要注意保护乳房,避免撞击伤或挤压伤。

(2)适时佩戴合适的乳罩。乳房开始发育时,不要过早地戴乳罩。乳房充分发育后,为保护乳房以及使其保持形态美,应佩戴松紧合适的胸罩。注意选用大小适宜、质地柔软、弹性好、吸汗强的布质或针织品乳罩。同时,经常清洗乳房、勤换内衣、乳罩,防止其感染而引起乳腺炎。

(3)加强营养与锻炼。如适当地多做些扩胸运动或俯卧撑、胸部健美操等。不能片面地追求曲线美而盲目地节食、偏食,适量增加蛋白质和脂肪的摄入,能增加胸部的脂肪,从而保持乳房丰满。乳房发育不良者,应注意加强营养和乳房按摩,促进神经反射作用,改善垂体的分泌。若过度肥胖,应尽早减肥,以防诱发乳腺癌。

(4)学会自我检查。乳房发育时,有时出现轻微胀痛或痒感,不要用手捏挤或搔抓,应养成自我检查乳房的习惯,以便及早发现乳房结节、硬块,一旦发现应及早看医生。

4.月经护理

女性到一定年龄来月经是正常的生理现象。但月经期和平时相比,身体将发生一些变化,如抵抗力降低等。月经期间,由于盆腔充血,使人感到轻微不适,如腰酸、小腿肚或下腹部发胀、乳房胀痛、大小便次数增多、腹泻、便秘等,这些都是月经期的正常生理现象,一般无需治疗,经期过后便可自行消失。但月经期间应比平时更注意保持外阴的清洁卫生,以免引起感染,出现月经不调、痛经、甚至终身不能生育。

(1)保持清洁,避免感染。女性生殖道的外口与肛门很近,而粪便中又含有很多致病菌,所以容易引起生殖器感染。特别是妇女月经期,如果生殖道下部不清洁,更容易造成上行性感染而引起盆腔炎。所以月经期要使用干净的卫生巾。要保持外阴的清洁,但不宜盆浴或下身浸泡水内,更不能游泳,以免脏水进入阴道。月经期一般情况下不做阴道检查。月经期应禁止性交,以免带入细菌引起发炎。

(2)运动适量,避免过劳。月经期可照常参加一般的劳动,促进盆腔的血液循环,但这时机体容易疲倦,抵抗力降低,因此,在行经期间必须注意避免精神和体力的过劳,不宜做剧烈的运动。

(3)注意保暖,避免湿冷。月经期间,由于全身抵抗力减低,容易患感冒,所以要注意身体保暖,避免寒冷刺激,特别要防止下半身受凉,如淋雨、用冷水洗脚和洗澡、坐地上等。这些情况容易引起盆腔脏器的血管收缩,使经血过少,甚至突然中止。

(4)情绪平和,避免波动。月经期和神经精神活动密切相关,情绪容易波动,情绪不稳又可反过来影响月经。中枢神经系统的机能紊乱,月经也会失调,因此,月经期应乐观开朗。

(5)饮食调理,避免刺激性食物。月经期要吃新鲜易消化的食物,不宜进食生、冷、酸、辣等刺激性食物。月经期容易发生便秘,而便秘可引起下半身充血,应多喝水,保持大便通畅。

(二)男性卫生护理

1.阴部护理

男性外生殖器包括阴茎和阴囊。阴茎分阴茎头(也称龟头)和阴茎两部分,阴茎头和阴茎交界处称冠状沟,冠状沟处有上翻的包皮。脱落的上皮细胞、包皮内腺体分泌物、尘埃和尿液蒸发后的残余物积聚在包皮里形成包皮垢,包皮垢对阴茎头有刺激性,容易引起炎症。包皮垢有致癌作用,可引发阴茎癌,同时,不洁的外生殖器婚后可诱发配偶生殖器疾病的发生。阴囊是保护睾丸的重要组织,它的皮肤表面有丰富的汗腺,经常分泌汗液,如果长期不清洗,在汗液和皮肤表面的细菌的作用下,会使阴囊感染发炎。长期汗液刺激也是形成阴囊湿疹的重要原因。此外,肛门每天排出粪便,总有少量粪便残留在肛门口,粪便内细菌很多,温暖、湿润的会阴部就成了细菌良好的繁殖场所。

男性为保持外生殖器的清洁,应养成经常清洗阴茎和阴部的习惯。清洗时,应注意先洗前部的阴茎、阴囊,尤其注意清除包皮内的污物,然后清洗后部的肛门。同时经常更换衬裤。衬裤要略微宽松一些,布料最好选用透气性强的纺织品。还应注意在运动状态下对睾丸的保护。睾丸是身体的重要器官,十分脆嫩,又因为露在体外比较容易受到伤害。所以,男性在嬉戏运动过程中,要随时注意保护自己的生殖器官,同时注意千万不要去踢打他人的下身。

2.遗精护理

遗精是指男性进入青春期后,在睡梦中出现精液从尿道流出的现象。这是睾丸发育成熟的一个信号。睾丸等生殖器官不断产生精液,到达一定的量,就会发生"精满自溢"现象。所以,遗精是男性性成熟的重要标志。

遗精多发生在夜晚或午休时,遗精的发生频率因人而异。同一个人也往往没有固定的周期,受身体状况、饮食、情绪、工作环境等影响,而具有一定的随机性,这给"精期"卫生带来很大不便。通常在夜里做梦的时候遗精,称为"梦遗";在清醒的时候发生的遗精,称为滑精。有些青年对遗精现象不了解,误以为会影响健康,产生了一些焦虑,其实是完全不必要的。有一些青年遗精频繁,一两天一次或一天数次,那就有些不正常了。主要原因:一是受到社会上不良的或者不适合青少年的性信息的刺激,如受淫秽书刊、影像的影响,常常沉浸在性幻想中;二是生殖器官局部受到不良影响,如包皮过长、尿道炎、前列腺炎等炎症刺激;三是生殖器官因内裤太紧受摩擦刺激或睡觉时被子盖得太厚;四是玩弄自己的生殖器。只要认真纠正这些不良的行为,或是经医生诊治有关疾患,一般能够解决遗精频繁的问题。

遗精使大量精液通过勃起的阴茎排出体外,不可避免地要"污染"内裤,常令人不知所措,摸不得又弃不得,尤其是集体住宿时,更叫人难堪。针对这种情况,最好事先在上放些卫生纸,及时擦拭,若不予理睬,很快就会浸湿被褥。所以,要另外再准备一条内裤(可以放在被套内)以便及时更换,换下来的内裤应随即清洗,并放在阳光下曝晒(里层要朝外朝阳),达到防菌杀菌的效果。遗精后必定会有少量精液残留在尿道里,最好去厕所小便,使之及时排出,有条件的最好用自来水清洗清洗,来个干净利落。

遗精虽然防不胜防,但总是有个大致的规律,就是每隔一定天数就必定会来,所以,每当已有一定天数没来,就会有一种预感。这时就可以使用避孕套,在入睡前套在阴茎上,遗精后取出抛掉即可。避孕套最好选用小号的,以免脱落。上套前,要把避孕套的大小伸展到勃起时的程度,防止因勃起而脱落。要特别注意,不可使套口紧束阴茎,防止静脉血液回流不畅。

## 二、性行为护理

### (一)性器官护理

1. 男性性器官卫生保健

男性阴茎兼有排尿和排精的功能,又是性交合器官。男性的包皮与龟头之间藏有白色的包皮垢,这往往是细菌最经常的藏身之所。如果包皮垢堆积而不清洗,容易引起炎症或其他疾病,在性生活时带入阴道会引起妇科病,甚至可能引发子宫颈癌。男性的尿道口也常带有一些细菌,夫妻性生活时容易带入女方的阴道和尿道。因此,男性要经常清洗阴茎特别是冠状沟,以免积垢较多,发生刺痒或感染,在性交前更应注意清理干净。

2. 女性性器官卫生保健

夫妻进行性生活时,由于男女性器官的接触,使女性尿道口的天然屏障受到破坏。在接触时,还可能使尿道口黏膜受损伤,为细菌进入大开方便之门,从而可能引起膀胱炎,出现尿痛、尿频和尿急现象,并伴有畏寒发烧等急性膀胱炎症状。若不及时治疗,病菌可沿输尿管上行,引发肾盂肾炎。

女性外阴部富含分泌腺,分泌物会粘附污垢积存病菌,引起外阴瘙痒与炎症,并增加病原体进入阴道的可能。同时,阴道位于尿道与肛门之间,三角部位易造成泌尿生殖系统感染。因此,女性应特别注意外阴部的清洁卫生,在性交前后及时清洗,以免感染。

为了避免和减少疾病发生,在性生活开始前,男女双方都应当将外生殖器用温水清洗干净,避免用刺激性强的肥皂,最好有专用盆具和毛巾。还要注意勤换内衣内裤。在擦洗时,男子应特别注意将包皮内的垢物洗净;女子应特别注意将外阴皱褶中的分泌物洗净。同时,这些卫生常规在以后的性生活中应长期保持下去。此外,夫妻性生活前还应注意全身的清洁卫生,如刷牙洗脸、清除口臭、修剪指甲等,否则会严重影响性生活的情绪。如果夫妻一方有生殖泌尿系统的病症,为避免在性交中引发相互传染,应停止性生活,一起进行检查治疗。

(二)性生活护理

1. 醉酒后应避免性行为

饮酒过量或醉酒有可能导致情绪失控而发生性行为,但性能力下降,性快感减弱,导致性生活不能完成,还有可能引发性功能障碍。可见,在酒后与过度疲劳的情形下进行性生活通常是有损于身体健康的。

2. 月经期间应严禁性生活

月经期间子宫内膜脱落而形成创面,性生活时可能将细菌带入,引起创面感染造成子宫内膜炎、输卵管炎和盆腔炎,甚至导致不孕不育。由于月经期生殖道充血,性行为容易发生大出血或月经过多,致使经期延长,加重经期反应,诱发月经不调。此外,经期同房,经血可进入男性尿道,引起尿道刺激等症状。

3. 妊娠期应妥当安排性生活

怀孕头三个月应避免性行为,以免引起流产。临产前一个月严禁性生活,以免引起生殖器官发炎。在妊娠期的其他时间里,应当节制性生活。有流产和早产历史的女性,最好在整个孕期内都不要发生性行为。

4. 患病期应克制性冲动

患病期间是否发生性行为视具体病情而定,除病情很轻并对身体健康没有多大影响外,一般应当暂时节制或减少性行为次数,以免影响治疗和恢复健康。男女任何一方在患病期间,由于身体较为虚弱,应积极配合治疗,保证充足的休息与营养,以便身体尽快康复。如病期进行性生活会使身体疲劳,病情加重,延缓痊愈时间。如果患有传染病,还会有传染给对方的可能。

# 第三节　性心理保健

## 一、性传播疾病的防治

### (一)认识性传播疾病

性传播疾病(STD),在我国简称为性病,是指通过性接触可以传染的一组传染病。较常见的有淋病、梅毒、非淋菌性尿道炎、尖锐湿疣、沙眼依原体、软下疳、生殖器疱疹、滴虫病、艾滋病等。其中,梅毒、淋病、软下疳、性病性淋巴肉芽肿被称为"经典性病"。性传播疾病由于病种多,发病率高,危害大,已成为世界性的严重社会问题和公共卫生问题,被认为是当今危害人群健康的重要疾病。

1. 艾滋病

艾滋病(AIDS)是获得性免疫缺陷综合征的英文缩写,是由于感染了人类免疫缺陷病毒(简称HIV)后引起的一种致死性传染病。HIV主要破坏人体的免疫系统,使机体逐渐丧失防卫能力而不能抵抗外界的各种病原体,因此极易感染一般健康人所不易患的感染性疾病和肿瘤,最终导致死亡。

艾滋病已确认是由一种逆转录病毒引起的人体免疫缺陷传染病。而人类是HIV的易感种群。HIV感染没有明显的年龄界线、性别界线和种族界线,即不分种族肤色,不分贫富贵贱,不分男女老少,均对HIV敏感,均可能感染HIV。

艾滋病感染可以分为三个期,最初是HIV感染,随后,有的发展为艾滋病相关综合征,有的最终演变成典型的艾滋病。一个感染上艾滋病病毒的人,也许会在很长的一段时间内看上去或是自我感觉起来很好,但是他们却可以把病毒传染给别人。目前,世界上每天有万余人新感染上艾滋病病毒。不但医学界在竭尽全力研究预防治疗艾滋病,各国政府、社会各阶层也都纷纷投入了对抗艾滋病的运动。但到目前为止,人类还没有找到一种特定疗效的药物。因此,我们应该主动关注艾滋病,了解艾滋病,进而预防艾滋病。

性传播疾病和人类免疫缺陷病毒(HIV)感染有密切关系,性传播疾病的存在将大大增加感染HIV的概率。患STD可促进HIV感染,而感染HIV后更易感染各种性传播疾病。尤其是溃疡性STD在增加HIV感染几率方面意义重大。非溃疡性STD同样也能增加感染HIV的危险性,因其较溃疡性STD更为常见,对HIV感染的影响不容忽视。研究显示,有效地控制STD会给减少HIV流行带来巨大而直接的影响。

2.常见其他性病

梅毒、淋病、生殖器疱疹、尖锐湿疣、软下疳、非淋菌性尿道炎、性病性淋巴肉芽肿和艾滋病等8种性病被列为我国重点防治的性病。

(1)淋病:由淋球菌引起的泌尿生殖系统的化脓性感染的一种性传播疾病。在一定条件下,淋球菌也可以感染眼、咽、直肠、尿道、子宫颈和盆腔,而且常与衣原体病共存。个别出现全身性感染。潜伏期一般2~10天,平均3~5天。男性常见的是尿道炎,有尿频、尿痛、尿道口红肿发痒、脓性分泌物流出等症状。女性常见的是宫颈炎,表现为阴道分泌物(白带)增多、发黄,但也有很多感染者没有任何自觉症状。患淋病的妇女在生产过程中可将病菌经产道传给新生儿,造成新生儿淋菌性眼炎的发生。

(2)梅毒:由苍白螺旋体所引起的一种慢性性传播疾病,几乎可侵犯全身各器官,并产生多种多样的症状和体征。初期梅毒表现为阴部出现无痛溃疡,通常在受感染后10天到3个月后开始出现。生殖器溃疡是一期梅毒的典型表象。溃疡直径一般1厘米左右,男性多发生在阴茎冠状沟的部位,女性多发生在大阴唇、小阴唇或子宫颈。由于溃疡表面没有明显的脓液,患者本人也不觉得痛,常常被忽视,直到出现二期梅毒的皮疹时才会发觉。梅毒可以通过胎盘传给下一代而发生胎传梅毒,即先天性梅毒。

(3)尖锐湿疣:由某些类型的人类乳头瘤病毒(简称HPV)引起的增生性疾病。潜伏期为3周至8个月,平均为3个月。男性多见于阴茎冠状沟、龟头、包皮内侧、尿道口,少数见于阴茎体。女性多见于大阴唇及小阴唇,但也可发生在泌尿生殖器的其他部位,如尿道口、宫颈等不易察觉之处。初发时为柔软的淡红色疣状丘疹,以后逐渐增大呈菜花状、鸡冠状或巨大团块。患者一般没有什么不舒服的感觉,既不会造成小便疼痛、不适,也不会在外阴部出现溃疡。

(4)非淋菌性尿道炎:指由性接触传染的一种尿道炎,它在临床上有尿道炎的表现,但在尿道分泌物中查不到淋球菌。男性非淋菌性尿道炎常表现为尿道内的不适、发痒、刺痛或烧灼感。时轻时重,通常疼痛的程度比淋病轻。女性非淋菌性尿道炎的症状不明显或无症状。当引起尿道炎时,约有50%的病人有尿频和排尿困难,但无尿痛症状或仅有很轻微的尿痛,可有少量尿道分泌物。若感染主要在宫颈时,则表现为宫颈的炎症和糜烂,可有分泌物增多、阴道及外阴瘙痒、下腹部不适等症状。

(5)生殖器疱疹:由单纯疱疹病毒2型(简称HSV－2)引起的一种性传播疾病。症状开始表现为阴部、大腿或臀部瘙痒或灼痒、疼痛。继而,阴部、臀部、肛门或身体的其他部位会出现明显的溃疡。这些伤处会在几周内痊愈,但对于大多数人,这种病会复发。疱疹虽然无法根治,但可以通过服用抗病毒药物控制病情,这些药物可以减少该病暴发的频率,减轻病情。但在怀孕期患疱疹会引起严重的综合征。

(6)软下疳:由杜克雷嗜血杆菌感染而引起的一种性传播疾病。潜伏期一般为2~5天。病变主要发生于性接触中组织损伤的部位。男性多在冠状沟、包皮、龟头、会阴部等处;女性多见于小阴唇、大阴唇、会阴部等处,生殖器外可见于肛门、大腿上部、口腔和手指等处。软下疳全身症状不明显。病变进展期有灼痛,形成脓肿,破溃后疼痛减轻。

(7)阴道毛滴虫病:由阴道毛滴虫引起的一种性传播疾病。其症状表现为阴道有分泌物,性交时有不适感,排尿疼痛,以及阴道恶臭等。男性身患滴虫病因无症状而有可能一无所知。

(8)性病性淋巴肉芽肿:由一些沙眼衣原体引起的急慢性性传播疾病。潜伏期一般为5~21天。主要表现为外生殖器溃疡,腹股沟淋巴结肿大、坏死和破溃,晚期发生外生殖器皮肿或直肠狭窄等病变。

3.性病的危害

性传播疾病是一种社会性疾病,不仅给患者造成不同程度的身体损伤,同时带来精神痛苦,还给配偶、子女、家庭带来不幸,无疑地会给社会和国家造成严重损失。

(1)危害自身:性传播疾病患者不仅承受身体上的病痛,还要承受经济负担,来自家人、同事甚或好友的鄙视,精神压力往往很大。若患者羞于启齿,延误及时、正确的治疗,会造成并发症和后遗症,男性可导致附睾炎、精索炎而致不育,女性可引起盆腔炎、输卵管炎、子宫内膜炎、异位妊娠、流产等。尖锐湿疣、生殖器疱疹等均可引起癌变,艾滋病则可以导致死亡。

(2)危害他人:性传播疾病传染性强,配偶或性伙伴以及密切接触者都处于危险之中,常发生家庭中传播。由于婚外性关系而感染性传播疾病,常导致婚姻危机,造成家庭解体。

(3)危害社会:性传播疾病与性乱相伴生,婚外性关系影响家庭稳定,部分患者产生报复心理,出现反社会行为,成为社会的不稳定因素。同时性传播疾病迅速传播蔓延,对健康人构成严重威胁。高昂的医疗费用和劳动力丧失给家庭和社会带来沉重的经济负担,直接影响国民经济发展。

(4)危害下一代:一些性传播疾病可通过垂直感染和间接接触传染给婴幼儿,影响他们的健康发育和成长,如梅毒可通过胎盘传给胎儿,发生流产、死产、先天性畸形;HIV母婴传播的几率约30%,受染婴儿寿命通常在5年以内。

(二)预防性传播疾病

1.了解传播途径

性传播疾病可由病毒、细菌和寄生虫引起。由病毒引起的性传播疾病有生殖疣、乙型肝炎和生殖器疱疹等。由细菌引起的性传播疾病有淋病和梅毒等。疥疮、滴虫病和阴虱是由寄生虫引起的性传播疾病。

(1)直接性途径传播:是性病的主要传播途径,包括接吻、触摸在内的性行为均可传播。只要性伙伴一方患病就能通过性行为传染给对方,而梅毒、生殖器疱疹、软下疳的病原体虽不存在于精液中,但可通过皮肤黏膜的直接接触传染对方。一般女性比男性更容易感染性病,不过,男性包皮过长者较易感染性病。

(2)非性接触传播:性病患者的分泌物中有大量病原体,间接接触被病原携带者或病人泌尿生殖道分泌物污染的衣服、用具、物品、被褥、便器等,正常人也可能被感染。

(3)血源传播:艾滋病、梅毒、淋病、乙型肝炎、丙型肝炎、巨细胞病毒感染均可通过输血传播。输注含有上述病原体的血液,其传染几率一般可高达95%以上,而且潜伏期短,发病快,症状严重,合并症多。

(4)母婴传播:主要有胎内感染、产道感染和产后感染三种形式。

胎内感染:梅毒螺旋体、艾滋病病毒、乙型肝炎病毒和单纯疱疹病毒等可通过胎盘传染胎儿,造成胎内感染。胎儿感染一般发生在妊娠4个月以后。艾滋病病毒可穿过绒毛羊膜进入羊膜腔,进而通过胎儿吞食羊膜液经肠道感染,或直接经黏膜感染,或者病毒穿过胎盘合胞体滋养层经血感染。梅毒经胎盘感染可引起胎儿流产、早产、死胎或出生后死亡,即使婴儿存活,也常出现畸形、智力低下等疾病。单纯疱疹病毒胎传可引起胎儿死亡、流产、畸形、脑炎、宫内发育迟缓、白内障、先天性心脏病等。

产道感染:一些STD虽不能经胎盘传染,但胎儿通过产道时,可以发生感染,如新生儿淋菌性眼炎、非淋菌性婴儿结膜炎,新生儿肺炎等。HIV亦可经孕妇产道感染胎儿。

产后感染:产后哺乳和母婴间密切接触可引起婴儿感染。如果母亲为HIV感染者,通过食入含HIV的乳汁可致婴儿受染。

(5)医源性传播:医疗操作所用器械消毒不严,可造成医源性感染。主要是未消毒或消毒不彻底的注射器、手术器械以及刺破皮肤或黏膜的其他医疗器械,造成病人之间、医患之间的传播,特别是艾滋病、乙型肝炎和丙型肝炎的传播。

(6)人工授精、器官移植及性暴力:人工受精和器官移植可造成性病的传播,尤其是HIV的传播。儿童或成人被强奸后有时会染上性病。

2.切断传播途径

(1)严禁不洁性行为。恪守一夫一妻制的伦理观,严禁一切不安全的性行为。如果性伴侣有一方得了性病,在未治好以前不要进行性活动。此外,坚决杜绝与艾滋病抗体阳性或艾滋病病人发生性接触,尤其是避免同属于高危险人群的人发生性行为。

(2)加强治安环境管理。严格取缔卖淫和嫖娼活动,坚决打击非法乱性行为。因为一切性乱行为都可促使性病的传染蔓延,包括婚外性行为、强奸、乱伦、性虐待、卖淫、嫖宿、同性恋和淫乱等行为,都可增加性病传播的机会,尤其是卖淫、嫖宿、同性恋和淫乱的危害更大。同性恋和口淫等异常性行为,也可促使性病传播蔓延,尤其是同性恋者危害较大。同性恋主要是指男性之间的肛交。通过肛交,男子精液进入同性的肛管,不但可发生精液过敏而引起免疫机能的变化,而且还会增加性病传染的机会。淫乱性流氓活动也可促使性病的蔓延流行。主要表现为多个或一群男女厮混在一起,群奸、群宿,相互猥亵,轮流奸淫,互相玩弄,以追求动物性的性快感和性满足为目的,不但败坏社会风气,严重破坏社会秩序,而且容易造成性病的传播。

(3)加强血液制品管理。严格控制血源,对所有供血者都要进行严格的抗体检测,凡抗体阳性者应坚决禁止供血、血浆、器官、其他组织或精液。特别要加强对进口血液制品的检测,禁止被污染的血液制品入境。

(4)严格消毒,避免医源性感染。医务人员在接触病人时,应穿隔离衣、戴手套、防止病人使用过的针头和医疗器械刺伤皮肤。避免直接和病人的血液、体液、污染物接触。病人的衣物及物品可用1∶10漂白粉或1∶10氯酸钠液消毒。病人的尸体需用塑料袋封包后火化。病人的分泌物和排泄物及废弃物品都需要装入密封塑料袋内处理或烧毁。

(5)加强检疫监测。由于我国对外开放政策的实施,与国外人士交往日趋频繁,随之入境的人数也急剧上升,这就要求卫生检疫部门,对入境人员进行严格检查,对艾滋病抗体阳性者,坚决不允许入境。对与外国人及外籍人员发生性接触的妇女应做艾滋病抗体的检查,感染 HIV 或患有艾滋病的妇女禁止怀孕。尤其是对危险人群进行密切的监测,如:应用过国外进口的血液制品者;与来华的外国旅游观光者或国外留学生有过性关系者;长期驻华外宾、来华旅游观光者;我国长期驻外人员、劳工以及外交人员;某些边缘地区的少数民族;与艾滋病病人及艾滋病病毒抗体阳性者的接触者。

(6)避免妊娠。加强妊娠妇女的性病感染检查非常重要,应列为常规检查项目。诸如梅毒、淋病、艾滋病、巨细胞病毒感染和生殖器疱疹等可以通过胎盘传染胎儿,此外淋病、非淋菌性宫颈炎、生殖器疱疹、尖锐湿疣等还可造成新生儿经产道的感染,因此,患有这些疾病的妇女在彻底治愈之前,应避免妊娠,已经妊娠的要及时进行彻底治疗和向医生咨询。

3.保护易感人群

(1)普及性病防治知识,提高自我保护意识。通过健康宣传教育使人们充分认识到性传播疾病的病因、流行情况、传播途径及预防措施,尤其是正确认识艾滋病的危害性和可预防性,了解不良的性习惯易传染性病,例如直肠上皮比阴道上皮更为娇嫩,肛交比阴道交更易造成黏膜的损伤而增加感染的危险性。

(2)做好性交防护。如果要发生性行为,应该保证性行为的安全,正确使用质量可靠的安全套。不过,安全套虽然可以减少感染性病的机会,但不能绝对保证不会感染性病,有些性病可能通过安全套没有覆盖的部位的接触传播。

(3)预防非性途径传播。不要与他人共用未消毒的洗澡毛巾或其他洗澡用品。在消毒条件没有保障的情况下,最好洗淋浴。公共厕所最好使用蹲式的,如果使用公共坐式马桶,应该用一次性的垫纸。

(4)及时诊断,正确治疗。对所有性病均不主张自诊自治,当怀疑自己已得性病或出现上述症状时,应该及时到正规医院进行检查和治疗,任何私自的诊疗行为只会导致严重后果而不能治愈疾病。

## 二、影响性生活的疾病的防治

### (一)男性性器官疾病防治

1. 包皮过长

阴茎前端膨大处为阴茎头,俗称龟头。在龟头的外面有阴茎皮肤双层折叠,称为包皮。如果包皮口很小,包皮翻不上去,龟头不能露出来,称为包茎;如果包皮能翻上去,但由于包皮口较小,形成连环,卡住了阴茎,称为包皮过长。

包皮过长的人在龟头与包皮之间,容易引起包皮与龟头粘连,从而使阴茎勃起受到一定限制,造成性生活不适。因此,包茎或包皮过长都应当进行包皮环切除手术。如果包皮过长或包茎发生急性炎症时,局部可能会出现红肿、疼痛、奇痒,有时有乳白色带臭味的分泌物,可以用 1:5000 高锰酸钾溶液浸泡、热敷,同时应服用抗菌药物,待炎症消退后,再行包皮环切除术。

2. 阴茎海绵体硬化症

有的人在阴茎海绵体白膜与阴茎筋膜之间长出一块纤维性硬结,这就是阴茎海绵体硬化症。这种硬结多发生在阴茎海绵体和冠状沟的后方,有的只有一个,有的有多个甚至呈条状或块状,表面光滑,没有破溃成隆起。当阴茎勃起时,常感觉疼痛或阴茎弯曲而影响性生活。时间久了,可以引起排尿疼痛或排尿困难,也可能发生阳痿。这是一种良性病,不必害怕,可以用醋酸氢化可的松 25 毫克溶于 1% 普鲁卡因 1 毫升内,直接注射于硬结处,每周一次,连续注射到症状好转。也可长期服用维生素 E,每日口服 30 毫克,连服 3~6 个月。

3. 前列腺炎

前列腺炎有急性和慢性两种。急性前列腺炎有全身感染、怕冷、发热等症状,并伴有排尿疼痛、尿频、尿急及出现血尿的现象。慢性前列腺炎有时毫无感觉,一般多感到尿频、尿急、尿痛,有时尿道中排出分泌物,会把尿道外口都粘住了。患者会因局部疼痛而顾虑重重,容易出现性欲减低、早泄等。在急性期间应用各种抗菌素大多可以痊愈,慢性炎症除应用中药消炎化结外,同时采用按摩治疗效果较好。

4. 阴茎癌

阴茎癌的症状是在阴茎头或冠状沟处,有像丘疹样的红颗粒,或疣状突起,或发生溃疡,经久不愈。晚期则局部肿大如菜花,出血疼痛。阴茎癌的治疗多主张手术治疗。

（二）女性性器官疾病防治

**1. 外阴炎**

外阴炎包括大小阴唇、阴蒂、阴道口等部位发炎。发炎的部位会变红、肿胀、刺痛，以小阴唇及阴道口最明显。如果勉强进行性生活会引起剧烈疼痛。外阴炎的治疗原则是采用抗生素，以及用1:5000高锰酸钾溶液冲洗局部。在没有治愈前应暂时停止性生活。

**2. 尿道炎或尿道口炎**

症状是尿道及尿道口有烧灼样疼痛，有脓状分泌物，并出现尿频、尿急、尿痛等现象。性生活可能加重此类症状，并进一步促使炎症向膀胱、输尿管和肾脏蔓延。应立即停止性生活，采用抗菌素药物进行治疗。

**3. 尿道肉阜**

这是生长在尿道口的一种良性息肉组织，颜色鲜红很脆软，一碰就出血。在治愈以前要禁止性生活。治疗可以用电灼，也可以用乙烯雌粉0.5毫克，每晚一次塞入阴道内，连用10~20次，每隔3~4个月重复进行，可减轻症状。

**4. 外阴瘙痒**

引起外阴瘙痒最常见的原因是外阴神经性皮炎、慢性非特异性皮炎、萎缩性硬化性苔藓和霉菌性感染等。患糖尿病的人，也常发生外阴瘙痒。有的感到奇痒需要用手抓搔直到抓破疼痛，瘙痒才可以缓解。由于长期抓搔，局部上皮增厚、角化或萎缩，皮肤和黏膜色素脱失。很多病人会因此郁闷烦恼，还有的误认为自己得了性病，进而影响性生活。其实，这种病是可以治愈的，但最好是早治。治疗的关键在于止痒脱敏，可以用薄荷油膏、地塞米松冷霜外敷，用中药熬汤坐浴，也可内服抗过敏药物及镇静剂等。至于糖尿病人出现外阴瘙痒，必须控制饮食，用降血糖药物，如胰岛素、降糖灵等控制尿糖，瘙痒也就可以控制了。

**5. 子宫颈癌**

子宫颈癌的一个重要症状是性生活出血，一旦发现应立即停止性生活。进行手术后，如果保留阴道的仍可以有性生活。如果是进行放射治疗，在病情稳定前应当避免性生活。

总之，如果确诊是由于疾病引起的性生活不和谐，就应当针对病因进行治疗。在治疗过程中，夫妻双方必须互相体谅与协调，绝不能彼此责怪、讥笑和怨恨，更不能勉强从事。否则，不仅达不到治疗效果，还会影响夫妻间的感情。

在结束本章之前，先对你的性商做一个测试，检验你的性商水平。你可以在附录1中找到答案及解释。

## 【互动测验7-1】 性商测试量表

【指导语与题目】本次性商测试的目的,是要了解近一个月来,你的性健康水平。你的回答无好与坏、正确与错误之分。请你仔细阅读每一道题,看清楚每句话的意思,实事求是地选择与你相符的答案。填答时间没有限制,不要有遗漏,希望你能准确测出自己的性商水平。

1.你是否会和爱侣谈论你的性需求?

A.经常,为了让对方知道我喜欢什么,而且谈"性"本身就让我兴奋,能助"性"。

B.偶尔会,当两人交流各自喜欢的性行为的时候。

C.很少,偶尔提到,但不会很深入地去谈论这个话题。

D.没说过。因为爱是靠"做"的,不是靠"说"的。

2.最近一段时间,你对他(她)"性"趣消退,你会:

A.跟他(她)明说。

B.虽然不直截了当地说,但会让对方明白。

C.不会说,但相信"性趣"会很快恢复的。

D.我是不是该换个新伴侣了。

3.最近好朋友觉察到:"你们俩看上去不是很对劲啊,出啥事了?"朋友没说错,你的性生活确实很不协调。你会如何回答呢?

A.什么都不说,我从来不会对外人谈论我的性生活。

B.只是在问题很严重的时候,告诉朋友自己的问题。

C.我会向最好的朋友讲自己的性问题,对最好的朋友我是无话不说的。

4.有未成年的朋友请求你给些性方面的建议,你会:

A.建议他(她)发生性行为不宜太早。

B.告诉他(她)如何自我保护,防止性病传播和怀孕。

C.推荐几本性方面的书。

D.回忆自己未成年时的状态,了解他(她)真正想知道的,并与他(她)分享自己的经验和教训。

5.你不想做爱,可是他(她)坚持,你会:

A.我如果确实不想,肯定不妥协。

B.我偶尔能顺从,但我没有快感。

C.我最终顺从,如果对方能想法儿唤起我的欲望。

D.我让步,因为我想让他(她)高兴。

6. 你和他(她)一见倾心,并希望能建立长久关系。你们什么时候会上床?

A. 如果我对他(她)心仪万分,我希望能更好地了解他(她)以后。

B. 一两次约会以后。

C. 我会趁热打铁,主动出击。

7. 你怎么看待床上和解?

A. 做爱并不能解决分歧。

B. 闹别扭的时候,我们会通过做爱避免正面言语冲突。

C. 做爱能在人要发火的时候缓解紧张情绪。

D. 只有问题解决以后才会做爱。

8. 你什么时候会想到性?

A. 几乎每时每刻。

B. 每天,有时一天好几次。对我来说,性在生活中占的比重比较大。

C. 偶尔,不过坦白说,我又不是只有这件事要做。

D. 是在我有欲望、想做爱的时候。

9. 他(她)要求你去体验一种你不喜欢,或者从心底里排斥的性行为,你会:

A. 同意,不过主要是为了能让对方快乐。

B. 跟对方探讨,为什么他(她)会有这样的要求,为什么我会排斥。

C. 拒绝。不可能对方要求什么都答应。

D. 我会想我和他(她)可能并不合适,如果对方很坚持,我会考虑分手。

10. 通常,做完爱后,你的感觉是:

A. 有点沮丧。

B. 有点漂,脑子空白。

C. 满足,幸福。

D. 和平常一样。

11. 如果你最喜欢的性幻想是同时和两个人做爱,你会告诉你的伴侣吗?

A. 我害怕让对方知道我的脑子里在想这些。

B. 我不希望我的伴侣知道我在想什么,因为那样我会很尴尬的。

C. 我不会说出来,不过,也许告诉对方可能会很刺激吧。

D. 对对方的性幻想,我们彼此都了如指掌。

12. 你会被某一类型的人所吸引吗?

A. 是的,和我发生关系的人都属于同一类人。

B. 是的,但我并不强迫自己只和符合自己标准的一类人发展男女关系。

C. 不同类型的人对我都有吸引力。

D. 我从来没想过什么样的人会更讨我喜欢。

13.如果你曾经有过对爱侣不忠的想法,你面对他(她)时会:

A.一想到对方如果知道肯定会痛苦我就有罪恶感。

B.我认为我不会过多考虑他(她)的感受。

C.我绝不会有不忠的行为,因为那样违背我对伴侣的定义。

D.我之所以还没出轨,是怕被他(她)发现。

14.在你的性生活中,你的身体是如何"介入"的?

A.我的身体(体型、外貌等)让我感到难为情、胆怯。

B.当我觉得被爱的时候,我不会有任何自卑感。

C.我觉得自己很性感,我的性生活也因此受益。

D.我的自卑情结严重影响性生活。

15.在伴侣想要的时候你却没"性"趣,"性"致的不同步很令你们苦恼。你的解释是:

A.在性欲的方面,男人和女人并不总是处在同一个频率上。

B.我不懂得如何表达自己的需要,不懂得唤起对方。

C.我还没找到另一半(她/他可能并不是我的最爱,或者我们不是天生的一对)。

D.这个问题是永远存在的:男人和女人本质上是不同的,谁也没办法改变。

16.你认为性与爱的关系是:

A.没有性也能爱,没有爱也能得到性快乐。

B.如果你对某人产生很强的性欲望,那说明你爱上对方了。

C.必须先有爱才能有性。

17.你父母是如何跟你谈论性的?

A.他们从来也没说过。

B.他们更多的是进行道德教育。

C.他们跟我正面积极地谈论过性,即使他们也不是很在行。

D.他们没说太多,因为这个话题让他们很尴尬。但是他们给我买了几本性方面的书。

18.别人的性幻想是什么你知道吗?

A.我猜大多数男人和女人的性幻想都和我的差不多吧。

B.别人会有什么样的性幻想我一无所知。

C.我想通常人们的性幻想应该比我的性幻想正常些吧。

19.等你70岁的时候你的性生活会是:

A.还没想过呢,太遥远了。

B.希望和现在一样好。

C. 越来越好，我正努力为此奋斗呢。

D. 恐怕是以温存爱抚为主吧。

20. "性行为有益于健康。"你如何看待这句话？

A. 性与身体健康无关，主要是作用于精神状态。

B. 很可能，不过不知道是否有科学依据。

C. 对，科学已经证明了性生活对健康有益。

21. 男人和女人：

A. 通常很难达到互相理解。

B. 就我而言，我从来就不明白异性是怎么想的。

C. 尽管男人和女人在外貌上有显著差异，但是在行为方式上没有什么本质区别。

# 第三部分

## 调适篇　调适爱的旋律

　　人生的旅程中无处没有爱,不仅在美好的经验中出现,甚至在悲剧中都可以找得到。生命有了爱,才会有深刻的意义,因为爱是人类本质的一部分。然而,我们身边很多人从来不曾有爱的体验,有的话也只能说有行动回馈的经验。从小我们就知道怎样才会被"爱":要礼貌,会读书,常微笑,勤洗手……我们费尽力气争取别人的爱,却不知道这样的爱是有条件的,当然也就算不上是真爱。如果爱必须建立在别人的认同上,又怎么可能有爱的能力? 因此,要先从灵魂的滋养做起,学会善待自己与他人,给灵魂添加足够的养分,才会让环绕自己的爱进入心中。

# 第八章　婚恋心理调适

　　爱情是美好的，让人期待又怕受伤害；让人感觉到人生独特、完美而圆满。但如果以为在找到真爱以前，每个人都是不完整的一半，是未完成的拼图，只要找到白马王子或灰姑娘，人生就会变得完整而圆满。显然，这种以为爱情可以解决一切问题的想法是大错特错的。因为生命的圆满与完整只能来自你的内在，找到另一半并不能解决两性相处的问题。所以，经营婚恋永远应该在自己身上着力，在对方身上找问题只会让你分心。

## 第一节　婚恋困境调适

### 一、恋爱心理调适

#### （一）恋爱困境调适

1. 早恋

　　也有叫做青春期恋爱，是指未成年男女在学龄期开始与异性建立恋爱关系或对异性感兴趣。一般指 18 岁以下的青少年之间发生的爱情，特别是在校的中小学生为多，且常常以失败告终，很少出现早恋能够终身厮守的。处于早恋的青少年，往往表现出一些反常现象。比如上课分心走神、精神恍惚，学习成绩突然下降；情绪起伏大，心神不宁；开始注意打扮，突然大手大脚花钱，善于在某个异性面前表现自己；突然有人寄信、打电话来，但寄信人、打电话人不留地址、姓名；经常与某一异性交往，甚至发生各种越轨行为。由于早恋难以得到家庭、学校和社会的认可，各方面都有很大的压力与矛盾，从而使早恋者注意力分散，使得自己的志趣和目标发生改变，这种改变大都对人是一种负面的影响，对人的性情、性格、人生观、世界观的形成有害而无益。可见早恋造成危害主要不是因为早恋本身，而是来自早恋者受到的多方面压力。

　　（1）了解原因。随着生活水平的提高，促使处在青春期的少男少女们营养状况普遍良好，身体发育加快，性成熟的时间提前，性意识开始萌芽并躁动，使他们过早有性爱体验的强烈要求；由于青春期的来临，在心理上渴望独立自主，一旦摆脱家庭的束缚，则会促使他们在恋爱问题上跃跃欲试；丰富多彩的课外文化生活，使男女同学接触机会增多，而在交往过程中，不免互相爱慕，引起早恋；由于社会生活的开放，性诱惑力和感染力很大,引起他们的联想和模仿的愿望;理想道德教育特别是爱情教育的缺乏,造成不少同学不求上进,以至将兴趣和注意力转移到对异性的好感甚至恋爱上。

(2)斩断恋情。正如建立恋爱关系需要两厢情愿一样,结束早恋也应是双方同意,这样才能不留后患。主动提出结束早恋的一方要用坚定的意志、果断而恰当的方法,斩断恋情。你可以与对方在适当的地方,在理智的情况下作深入的谈话,谈话中,你要首先肯定对方在恋爱过程中对自己的爱护、帮助和关怀,然后告诉对方早恋的危害和学习的重要性,劝其把爱情之火熄灭,把爱的种子珍藏在心底,把精力用在自己的学业和个性的完善上。也可用书信的方式。因为书信比面谈有更大的缓冲余地,措辞也能更冷静、得体,但不管用什么方式,都要防止引起对方的误会,以能尽快使对方心悦诚服为目的。

(3)中断往来。从结束早恋的角度来说,男女同学间的友谊、好感都是正常的感情,只要把恋爱退回到好感或友谊,早恋也就结束了。但是,由于恋爱所唤起的情感是强烈的,而中学生的理智和抑制力相当有限,所以,要结束早恋,就要尽量避免两人单独在一起,暂时中止感情交流的一切渠道。经过感情的一段冻结过程,使理智对感情的控制成为习惯以后,再恢复正常交往,感情之树才不会故态复萌。

(4)转移情感。把时间和精力转移到紧张的学习和健康的课余爱好上去。多关心国家大事,多参加集体活动,多谈一些文字名著、哲理文章,多想想自己的进步,想想将来的事业,想想将来在复杂的社会里如何开拓和进取。这样,心胸和视野就会开阔,抱负就会远大,就会焕发出勃勃朝气,永远前进。

2.网恋

因特网是当今世界最快捷便利、省时省钱的交流与沟通手段,它使人们可以随时随地跨越时空进行倾诉和交往。网络的主体性、虚拟性、隐蔽性及便利性使得一些大学生钟爱网络交流。许多远隔天涯的男女在一定空间通过指尖点击相识相知,倾心交流,心心相印,终成伴侣。但是由于网络的虚拟性和欺骗性大,网恋也存在着许多问题,许多人被骗财骗色,甚至丢掉性命。

网恋通常有两种形式:一种是在网上认识,在网上恋爱,甚至在网上结婚组成网上家庭,但现实生活中双方并不接触,这更多的像一种柏拉图式的精神恋爱;二是在网上认识,双方都有进一步交流、了解的愿望后,于是从网上走下来开始传统的恋爱过程。网恋者的轻率令人瞠目结舌,有些人同网友聊过一次天、发过一次 E - mail 后,便一见钟情、相见恨晚。有些人第一次"接触",便敢说"我要娶你""我要爱你到天明",并迅速在网站上确立恋爱关系。网恋中的男女展示给对方的通常都是自己美好的一面,即便是坦诚地说到诸如性格乃至人格上的缺陷,也往往会被对方视若调侃和幽默而被忽视。网恋的美丽之处在于它的神秘,正是虚幻使网恋有着挡不住的诱惑和吸引力。而网络的虚拟性,过滤了金钱、容貌、身份、家世等外在条件,网恋没有国界、地域的限制,给爱情的想象留下了足够的空间,在现实中寻觅不到的东西都能在这里感觉到、寻觅到。

人与人之间的交往需要时间来慢慢建立信任。而网络的速度很快,缺少了建立信任的时间,也削弱了情感中所需要的重要元素。通过网络"传情达意"所感知的只有文字,只有优点,而不可能调动各种感官获得全方位的信息。

持久的爱情必须以现实为基础。虚拟空间的感情发展到一定阶段,必须引入现实生活,才能获得实质性的进展。生活是现实的,心理健康的人总是生活在现实世界中,他们不沉溺于想象的世界。

### (二)恋爱挫折调适

#### 1.单恋

单恋是指一方对另一方的以一厢情愿的倾慕和热爱为特点的畸形爱情。爱情是相互的,是两情相悦发出的共鸣,如果只是一方倾心于另一方,另一方不知道,或另一方知道了却不理睬,就不能叫爱情。这种单方面的爱恋,较多地出现在性格内向、敏感、富于幻想、自卑感较强的人身上。心理学上称为"单恋",即人们常说的"单相思"。单相思一般有三种情况:一是自作多情型。误认为对方爱上了自己或明知对方对自己没有爱意仍深深地爱着对方。二是藕断丝连型。恋爱中断了,还深深地眷恋着旧情人,无法摆脱往日的情思。三是羞于表达型。自己深爱着对方,却不知道对方的感情,又羞于向对方表白,而苦苦思念着。无论哪种情形,对当事人都是很痛苦的,爱的情感越深,所带来的情感折磨就越痛苦。深刻的单恋是一种难以矫正的心理障碍,会使人一度丧失自尊,不顾人格尊严地乞求于所恋对象,严重影响人的知觉判断和理性选择,同时也干扰了所恋对象的学习和生活,有时会走向极端,以伤人的方式终结单恋。因此,应尽早从单恋中解脱出来。

单恋形成的原因很复杂,主要与单恋者的幻想特质、信念误差和认知念头等有密切的关系。

幻想因素:人的幻想特质与先天气质类型和后天的心理发展过程有密切关系。一个从没有被人爱过、敏感、内心体验丰富的人,就难以爱上别人,即使爱上别人也羞于向人承认,也不敢奢望被爱。但是,人人都有爱和被爱的渴望,如果对爱的需要的满足受阻,往往转向自己,回到内心,自编自导一个玫瑰色的梦,并在梦中满足自己对爱和被爱的渴求。当他们进入青春期,开始真正的异性交往时,就很难适应正常的恋爱,于是只好退回到过去那种满足方式上,以儿童的反应把爱的渴望当成现实的异性之爱,以丰富的想象力在幻想中得到异性爱的一切满足。

信念误区:单恋者往往信守"伟大的爱充满艰辛和痛苦,它往往是得不到回报的"的信念,于是在得不到对方的爱时,就在单恋中自我暗示:爱不仅仅是为了爱,不要承诺,不要回报。认为这种不顾一切的爱才是最伟大的爱。

认知偏差:单恋者往往由于对于倾慕对象一往情深,希望得到对方的动机十分强烈。在这种心理的支配下,往往会把对方的言行举止纳入自己的主观需要的想象中,造成对他人的认知偏差。另外,有的单恋者不能正确地对待被拒绝的事实,认为如果承认事实,就是承认自己配不上对方。因此,为了自尊和面子,就强迫自己坚持求爱到底。

单恋者固然会体验到一种深刻的快乐,但更多会体验到情感的痛苦,因为他们无法正常地向自己所钟爱的异性倾诉柔情,更不能感受到对方爱意的温馨。单恋的痛苦不仅仅为情,真正让自己痛苦的是自我的否定,陷入单恋的青年应当学会调适。

(1)识别感情的性质。要冷静分析和辨别自己的那份情是不是爱情。若是,就要勇敢表白,与其总是在患得患失中痛苦度日,何不"快刀斩乱麻"?即使对方拒绝了,短痛总比长痛好,到时也不会有遗憾;若不是,就要对自己单方面的感情加以否定,从认知上解决偏差,切除"恋"的本源。

(2)扩大人际交往面。单恋的人常常生活在自己制造的假象里,把自己理想化了的标准投射到所暗恋的人身上。其实,他们心中的偶像并不像他们想象的那么完美,与所有人一样,普通又平凡,有优点也有缺点。只有在较广泛的人际交往和比较中,才会发现所暗恋的人是否适合自己,从而减少自卑,增强自信心。

(3)学会转移自己的情感。人的情感很复杂,一旦产生爱,是很难一下子丢掉的,这时不妨运用转移的方法,把自己从爱的漩涡中摆脱出来。陷入单恋的大学生应该多多参加一些课外活动,甚至进行一些文学、艺术创作,把自己的情感转移、上升到有建设性的活动中去。

(4)把爱埋在心底。爱别人的感觉虽然是美好的,但如果发现对方根本就不爱自己,最明智的办法就是把爱封存在心底。爱对方就应该为对方着想,不要让自己打扰对方的平静,也不要让对方与你一起陷入烦恼之中,在心里默默地为对方祝福,这才是爱的最高境界。反之,不顾对方的感受,想方设法地去表达你的爱,其结果只能使双方都痛苦。

2. 自恋

自恋是指一个人只是在自我刺激或自我兴奋中寻求快感,而不需要旁人在场,同时它的性指向是他自己。自恋现象在婴儿时期便已存在。开始只是一种身体的自慰快感,并没有性恋的成分存在。但是随着生理的成熟、性刺激的不断出现,自恋便成为一种生理和心理的需要。

一般来说,自恋的过程一旦进入成年期,便完成了由自恋向他恋的转移。但也有成年后仍未摆脱自恋或不能完全摆脱自恋的,这种情况因人而异。人格成熟的人会使自恋升华为他恋,成为一种精神追求,将注意力转移到有益于社会的活动中去,而人格幼稚的人会使自恋保持下去,甚至不断地加以自我强化,使自己成为孤独的自恋"公主"或"王子"。自恋是人格幼稚、害怕现实生活的一种内化反应,是一种情感生活适应障碍。其实,我们每一个人,都会有或多或少的自恋倾向——小到对一枚指甲的专心修饰,大到爱自己而不能与另外的人相爱。人人都应该爱自己,但是爱得过了火,就危险了。过分自恋,其实与自私无异。凡事看到的都是自己,渐渐整个世界也都变成了自己一个人的了。

3. 多角恋

所谓多角恋是一个人同时被两个或两个以上的异性所追求或自己同时追求两个或两个以上的异性并建立了爱情关系。多角恋是爱情纠纷的主要原因之一,实质上是比单恋更为复杂、更为严重的异常现象。由于性爱具有排他性、冲动性,因此任何一种多角恋都潜伏着极大的危险性,一旦理智失控,就会给对方及社会带来恶果。

导致多角恋的原因主要有以下几个方面:

择偶标准不明确:由于个性不成熟,生活经验不足,择偶前没有一个较为明确的标准,不知如何才能断定与自己关系密切的异性中哪一位与自己更合适,因此只好颇费心思地多方应付,多头追逐,从而出现了选择性多角恋。

择偶动机不良:有的人一开始和异性交往就出现了动机冲突,一会儿认为张三英俊、潇洒,一会儿又觉得李四深沉、稳重;今天认为王某开朗可爱,明天又觉得赵某妩媚、艳丽,各人的长处他都想兼得。为了满足不同的欲求,只好在不同角色中周旋以寻求快乐,有的甚至发展到玩弄异性的程度。

虚荣心强:总以为追求者越多,身份就越高,若退出竞争,就是承认失败,承认自己比别人差,这是导致恋爱上的自私自利、对别人和自己感情不负责任的多角恋的主要原因。

盲目崇拜:明知对方已有对象,但由于盲目崇拜,加上嫉妒好强,固执任性,从而导致冲动性、竞争性的多角恋。

多角恋爱是一种极不道德的恋爱行为,是对纯洁、专一的爱情的亵渎。陶行知说得好:"爱之酒,甜而苦。两人喝,是甘露;三人喝,酸如醋;随便喝,毒中毒。"多角恋爱也会产生极为不良的后果:争风吃醋、反目为仇、行凶报复等恶性案件的发生大都是多角恋爱引起的。因此,无论在多角恋关系中是唱主角还是处于被动的位置,都要及早地从这种感情的纠葛中摆脱出来。

(1)保持高度的冷静和理智。傲慢和自卑、怀疑和嫉妒、讽刺和狡诈,都不是正确的态度。无论出现什么情况,都要尊重自己,尊重对方,还要尊重插足的"第三者"。不管是你同时爱上了两个以上的异性,还是两个以上的异性同时爱上了你,你一定要冷静分析,恰当取舍,鱼与熊掌不可兼得,不可脚踏两只船,否则可能酿成不良的后果,更不利于这种复杂关系的解决。

(2)重新审视自己的恋爱关系。自己的恋爱对象对他人产生了恋情,尽管很痛苦,但一定要进行理性的分析:是自己的问题,还是对方经不住爱情的考验? 或是对方认为第三者比自己强? 再通过与自己所爱的人坦诚相谈,做出抉择。千万不能感情冲动,不顾双方感情的实际,为了挽回所谓的"面子"而做出蠢事来,那会给自己带来更大的情感困扰。

(3)鼓起勇气,急流勇退。如果发现自己闯进了别人的情网,或发现与所爱的人的关系不可能发展下去,就应该鼓起勇气,积极地退出来。这是一种看似消极实为积极的策略。俗话说得好:退一步海阔天空。因为在多角恋关系中,人的感情往往是说不清道不明的,如果再在上面耗费时间和精力,是没有多大价值的,而且可能会给自己的感情带来更大的伤害。

4.失恋

失恋是指处于恋爱交往中的男女,由于某种原因双方或一方不愿意再保持彼此的恋爱关系。失恋不仅仅是一种感情生活的挫折,而且会造成深刻的心理创伤,极大地影响当事人的自尊、自信以及对待外界的看法,非常容易使失恋者产生强烈的自卑、忧郁、焦虑、悲愤乃至失去生活勇气的消极情绪体验。如果处理不当,不仅会造成心理平衡的失调,影响自我发展,甚至会使人丧失生活的信心和勇气。

失恋者倾向于为自己将来的命运担忧,将爱情的失败与人生联系起来,产生人生如梦的感觉,体验到否定性与对抗性的情绪,出现"失恋效应"。究其原因主要有:一是由于双方的文化水平、道德水平、个性特征以及志趣爱好等不一致,而使付出的爱情得不到回报;二是爱情的时机错过,双方发展关系已不可能,导致一方变心,见异思迁,移情别恋;三是爱情只是单恋,对方根本没有觉晓,没有燃烧与共鸣,只是一厢情愿,或错将友情当爱情等;四是由于相恋中人自身的原因,使双方的关系慢慢疏远,爱情逐渐消失。如一方的任性、轻率、孤僻、自私、缺乏尊重等使对方觉得当初看错了人,于是选择结束关系。既然失恋会给青年人造成很大的消极影响,就要学会尽早从失恋的痛苦中走出来的方法,掌握"疗伤"的技巧:

(1)学会精神自慰。即"酸葡萄"与"甜柠檬"的效应。失恋的痛苦在于一个"恋"字,即分手了还总是想着过去恋人的种种优点,这时就要来点"酸葡萄心理",即吃不到葡萄就说葡萄是酸的,要多想过去恋人的缺点,甚至把优点也说成是缺点(大度——没心,大方——装阔)。而对自己则多找些优点,甚至把有的缺点适当曲解为优点(善变——灵活,小心眼——细腻),这就是"甜柠檬心理"。这样,越想就越觉得对方不如自己,自己留恋对方太不值得,心理就会平衡些,失恋的痛苦也就会缓解。

(2)寻求积极宣泄。在接受停止恋爱事实的基础上,以适当的方式来宣泄内心的痛苦与郁闷。如可以找老师、亲朋好友倾诉一番,甚至大哭一场,或到空旷的地方吼上几声,还可到运动场上跑上两千米,把内心淤积的苦闷发泄出来;如果实在排解不了,又严重地影响了生活和学习,可以到咨询中心寻求心理咨询教师的帮助。

(3)转移注意力。设法把自己的注意力从失恋的事件中转移到自己感兴趣的事情上,如听音乐、唱歌、跳舞、打球、画画、聊天等,以冲淡心中的烦恼;也可参加丰富多彩的校园文体活动,在活动中多结交朋友;在条件允许的情况下,还可进行环境转移,不要再去过多涉足与恋人呆在一起的环境,睹物思人会使你更加悲伤,而时过境迁,痛苦就会慢慢淡去。

(4)情感升华。以客观态度全面地看待双方之间的差距,敢于正视与接受恋爱终结的现实。一个人在遇到挫折后,将自己不为社会所认可的动机或需要转变为符合社会需要的动机和需要,或将低层次的行为引导到有建设性、有利于社会和自身的较高层次的行为,失恋不失志。

（5）塑造健全人格。恋爱不成功,也许是自己的缺点使对方难以容忍,所以在失恋的痛苦中冷静下来后,要及时反省自己,找出问题所在,改变和完善自己,培养阳光心态,保持人格的健全,为寻找真正的爱情打下良好的基础。

就失恋而言,虽然它可能给一个人带来痛苦,但若能合理地处理,从失恋中总结经验教训,发现自身和对方存在的问题,在以后选择对象时,便能全面地考虑问题,避免犯以往的错误。从这个角度论失恋又是一件好事。

## 二、婚姻危机调适

结婚多年后,曾经一起笑过的、梦过的、走过的日子,仿佛都已飘散成清晰但又遥远的印记。日子并没有变成原来梦想的样子,而是在时间的推移中越来越平淡无味,现实与梦想永远冲突,这就是人生永恒的无奈与真实。美国著名的社会学家、心理学家凯瑟琳女士经过多年研究后得出:婚姻在四岁、七岁、十二岁时会出现危机,婚姻危机的周期大约在四年左右。在婚姻生活中出现了争吵后,紧接着就是冷漠。这时候的婚姻感情就已经陷入了危机。

### (一)婚姻危机调适原则

#### 1.形成和发展夫妻联盟

夫妻联盟是指一对夫妻所形成的共同应付外界关系或压力的心理上的联合取向。婚姻是指男女两人通过合法的结婚手续,在性生活、社会生活、精神生活及经济生活等方面,形成的稳定的、亲近的和特殊的人际关系。夫妻关系是家庭关系的核心,也是维持时间最长、最重要的人际关系。夫妻关系和谐融洽与否,直接影响亲子关系及其他的家庭关系,因而,婚姻关系是最难适应的关系。夫妻双方应主动地努力调节自我,发展感情,促进在爱情基础上的夫妻关系不断巩固和发展,形成婚姻认同的夫妻联盟,这将有利于人的心理健康和家庭生活的美满幸福。

由于夫妻两人来自不同的家庭,文化背景、社会环境、生活习惯不同,两个人对事情有不同的看法、态度和价值观。所以夫妻之间一定要了解彼此的差异,并协商彼此妥协的办法,否则两人互不相让,坚持己见,争执不停,就会造成婚姻上的困难。

其实从心理学家的角度来看,夫妻结婚之后,两人应该在心理上形成"夫妻联盟",这样才会有"婚姻认同"感。所谓"夫妻联盟",是指一对夫妻在心理上要建立一种概念,认为他们夫妻俩是属于一个单位,必要时能联合共同应付外人。"婚姻认同"是指心理上建立一种观念、态度。建立"我们"夫妻的取向,生活以婚姻为主,不会只顾"自己",以"我"或"你"的个人取向来经营两人的婚姻生活。一对夫妻假如缺乏婚姻认同时,就会在谈话中经常说"我"、"你"的称呼,如"你妈""我爸""你们家",而很少听到"我们"的称呼,这证实两人的婚姻在心理上尚不够健全,首先要了解两人婚姻心理上的缺陷,并建立以婚姻为主、以夫妻两人为上的观念和态度。

#### 2.注重夫妻情感互动和心理沟通

入住"围城"的婚姻主体经常哀叹"婚姻是爱情的坟墓"、"婚姻生活是枯燥的散文",这种悲观的描绘正反映了夫妻间加强情感沟通的必要性。互动是指个体间彼此的相互交往与相互作用,积极的互动有利于双方感情的吸引和深化,消极互动则造成双方情感的疏远和恶化,有损于个体的心身健康。

首先,夫妻双方要善于体察、感知对方的心理变化,并主动调整自身以适应这种变化,达到彼此间情感的息息相通和心心相印,在关注和体谅对方的心理背景下,深化夫妻的情感。其次,要为对方着想,尽量满足其心理需求,做到生活上相互体贴,事业上相互促进。最后,积极进行心理沟通。夫妻间积极的心理沟通有三种形式:一是消息交换式沟通,把所看到、听到的事实作为沟通的内容;二是理智说明式沟通,沟通时注重逻辑,申明是非,道理分享;三是感受情感式沟通,坦诚表达自身感受和体验。夫妻之间正确表达感受和积极倾听具有重要意义,可以增进彼此的了解,接纳和尊重对方的独特性,促进各自的人格成长,增强家庭的参与意识,满足爱情和亲情的需要。夫妻之间应该善于经常性地表达自己对对方的感受,讲究语言艺术,丰富夫妻情感生活。

3. 注重对夫妻间人格的尊重、信任和发展

人格是指个体内在品质和外在行为实践的统一。夫妻之间在人格上是平等的,相互的尊重与信任是搞好夫妻关系、增进心理健康的重要途径。夫妻间人格的尊重与信任主要体现为:夫妻双方不论职位的高低和能力的大小,在家庭生活中均享有平等的权利和义务;夫妻双方要相互尊重各自的心理隐私,任何一方都无权强迫对方一定服从;夫妻在家庭生活中奉行文明礼貌、相敬如宾的原则;夫妻双方对爱情要专一,坦诚相待;在经济收支和社会交往方面要彼此公开;在处理其他家庭关系、家庭事务时相互协商、尊重和信任。

婚姻关系对夫妻双方的人格具有再造和发展作用。这种人格的再造和发展取决于夫妻对待婚姻的态度,需要婚姻当事人学会正确处理婚姻生活中所遇到的各种矛盾和问题,使自身变得更加聪明和成熟,自觉培养自己理想的人格。

4. 正视夫妻间差异的适应和互补

要正视夫妻在能力、气质、性格、兴趣、爱好、价值观、信念等方面的差异性,彼此主动适应和协调。夫妻间差异的互补不是消极的迁就与忍耐,而是在个性差异上的一种积极补偿或平衡,是相互的取长补短和密切合作,做到气质、性格方面的刚柔相济,能力方面的各取所长,逐步缩小夫妻间的距离,获得整体协同效果。

(二)婚姻危机调适误区

从心理学的角度来看,婚姻的裂变大体经历五个阶段,即纠纷、戒备、裂痕、犹豫和破裂。纠纷即矛盾的产生。戒备指各自留一手,不再坦诚相待,开始提防对方了。裂痕指已到了离心离德的地步。犹豫则指离异前的思想斗争。犹豫期的长短不一,年轻、冲动性强者较年长、修养高的人要短些。焦虑症状在犹豫期中表现得尤其明显。破裂当然是指分道扬镳、各奔东西了。

1. 试图寻找婚姻问题的是与非

在日常生活中,有许多面临婚姻危机的夫妇都在相互抱怨,怪罪对方将矛盾激化,并试图寻找婚姻问题的是与非,将其化解和弥补。在心理学专家看来,这种寻找是非的做法不仅是徒劳的,而且还会将婚姻的矛盾扩大化。其实,婚姻中根本就没有是与非。

2. 离婚与孩子无关

现在心理学家都在积极呼吁有孩子的家庭,能不离婚还是不要离。离异以后的父母如果双双再婚,这些孩子要面对 2 个妈妈和 2 个爸爸,在 4 个家长中间寻求平衡,对于他们幼小的年纪,实在是一种艰难。

3. 请亲朋好友介入

相当一部分女士在婚姻危机到来的时候,采取不断地找亲朋好友诉说的方式,结果反而越来越糟。据婚姻专家介绍,这种诉说促使自己对于夫妻关系越发有偏见,一遍又一遍地诉说,哪个亲朋好友还会不偏袒倾诉的一方? 于是帮你讨伐对方,给矛盾火上浇油。

4. 试图用婚外恋冲淡婚姻危机

有这样一位女士,她在丈夫留学期间,以婚外情冲淡婚姻的危机,结果,她进入这样一个误区:婚外情的激情和暂时的幸福感并不能满足她最终的需要,结果以结束第一次婚姻为代价。

5. 期望解决婚姻危机的一方认为自己太委屈

对于期待的目标而言,承受这些小委屈还是值得的。记住这样一点:只有主动改变自己,才可以主动改变婚姻的命运。

6. 忽视冷战的危害

有的夫妻以为冷战或者分居就可以扑灭战火,殊不知这种消极的冷战只会加重危机。冷战的前景往往是绝望,谁也不会在这段时间内好好思考婚姻的危机。

7. 效仿别人的办法解决婚姻危机

每一个家庭的类型是不同的,没有一模一样的矛盾,很可能有一种放之四海而有效的方法却只是不适合你一人,所以,如何寻找自己婚姻甚至是恋爱时候的"好时光",显得很有必要。

8. 逃避积极的冲突

家庭应该学会面对积极冲突,这也许是解决婚姻危机和缓解婚姻矛盾的良方。积极的冲突就是最终的结果没有对双方造成极大的伤害,只是一种激烈的磨合方式和沟通方式,冲突以后反而解决了许多问题,有助于双方的了解。

9. 美满的抽象目标

婚姻危机"冰冻三尺,非一日之寒",为走出危机不要制定一个婚姻美满的抽象目标。一个切实可行的短期目标最可能圆满实施。只要希望改善婚姻危机的一方在一个小动作或者在一个小言语上做出与矛盾激化相反的做法,就可以改变全局。

幸福的婚姻不是没有问题的婚姻,幸福的婚姻是善于解决问题的婚姻。善于生存下来白头偕老的夫妻,都是在不断地面对问题、解决问题、经历坎坷中携手走过来的,这也正是婚姻中一笔宝贵的财富和资源! 美好的婚姻不是选择出来的,而是创造出来的。在这个充满变化的时代里,希望每一个人都能多一分同船共渡、相互拯救的决心和信念,多学习一些婚姻家庭的知识,创造出美满婚姻,拥抱幸福人生。

# 第二节　婚姻心理调适

婚姻开启了家庭的大门,男女生活进入了新的阶段,爱侣们逐渐从感情冲动的激越期跨入了平常的夫妻生活的冷静期,因此,婚后会引起一些心理变化。在现实生活中,婚姻生活远非青年人婚前想象的那样美好,富有诗意。《围城》把婚姻形象地描述为"在外的人想进去,在里面的人想出来"。因此,青年人要想把自己对婚姻的美好的愿望化为现实,还必须学习有关婚后心理调适的方法。

## 一、夫妻关系调适

夫妻关系的好坏和变化,表现在日常生活的方方面面,大多数人平时也许很少去思量和梳理,只有真正做一个有心人,注意不断给感情以滋养,才能使得夫妻关系与时俱进,爱情的花朵才不至于褪色或凋谢。

### 1.互相恩爱

夫妻关系是建立在诚挚的爱情基础之上的。因此彼此相亲相爱、关怀体贴是不可缺少的。当然,相互恩爱,并不单单是卿卿我我的耳鬓厮磨,也不仅仅是花前月下的款款信步。互爱,首先表现在对你所爱的人的事业应关注和充分理解。这种爱能够给人以温暖,给人以信心和斗志,从而促使相爱的人去克服生活和事业上的困难和挫折,获得事业上的成功。车尔尼雪斯基说过:"爱一个人,意味着什么呢? 这意味着为他的幸福而高兴,为使他能够更幸福而去做需要做的一切,并从中得到快乐。"从某种意义上说,爱情既是一种享受,又是一种牺牲,或者说,是权利与义务的统一。当你在享受爱情的时候,也需问问自己:我给予了对方多少爱?

当然,在日常生活中,许多夫妻也懂得互爱的重要性,可就是不懂得怎样培植和发展这种关系。其实,只要注意从眼前诸多的小事做起、做好,也是能很好地发展夫妻间的互爱。例如,一事当先,尽管是小事,也总是先为对方着想;有好菜留给对方吃;遇上重活自己抢着干;突然下暴雨,给对方送把伞;发现爱人身体不适,主动询问关心对方;看到爱人情绪不佳时,千方百计为对方解愁;对方为你做了事,应表示感谢……诸如此类的一件件小事,既留下爱的踪迹,又铺垫着爱的升华。它既可以使对方感到慰藉,又能唤起对你的柔情。实际上,风雨不折的互爱,就是在日日月月的感情催化中成长起来的。

**2. 互相信任**

互相信任是爱情的基础。人们常说:"爱情是相互理解的别名","信任是爱情的天使"。这是相当有道理的。离开了彼此的信任,爱情之树就会干枯。要使爱情之树常青,就是需要双方相互理解、互相信任。生活中,导致不信任主要有以下两点:

一是收支。大多数夫妻收支公开,互相商量,计划安排,调剂使用。这种经济上的信任,有利于夫妻感情的融洽。但也有些夫妻不是这样。他们或是各自扣留"私房钱",或是对对方不信任,每逢发工资、发奖金就要盘问,特别是当对方主动要多贴补一些给父母亲时,盘问得更加厉害。这种不信任的态度,极容易破坏夫妻之间原有的信任感。

二是社交。这个问题比收支似乎更敏感一些。恋爱、婚姻需要专一,反对朝秦暮楚,但并不反对正常的社交。如同爱情能够为生活添彩一样,社交也是常伴人们生活愉快的挚友。由于夫妻的个性、处境不同,社交的范围和方式也有不同。有人喜欢独处,有人愿意交友,夫妻双方在这个问题上态度不一,也是常有的事。可有些人,发现对方与异性来往,就敏感,而且往往从坏的方面猜想,捕风捉影,把夫妻关系搞得紧张。

那么,怎样才能保持夫妻之间的信任呢? 首先应充分了解对方,这是去掉猜疑的基础。对于对方的兴趣、爱好、习惯、性格要了解得非常清楚。只有真正了解对方,就不会忧虑不安。既使谗言向你袭来,你也不要轻信、猜疑。

其次,要开诚布公,以诚相见。彼此在生活上不要保守秘密,发生了什么问题,要互相通气,解释清楚,做到真诚相待。当然,也要充分信任对方的解释。

最后,要有宽广的胸怀,豁达开朗。双方都应有这样的胸怀,才不至于使爱情陷入死胡同。要理解对方在工作中与异性的正常交往和友谊。

**3. 互相尊重**

互相尊重是爱情心理结构中的一个因素。恋人之间没有互相尊重就没有爱情,而夫妻之间没有尊重就不会有幸福的夫妻生活。因此,夫妇的彼此尊重是保持婚姻幸福的基本心理因素。要想家庭幸福、婚姻美满,夫妻双方都要学会互相尊重,切不可盛气凌人或自轻自卑。

首先,由于社会分工不同,夫妻之间是同行毕竟是少数,大部分夫妻的职业不同、级别不同,甚至社会地位不同,这就要求尊重对方。因为,夫妻关系是平等的,夫妻之间不管对方职位高低、能力大小,都是平等的。应尊重对方的职业,尊重对方的工作。

其次,要尊重对方的兴趣爱好。人的兴趣爱好一般是不会一样的。如男的可能醉心看书,女的迷恋音乐;男的喜欢打球,女的喜欢逛街;男的爱吃辣的,女的却爱甜食。这就需要互相尊重,各自向对方的嗜好习惯靠拢,尽量相互迁就。切不可各人强调自己的爱好习惯,不顾对方能否接受,硬要对方服从,那样就会伤害感情。

最后,就是要尊重对方的人格。彼此说话和气、遇事商量、互尊互敬是夫妻间最基本要求。不能因为是夫妻,就随随便便,不尊重对方,说话不注意。也不能因为自己"工资高"、"当领导"就盛气凌人。男性要防止"男尊女卑",女性也要注意"妻管严"

的意识。碰到矛盾和争执,多作自我批评,多从对方角度考虑,多忍让。要善待对方。只有怀抱善心的人,才能爱人、欣赏人、宽容人。也只有这样,夫妻才会相互接纳、相互合作、相互融洽。尊重对方的优势和才华,宽容对方的脾气和个性,多欣赏对方美好的地方,少计较对方的缺点和与自己不合拍的地方。做到:不能理解的时候,就试着去谅解;不能谅解,就平静地去接受。

4.互相帮助

俄国著名诗人契可夫说:"爱情的意义在于帮助对方提高,同时也提高自己……"互相帮助是真挚爱情的体现,也是夫妻关系稳定的重要因素。当爱人工作学习遇到困难,情绪表现出低落时,你说上几句宽心的话,会使对方得到鼓励。当爱人身体不适或生病时,尤其要给对方体贴和帮助,使对方得到安慰,这些在夫妻生活中都是必不可少的。

夫妻结合的牢固基础,不仅是血肉的联系,更重要的是情感和精神的相通。因此,从生活、工作、思想等方面,互相关心帮助,是夫妻责无旁贷的责任。

5.互相体谅

夫妻之间由于个性、生活习惯和情绪的不同,会产生矛盾是正常的。这就需要双方互相体谅。当看到对方情绪低落和双方出现矛盾时,尽量设法让对方高兴起来,千万不要责怪、埋怨,这时需要容忍、谦让。讲一些高兴的事给对方听,冲淡对方的忧愁。或者说一些疏导性的话,让对方把不高兴的事"消化"掉。也可以邀对方看电影、逛商店、逛公园,排解对方烦恼的情绪,帮助对方冷静后,再去开导他,这样做会起到较好的效果。

总之,由于夫妻的特殊角色,在家庭缺了谁都不行,故在生活中需要彼此互相帮助、体贴,以求得夫妻间的和谐、美满。最关键的是双方要有彻底的了解。如果你对爱人的经历、脾气、习惯、爱好都有充分的了解,对他的帮助和谅解就有基础。此外,还需要有开阔的胸怀,尊重理解对方,夫妻生活才会融洽、和谐,夫妻生活才会稳定。

## 二、性生活调适

结婚意味着两性的结合,意味着热恋的男女开始了共同的夫妻生活。夫妻生活的内容很丰富,包括共同的劳动、学习、互相体贴关怀、生儿育女,以及社会交往等,其中,也包括和谐的性生活。性生活在夫妻生活中,虽然仅是一部分,但对于促进家庭生活的美满幸福,增添夫妻之间的感情,却有着相当大的作用。如果不注意正确处理,不仅会影响夫妻间的感情,还会引起婚姻与家庭的破裂。因此,正确认识和处理性生活问题,是每一对希望建立幸福美满婚姻的夫妻所必须重视的。

(一)性生活适应

性生活的和谐美满是婚姻关系稳固的重要标志之一。夫妻性生活不和谐不仅会影响夫妻感情的沟通,而且可能会导致家庭的破裂,也会直接或间接诱发心理疾病。

1.树立夫妻平等的观念

夫妻性生活主要表现为双方人格的全面交互作用。性关系既具有生儿育女的功能，又能带来性的满足、爱的幸福以及促进彼此人格的发展，传统的观念使得女性在性生活中经常处于被动消极的状态，这不仅不同程度地妨碍了女性的性唤起和愉悦的性心理体验，同时也影响了男性的性享受。因而，要摒弃陈旧观念对女性性心理的压抑，提倡夫妻性生活心理的平等性，即平等的性欲要求、表达方式和主动权。夫妻都有权利主动提出或拒绝性生活，强迫发生性行为或消极地忍受性生活，都是不利于心理保健的，容易引起另一方对性生活的反感、厌恶、冷淡，甚至造成性功能障碍或其他的心理卫生问题。

2. 重视夫妻感情的建立

日常良好的夫妻感情是性生活和谐的基础。一般来说，感情和睦的夫妻在性生活中也是比较和谐美满的，而感情存在隔阂、积怨等的夫妻很难有和谐美满的性生活。

3. 性生活和谐的期望值要适度

从心理卫生的角度来看，性生活是夫妻双方的生理与感情需求的满足。只要彼此不感到影响心身健康及日常生活和工作，而且心满意足，就是正常和适度的。夫妻对性生活所带来的性快感的期望值不宜过高，否则失落感越强。有些夫妻过分追求每次性生活中的性高潮体验，同时又担心达不到，造成心理紧张、害怕、担忧、焦虑等，这对性生活是极为有害的，甚至会诱发性功能障碍。

4. 营造适宜的性生活环境与氛围

温馨浪漫的性生活环境与氛围有利于提高性生活的质量。一般来说，房间不宜过大，卧具要洁净，选择共同喜爱的颜色和款式，窗帘能挡住强烈光线；环境要安静，排除外界干扰，保持室内光线柔和，充分利用视觉刺激的性唤起，避免注意力的分散，提高性感受。

5. 了解性生理与性心理知识，克服性观念障碍

学习和掌握有关性生理、性心理特点是获得和谐美满性生活的前提条件之一，是夫妻性心理保健的重要途径。包括对异性的性生理结构、性敏感部位的知晓，性交前的心理准备、性交过程的心理体验、性高潮知识、性交障碍的知识、性交操作知识与技巧等。另外，夫妻双方对性生活要持有正确的观念，努力克服一些不利于夫妻性生活和谐的消极或非理性思想。

6. 正确看待性生活中出现的问题

性生活不是单方面的事，而是夫妻双方共同参与的性行为过程。相互指责和埋怨只会加剧问题的严重性，影响夫妻感情。夫妻双方应主动调整自己，共同面对现实，探讨问题发生的原因，积极寻求解决问题的方法，必要时可求助于专业帮助。

(二) 性生活调适

1. 新婚期性生活调适

许多青年男女期待着能在新婚之夜尽享爱的甜蜜，但他们发现，现实生活中体验

新婚夜的性生活并不像想象的那么美妙。那么,新婚夫妻怎样才能消除紧张恐惧,过好初次性生活呢?

首先,双方在新婚之前都要学习一些基本的性知识,了解男女性器官的结构和生理特点,做好必要的性生理与性心理准备,为过好初次性生活打下良好的基础。

其次,双方在新婚之夜都要稳定情绪,耐心配合,努力过好初次性生活。新郎要适当克制自己急于求成的欲望,切忌粗暴鲁莽。在性器官的接触之前,应温柔、体贴,极力爱抚新娘,解除新娘的紧张和疑虑,以唤起她的性冲动。在新娘的性冲动达到一定的程度,外阴湿润后再性交。新娘要克服紧张、恐惧的心理,愉快地与新郎配合,这样才能使阴道肌肉松弛,便于性交的顺利进行。若处女膜破裂发生疼痛,新娘可两腿向上屈曲分开,用手托住,同时向下屏气,可减轻疼痛。性交时,动作要缓慢、柔和,如一次不成,可多试几次。

第三,新婚夫妻不要对初次性生活抱有太高的期望,以免产生很大的心理压力。对大多数新婚夫妻来说,尽管在婚前也或多或少地获得一些性知识,可一旦要实实在在地实践,难免会出现过于紧张的精神状态。而紧张焦虑的心情,女性可能出现性交痛,男性可能出现阳痿、早泄,导致新婚第一次性生活失败。即使新婚第一次的性交是成功的,大多也难以达到预期的理想效果,它的完善和成熟,需要双方在性生活中不断磨合。

2. 蜜月期性生活调适

在蜜月期旅行,是很多新婚夫妇的选择。新婚夫妇在旅行过程中,除要注意安全、饮食营养和劳逸结合外,重点要注意生殖器官的卫生,防感染、防受孕。

新婚期间由于筹办婚事忙里忙外,再加上旅途劳累和颠簸,双方体质均有不同程度下降。因此,双方每晚临睡前都需清洗外生殖器以保持清洁卫生。要自备洗浴用具,便前便后用肥皂洗手,洗澡要淋浴。如果不注意这些,使用公用生活用具,就有可能染上霉菌性、滴虫性阴道炎,甚至性病。新娘在旅游中如果来了月经,更要注意休息和经期卫生。

在旅途中度蜜月,环境不安定,生活无规律,饥饱不匀,营养不足,又比较劳累,在公共场合被动吸烟的时间也增加,这种情况下均不利于受孕和优生。可见,蜜月旅游既要防病保健康,又要防受孕。

3. 妊娠期性生活调适

一般认为妊娠早期(即妊娠头3个月)因胚胎在子宫中着床不久,与母体的联系不牢固,若发生过强的冲击可能引起子宫收缩导致流产,尤其是对有习惯性流产的妇女,更应注意。因此,在妊娠早期应尽量节制性欲,减少性生活。

受孕3个月后,此时性生活不会影响胎儿,但仍应注意性卫生和性交体位。女选择上位或侧位,可以减小腹部压力,但仍要注意避免动作粗暴和剧烈。

妊娠后3个月,即晚孕期,母亲腹部变得更加隆起,胎动也日益频繁,胎儿与母亲间的"离心力"不断增加。因而,此期性交可能会刺激子宫收缩,刺激胎儿躁动,有引起早产的可能性。所以要避免或减少性生活。

### 4. 产褥期性生活调适

无论是经阴道分娩还是剖宫产,产后 4～6 周,子宫颈都尚未完全闭合,子宫内腔创面未修复。在此期间,应当禁止性生活,以防止产褥感染及偶发的会阴伤口裂开。

恢复性生活的时间要根据产妇身体康复情况、恶露干净时间及会阴伤口愈合情况而定。此前应恢复对妻子的爱抚行为,这将有助于妻子恢复性欲,为重新开始性生活做准备。

# 第三节　婚育心理调适

生儿育女并非只是个人和家庭的私事,它是一种社会行为,是受到社会多方面服务保障的科学行为。不同国家和区域对生育调节有不同的内涵和不同的实施方法,在中国称其为计划生育。夫妇可通过多种措施来决定何时生育、生育间隔以及何时停止生育等,以达到计划生育的目的。

## 一、生育调适

研究表明,父母会把自己的肤色、体态、音容笑貌中的明显特点或隐或显地传递给后代,父母还会通过精子或卵子把致病的遗传物质传递给后代,导致各种遗传疾病。目前,各种遗传疾病已经超过 5000 多种,配偶一方有某种遗传疾病,所生的后代就有很大机会再发生同样的疾病。一旦发生这些事情,不仅给社会带来巨大的压力,也给家庭和本人带来很大痛苦。

### (一)优生优育

#### 1. 科学选择配偶

青年人都憧憬着美好、幸福的未来,渴望寻找一位情投意合、心心相印的终身伴侣,共享家庭生活的天伦之乐。从医学和优生学的角度来说,应科学选择配偶,以便心愿得以实现。我国婚姻法明确规定:直系血亲和三代以内的旁系血亲禁止结婚。国家以法律的形式来限制近亲结婚,可见近亲结婚的后果是严重的。此外,提倡优生,双方家系中三代内患有相同的隐性遗传病者、常染色体隐性遗传病患者之间不宜结婚,还必须杜绝精神分裂症患者之间互相婚配。

#### 2. 重视婚前检查

婚前检查是保障婚姻美满、家庭幸福,防止遗传病延续,实现后代优生的重要前提。婚前检查的内容较多,除了必要的性卫生知识介绍和生育指导外,主要有健康状况询问(包括既往病史和现病史)、家族史调查(是否近亲结婚、亲属的身体健康状况、是否有遗传性疾病等)以及全身各系统、器官检查和有关的生化化验。

3. 提倡遗传咨询

遗传咨询是指由咨询医师或从事医学遗传学的专职人员,对遗传病患者及其亲属所提出的有关疾病的问题进行解答的过程。遗传咨询内容较多,一般包括疾病的病因、遗传方式、诊断、治疗、预后以及患者亲属和生育子女时再患此病的风险率等。并由解答者提出建议和指导,以供患者及其家属参考。其最终目的是既能使一个有风险的家庭不再生出遗传病儿,而且又降低群体遗传病的发生率。因此,遗传咨询是做好优生工作,预防遗传病,提高人口素质的主要手段之一。

任何人在婚姻或生育方面遇到了问题,或意识到可能存在发生遗传病的潜在风险,或本人、亲属及子女中已患有遗传病者都应进行遗传咨询。

(1)婚前咨询:当本人或对方患有某种遗传病或亲属中患有某种遗传病时,对能否结婚、婚后所生子女的健康估测及如何预防等方面的咨询。

(2)产前咨询:主要涉及夫妻双方中的任何一方或其亲属患有某种遗传疾病,将出生的子女发生同样疾病的可能性大小或夫妻双方正常,却已生育了一胎先天性异常患儿,若再次妊娠是否有发生同样异常的可能性,应如何预防和治疗;以及母亲在妊娠期间服用了某种药物或接触了某些化学物质、射线等不良因素,是否会影响胎儿健康发育问题。其他方面的问题:某种先天性畸形是否为遗传,能不能影响后代;有家族性遗传病史是否会累及本人及子女;习惯性流产、婚后多年不孕者希望获得生育指导;已确诊的遗传病的治疗方法有哪些;等等。

4. 实施计划生育

很多夫妇不是按计划怀孕,而是等到怀孕后才来医院咨询的,这样发生出生缺陷的几率会增高。由于没有事先计划,很多女性在面临新岗位的选择或职位的升迁、学业的发展时怀孕了,于是不得不流产。这样很容易导致妇科炎症,甚至引发不孕症。因此,做好孕前计划对女性来说是很重要的。

(1)安排最佳的生育年龄:男女最佳生育年龄为 24～30 岁。因为这一年龄段,男女双方不仅精力比较充沛,而且身体各方面的健康状况都比较好,生殖器官发育也比较完善,精子和卵子的质量比较好,有利于优生优育。女性尽量避免在 35 岁以上怀孕,因为在这个年龄段发生流产、死胎、畸形儿的几率比较高。

(2)选择理想的生育季节:从季节上来说,5～7 月是受孕的最佳时间。首先,从新生儿方面来说,准妈妈在 5～7 月怀孕,到来年的 3～5 月生育,这样孩子出生正好跨过严寒,避开酷暑,对孩子的护理相对比较容易。其次,从准妈妈的角度来说,怀孕早期比较重要,稍不留神,细菌和病毒就有可能侵入体内,造成流产、胎儿畸形。如果准妈妈选择在 5～7 月受孕,这时正值春夏交替,各种水果、蔬菜比较充足,将有利于预防各种疾病的发生。

(3)创造良好的生育条件:受孕时男女双方的健康状况、营养、精神因素都会影响受精卵的质量。因此,应认真地选择受孕时机,选择在双方健康状况良好、心情舒畅、精神饱满的情况下受孕。受孕前,应注意饮食营养,多吃些高蛋白及富含维生素的新鲜蔬菜、水果,为生育提供"物质"基础。同时提前 3 个月戒烟戒酒,尤其受孕当天,严禁饮用烈性酒。避免在身心极度疲劳之时受孕,女方流产不满 3 个月等情况下均不宜受孕。

(4)计算最佳受孕时间:从每月排卵前 3 天至排卵后 1 天,是准妈妈最容易受孕的时期,因此医学上称为易孕阶段。准爸爸和准妈妈如果抓住这个时机,就可以成功受孕。一般来说,准妈妈的排卵日是在下次月经来潮前 12 ~ 16 天(平均为 14 天)。具体的日期可以通过日程推算法来计算。主要方法是根据以往 12 个以上的月经周期记录,来推算出目前周期中的"易孕期"和"不易受孕期"。还可利用基础体温测量法。因为一般来说,女性在排卵这天身体的基础体温会突然下降,而后几天体温则比基础体温上升 0.3 ~ 0.5 度。建议准妈妈购买一个体温计,每天一醒来(8 个小时睡眠后)不做任何运动,立即测量体温,因为任何动作都可能使体温升高而产生误差,所以必须在不运动的情况下完成测量,至少持续 14 天,最好是一起坚持测量下去,并记录下来、画出曲线图,以便掌握体温上升、下降的规律,来确定自己的排卵日。

5.开展产前诊断

产前诊断又称宫内诊断,是利用医学遗传学的方法,了解胚胎和胎儿出生前在宫内生长、发育情况,对是否患有某种遗传病或先天性畸形作出准确的判断,以便进行选择性流产,杜绝患儿出生。如为正常胎儿,则给处于遗传高风险中的夫妇一次生育机会。在妊娠期间,用各种方法了解胎儿的情况,预测胎儿是否正常或有某些遗传病,以决定胎儿的保留与否。

6.干预胎儿性别

本来生男生女都是一样的,但由于有的男性患有伴性遗传疾病,所以妻子怀孕后需对胎儿的性别加以选择,以利于优生。

伴性遗传病就是随着父母患病不同伴随性别遗传的疾病。目前人类共有 190 多种伴性遗传隐性疾病,如白化病、色盲、肾原性尿崩症等;有 10 多种伴性遗传显性疾病,如佝偻病、遗传性慢性肾炎等。隐性遗传多数是母传子,显性遗传全为父传女。因此,要根据男性所患遗传病的种类来决定胎儿的性别。例如血友病是伴性遗传隐性疾病,如果患病男性与正常女性结婚,则所生男孩正常,所生女孩为致病基因携带者,这样的夫妇应生男孩。与隐性遗传相反,患有遗传显性疾病的男性与正常的女性结婚,所生女孩有病,男孩正常,夫妇也要生男孩,不要生女孩。

伴性遗传病的遗传是有规律可循的。为了避免病儿出生,患有伴性遗传病的男性婚后想要孩子,应在医生指导下慎重选择胎儿的性别,以避免新的遗传病儿出生。

(二)胚胎发育

人类胚胎发育的过程充满着神秘,一个小小的细胞怎样一步步地变成一个小生命降落在人间呢?人类胚胎发育是从受精卵的分裂开始的。卵细胞受精后,一面进行细胞分裂,一面移动进入子宫,种植在子宫内膜里。受精卵不断分裂,产生了许许多多的细胞,这些细胞逐渐分化形成各种组织、器官和系统。胚胎发育到第 8 周末,已显出人的雏形,从这时起一直到出生前的胚胎,叫做胎儿。胚胎在母体内发育的时间约为 280 天。胚胎发育成以后,通过母体的阴道产出,叫做分娩。

1. 受精

一次进入女子阴道的精子大约有 2 亿 ~ 4 亿个,它们聚集在子宫颈口,等待进入子宫。但子宫颈管又细又长,大部分精子无法入内,只有约 5000 个精子进入了子宫腔。因此,受孕过程中,大部分精子在阴道的酸性环境中死亡,只有少部分精子通过宫颈,在 1 小时内到达子宫腔,再过 1 ~ 2 小时,精子共走了 18cm 的路程,只剩下 30 ~ 50 个最终到达输卵管壶腹部,它们一起围攻等在这里的卵子,并集体寻找突破口,最后,只有一名幸运者与卵子结合成受精卵。

2. 着床

受精卵一边分裂,一边向子宫移动,到达子宫需 7 ~ 8 天。胚泡埋入子宫内膜的过程叫作植入或着床。这一过程大约在受精后的第 6 ~ 8 天开始,第 11 ~ 12 天完成。大多数孕卵是在三角形子宫腔前后壁的中上部着床。一般来说,受精后第 5 天透明带消失,第 6 天胚泡叫"极端滋养层"的一侧附着在子宫内膜上。极端滋养层细胞分泌的蛋白酶溶解子宫内膜,使内膜上出现一个直径 1 毫米左右的缺口,以后胚泡就从这个缺口植入。

大约在受精后的第 12 天,内膜表面由孕卵植入造成的创口被四周的内膜组织修复,这时胚胎被埋在肥厚的蜕膜层内而受到保护。受精卵着床完毕之后,在宫腔内膜上形成一个小丘,孕卵就在这里生根,胎儿就在这里长大。

3. 妊娠

受精卵着床后即开始妊娠。两周内的卵子仍然称为受精卵,受精后 3 ~ 5 周为胚胎。至第 8 周末胚胎初具人形,并开始性别的分化,第 10 周是胚胎期和胎儿期的分界线,此时胚胎长 4 厘米,开始了器官及全身结构的生长成熟。妊娠全过程一般为 40 周,12 周以前称为早期妊娠,第 13 ~ 27 周末称为中期妊娠,第 28 周及其后称为晚期妊娠。

(1)早期妊娠:从停经第 1 天 ~ 13 周为早孕期。妊娠早期通常会有如下一些症状表现:

停经:停经是已婚妇女可能妊娠最早与最重要的症状。已到生育年龄的女性,平时月经正常,有周期规则,且有过性交行为,一旦月经过期 10 天以上,应疑为妊娠。如果停经超过一个月,则更应考虑怀孕的可能,应及时到医院进一步确诊。哺乳期妇女虽未恢复月经,仍可能再次妊娠。

早孕反应:大约一半以上的孕妇在妊娠早期有恶心和不同程度的呕吐,孕妇通常于停经 6 周左右时,出现头晕、乏力、嗜睡、流涎、食欲不振、喜食酸物或厌恶油腻、恶心、晨起呕吐等现象。不过,早孕反应一般会在妊娠 12 周左右自行消失。

尿频:由于增大的前倾子宫在盆腔内压迫膀胱而出现尿频现象。当子宫逐渐增大超出盆腔后(约在妊娠12周以后),尿频症状自然消失。

乳房发胀:因乳腺体增生,乳房逐渐增大,孕妇自觉乳房轻度胀痛及乳头疼痛。哺乳期妇女一旦受孕,乳汁常明显减少。检查见乳头及其周围皮肤(乳晕)着色加深,乳晕周围有蒙氏结节显现。

生殖器官的变化:于妊娠6~8周可见阴道壁及宫颈充血,呈紫蓝色。随妊娠进展,子宫体增大变软,于妊娠5~6周子宫体呈球形,妊娠8周子宫体约为非孕子宫体的2倍,妊娠12周时约为非孕子宫体的3倍。当子宫底超出骨盆腔时,可在耻骨联合上方触及。

早期妊娠的辅助检查主要有妊娠试验、超声检查、宫颈黏液检查和基础体温测定等方法。

妊娠试验:受精卵着床后不久,即可测出受检者血β-ChG增高,多用早孕试纸法检测受检者尿液,阳性结合临床表现可确诊妊娠;极少出现假阳性。

超声显像检测:有B型超声检查和超声多普勒法两种。阴道超声较腹部超声诊断早孕提前1周。阴道超声最早在停经4~5周,宫腔内见圆形妊娠囊。停经5周妊娠囊内见胚芽和原始心管搏动,可确诊宫内妊娠活胎。超声多普勒仪在子宫区内能听到有胎心音,可确诊早期妊娠活胎。

宫颈黏液检查:宫颈黏液涂片干燥后光镜下见到排列成行的椭圆体,则早期妊娠的可能性大。

基础体温测定:具有双相型体温的妇女,停经后高温相持续18日不见下降,早期妊娠的可能性大。

宫外孕:是指受精卵在子宫腔以外的部位(如输卵管、卵巢、腹腔等)种植发育,其中输卵管占95%以上,故通常称为输卵管妊娠。输卵管未破裂出血之前,一般无明显症状,像平常怀孕一样表现为停经、早孕反应等。一旦破裂出血,病人突然感到一侧下腹部如刀割样剧烈疼痛,同时有恶心、呕吐、出汗,有时向上放射到肩胛部或向下放射引起尿频、尿痛及大便坠胀,严重者出现头昏、眼花、面色苍白、冷汗、昏厥及休克。当血液积存在腹腔结成块后,可在下腹摸到包块。此外,阴道还可出现断断续续少量流血,有时可见三角形的肉样物排出,出现上述症状时应及时去医院诊治。否则,如诊断处理不及时可危及生命。

早期流产:主要是孕妇在妊娠12周以前发生腹痛、阴道流血的现象。主要症状为阴道流血不多,下腹部疼痛不严重。

晚期流产:主要是指12~28周出现腹痛、阴道流血的现象。如果孕妇有早产的现象,则需要住院安胎。晚期流产的过程类似分娩,先是有一阵阵子宫收缩的腹痛,然后胎盘剥离出血,因此其状况要比早期流产严重些,但是一般晚期流产较少发生。一旦发生流产,一定要检查是否彻底,如不彻底需要刮宫,否则会引起其他疾病。连续3次以上流产称为习惯性流产,必须进行彻底检查,并且在一年内采取避孕措施。

妊娠早期是胚胎的发育非常危险的阶段。由于器官初步形成和发展,一旦受到一些外界因素的影响,影响到胚胎的发育,就会导致新生个体在母亲子宫内发育异常,造成出生缺陷。比如无脑儿、脊柱裂、先天性唇腭裂、先天性聋哑、先天智力低下等。孕妇要尽量少去公共场所和人群聚集的地方,避免被细菌感染。饮食要清淡,注意营养均衡,必须保持大便通畅,尽量少食多餐,不吃辛辣的食品,避免肠胃不适。远离烟酒。在孕早期和孕晚期一定要避免性生活。整个孕期要适当休息,避免剧烈运动,不要登高,不要长时间站立、用力或劳累,同时也不要长期蹲着,也不要经常做举高、伸腰的动作,不要骑自行车。如有流产症状,要卧床休息,要及时去医院就诊。同时,孕妇要调整好自己的情绪,保持良好的心情和精神状态,家人要多一份关怀和呵护。

(2)中期妊娠:妊娠 13～27 周为中孕期。胚胎发育已进入胎儿阶段,体内各解剖结构已基本形成。这一时期,痛苦的孕吐已结束,孕妇的心情会比较舒畅,食欲也于此时开始增强,尿频与便秘现象渐渐恢复正常,但分泌物仍然不减。基础体温下降,会持续到分娩时,都保持低温状态。进入相对平稳和安全的时期,发生流产的几率也降到最低。

为了使胎儿发育良好,必须摄取充分的营养,蛋白质、钙、铁、维生素等营养素也要均衡,不可偏食。此时有可能出现妊娠贫血症,因此对铁质的吸收尤其重要。由于身体容易出汗,分泌物增多,容易受病菌感染,每天必须淋浴,并且勤换内衣裤。

妊娠中期对胎儿做系统的彩超检查,便于胎儿畸形的早期发现,早期诊断。除了自怀孕以来一直进行的常规检查,如每次测量产妇的体重、血压和子宫的大小,估计胎儿发育情况,每隔 1～2 个月检查血尿常规测量等,还要进行一些特殊的检查(如 50 克糖筛、唐氏筛查、18 三体综合征以及先天性神经管畸形筛查等)。妊娠中期的产检可降低出生缺陷,提高人口出生质量。

早产:在妊娠 24～36 周之前,胎儿尚未成熟而分娩出来,胎儿体重小于 2500 克,身长不足 45 厘米。早产儿死亡率高,应特别引起重视。子宫收缩是早产的最明显迹象,怀孕时子宫通常是松弛的,在怀孕中期,一天当中子宫可能会有 3～5 次的收缩,此时孕妇会感觉肚子硬硬的,但如果收缩的次数过于频繁,甚至可能达到每小时 3 次以上,就要十分注意,此外,如果有下腹、下背酸痛,明显的下坠感,外阴部压迫或出血,破水等,就要立即就医。

妊娠高血压综合征(简称妊高征):定期测量血压,并与妊娠前血压相比较,如血压升高,需休息 1 小时后再测。如果下肢水肿逐渐向上蔓延甚至超过大腿的水平,应警惕妊高征的可能。对于怀孕前患有高血压、慢性肾炎及糖尿病的人,在妊娠 20 周以后出现头晕、头痛及水肿时,应及时去医院检查。妊娠高血压综合征要及早发现治疗,积极控制并发症,妊娠近足月或虽未足月经治疗病情进展严重者,应终止妊娠。

(3)晚期妊娠:怀孕 28～40 周称为后孕期。这期间除了继续保证丰富的营养和适当的活动外,重点是做好分娩的准备。

前置胎盘:怀孕 28 周左右,孕妇在无任何感觉的情况下,内裤或被褥被血湿透,可反复发生,出血量一次比一次多。

胎盘早剥:孕妇腹壁被外力相撞摔跤引起,或孕妇伴有妊娠高血压综合征。阴道出血同时伴有轻度或重度的腹痛。此病可引起孕妇休克,必须及时去医院就诊。

羊水过多或过少:正常足月妊娠羊水量约1000毫升左右,如果超过2000毫升即为羊水过多,少于300毫升为羊水过少。妊娠晚期因多种疾病因素使子宫内膜羊水量增多,压迫肠胃而引起恶心呕吐、呼吸困难。羊水过多会使胎儿畸形,应立即引产终止妊娠。羊水过少可用B超诊断,羊水过少提示胎盘功能降低,胎儿缺少羊水保护可导致宫内窘迫,胎死宫内。

过期妊娠:从末次月经的第一天算起,到达或超过42周为过期妊娠。如胎盘功能正常,胎儿情况良好,宫颈条件尚未成熟,可以短时期观察,等待自然分娩。如妊娠过期,胎盘功能减退,或合并羊水过少、出现妊高征等情况,应终止妊娠。

4.分娩

分娩是指胎儿生长发育成熟而从母体子宫向外排出的过程。分娩过程通常分为三个阶段。

第一阶段(宫颈扩张期):子宫收缩的频率较低,收缩力量较弱,其主要作用是使子宫口更加扩大。到了这一阶段的末尾,胎儿外面的包膜破裂,羊水被排出体外。

第二阶段(胎儿娩出期):当子宫口已经完全开大,胎儿的头部已经落到盆腔时,乃开始第二阶段。此后,子宫收缩变得又快又有力,这就称为临产阵缩。阵缩的作用是在挤压胎儿外出。通常这种阵缩间断地发生两三次后,子宫仍继续作强力的收缩,历时20~30分钟。每当阵缩发生时,产妇应配合作屏气运动,闭住声门,使腹壁肌和膈肌都用力收缩,这将有助于分娩。

第三阶段(胎盘娩出期):这一阶段的收缩作用是把胎盘挤出体外,并使子宫壁的静脉窦和破损的血管压紧,以免流血过多。分娩过程完毕后,子宫乃逐渐缩小,但已不能恢复到妊娠前的状态。

推算预产期。怀孕时期一般为9个半月时间,大致为266天左右胎儿降生。一般来说,超过预产期10~14天,不算过期不生;提前10天左右,也不算早产。

根据末次月经计算:末次月经日期的月份加9或减3,为预产期月份数;天数加7,为预产期日。也可以从末次月经第一天起向后推算到第280天就是预产期。

根据胎动日期计算:如你记不清末次月经日期,可以依据胎动日期来进行推算。一般胎动开始于怀孕后的16~22周。一般情况下,计算方法为:初产妇是胎动日加20周,经产妇是胎动日加22周。

根据基础体温曲线计算:将基础体温曲线的低温段的最后一天作为排卵日,从排卵日向后推算264~268天,或加38周。

根据B超检查推算:医生做B超时测得胎头双顶间径、头臀长度及股骨长度即可估算出胎龄,并推算出预产期(多为医生B超检查诊断应用)。

从孕吐开始的时间推算:反应孕吐一般出现在怀孕6周末,就是末次月经后42天,由此向后推算至280天即为预产期。

由于每位女性月经周期长短不一,所以推测的预产期与实际预产期有 1～2 周的出入也是正常的。这些方法都只是大概的预测,并不能准确地说是哪天。如果孕妇出现临产的征兆要及时去医院进行分娩。

注意临产征兆。37 周或之后,胎儿即算足月,在接近生产前一两周,会有一些征兆产生,它意味着可能即将进入待产。

腹部有规律的阵痛:一般疼痛持续 30 秒,间隔 10 分钟。以后疼痛时间逐渐延长,间隔时间缩短,称为规律阵痛。

见红:随着子宫规律地收缩,子宫内口胎膜与宫壁的分离,有少量出血。这种出血与子宫黏液相混合,自阴道排出,称为见红。见红是分娩即将开始比较可靠的征兆。如果出血量大于平时的量,就应当考虑是否有异常情况,可能是胎盘早剥,需要立即到医院检查。

破水:阴道流出羊水,俗称"破水"。因为子宫强而有力的收缩,子宫腔内的压力逐渐增加,子宫口开大,头部下降,引起胎膜破裂,从阴道流出羊水,这时离降生已经不远了。

选择分娩方式。在选择分娩方式前,医院会对产妇做详细的全身检查,检查胎位是否正常,估计分娩时胎儿有多大,测量骨盆大小是否正常等。如果一切正常,孕妇在分娩时就可以采取自然分娩的方式;如果有问题,则会建议采取剖宫产。自然分娩的产妇可根据自己的需要来决定是否选择无痛分娩。目前国内常见的主要分娩方式为自然阴道分娩、人工辅助阴道分娩和手术剖宫分娩。

自然阴道分娩:胎儿发育正常,孕妇骨盆发育也正常,孕妇身体状况良好,靠子宫阵发的有力节律收缩将胎儿推出体外,这便是自然阴道分娩。自然阴道分娩是最为理想的分娩方式,因为它是一种正常的生理现象,对母亲和胎儿都没有多大的损伤,而且母亲产后很快能得以恢复。

人工辅助阴道分娩:在自然分娩过程中出现子宫收缩无力或待产时间拖得过长时,适当加一些加速分娩的药物来增加子宫收缩力,缩短产程。如遇到胎儿太大或宫缩无力、产妇体力不够时,就要用会阴侧切、胎头吸引器帮助分娩。人工辅助阴道分娩比自然分娩稍困难些,但有医生的帮助也会使产妇顺利分娩。

手术剖宫分娩:如果骨盆狭小、胎盘异常、产道异常或破水过早、胎儿出现异常的孕妇,需要尽快结束分娩时应采取剖宫分娩方式,以确保母子平安。剖宫产手术对母亲的损伤较大。手术本身就是一种创伤,产后的恢复远比阴道分娩慢,而且还会有手术后遗症发生。

(三)不孕不育症

受孕过程必须有卵巢排出正常的卵子,精液含正常活动的精子,卵子和精子能够在输卵管内相遇并结合为孕卵并被输送入子宫腔,子宫内膜适合于孕卵着床。任一条件不正常,就能阻碍受孕,导致不孕症的发生。不能怀孕与不能生育同样会给家庭造成很大压力,按我国计生政策,计划生育还包括治疗不孕和不育。

1. 认识不孕不育症

育龄夫妇婚后同居,性生活正常,两年以上未避孕,而女方未受孕,称为"不孕症"。不孕是由于精子或卵子异常,或生殖道的障碍使精子与卵子不能相遇、结合着床。"不育症"则是指育龄夫妇结婚同居后女方曾妊娠,但均因自然流产、早产或死产而未能获得活婴者。不育是卵子与精子已结合,在子宫内膜着床后,胚胎或胎儿成长障碍或娩出障碍或新生儿死亡不能获得活婴。有时不孕和不育是难以区分的,常笼统地称为不孕不育症。习惯上把女性病因引起的不孕叫"不孕症",男性病因致配偶不孕者叫作"男性不育症"。

按是否有过妊娠史可分为"原发性不孕不育"和"继发性不孕不育"。夫妻双方在结婚有性生活的同时,一直同居(就是没有两地分居的情况)没有避孕的情况下,两年未孕且从未有过生育,称为原发性不孕不育。有过生育或流产又连续两年以上、没有带节育器、没有避孕,且未孕未再有生育,称为继发性不孕不育。

按是否有怀孕的可能分为"相对性不孕不育"和"绝对性不孕不育"。相对性不孕不育是指夫妇一方或双方由于某种因素阻碍受孕,或生育力下降引起暂时性不孕,经过恰当处理或治疗后仍能怀孕生育,如子宫发育不良,子宫极度前屈、后倾或后屈、内分泌失调等,男方少精症(精子计数小于 2 千万/毫升)、弱精症(活动率较低)及男女双方的免疫因素等所致的不孕。绝对性不孕不育是指夫妇一方或双方先天或后天有严重的解剖或生理方面的缺陷,无法矫正或经过治疗后仍不能受孕生育。如女方的子宫或卵巢等先天缺失、男方的睾丸先天发育不良等先天性疾患和生殖器结核或肿瘤等后天性疾患而导致绝对性不孕不育。

随着医学的发展,绝对性不孕不育症有可能转化为相对性不孕不育症,而相对性不孕不育症因错过治愈的最佳时机或误诊、误治,也可能转变为绝对性不孕不育症。因此,在治疗处理过程中,医生会针对不同情况,采取不同的治疗方案。对相对性不孕不育症患者,要本着相信科学,用科学的检查、检测手段,用准确的实验数据来说明问题,尽量查找不孕或不育的原因,并采取积极有效的措施,对症治疗,争取早日达到受孕的目的。如果是绝对性不孕不育症,而且又治疗过一段时间没有效果的患者,应面对现实,放弃治疗,不要再四处奔波,劳民伤财。

引发不孕不育症的因素很多,如性传染疾病的扩散,宫内节育器的过早使用,以及生育年龄的逐渐提高使自然生育力下降,等等;环境污染、有毒有害物质、饮食营养和生活习惯等,均会引起不孕不育症。习惯性流产也可导致不孕,很多都是因为首次怀孕或者既往怀孕后做了人流或者药流,在人流和药流的过程中,胎盘屏障受到了破坏,同时子宫内膜也受到了创伤,从而导致习惯性流产。

2. 预防不孕不育症

怀孕虽然是结婚以后的事情,但结婚以前就应积极预防不孕症的发生,有许多不孕症就是在青少年时期,甚至在童年时期,没有很好地注意而酿成的。如果从小就了解一些生理卫生知识,及时发现并治疗可能会引起不孕症的疾病,可以大大减少不孕症的发生率。

(1)及早了解生理知识。男性要了解生理特征和保健知识,睾丸是一个很娇嫩的器官,它的最佳工作温度要比人的体温低1度左右,如果温度高,就会影响精子的产生,所以任何能够使睾丸温度升高的因素都要避免,如:长时间骑自行车、泡热水澡、穿牛仔裤等,不利于不孕不育预防。女性在月经初潮前后,应及时了解生理卫生知识,注意经期卫生,消除不必要的恐惧与忧虑,对于预防婚后不孕有着十分重要的意义。

(2)积极防治各种疾病。男性幼年时按时接种疫苗,预防各种危害男性生育能力的传染病,如流行性腮腺炎、性传播疾病等。如果发现睾丸有不同于平时的变化,如肿大、变硬、凹凸不平、疼痛等,一定要及时诊治。女性讲究月经期卫生,是预防妇科疾病的关键。常见的妇科病如月经不调、痛经、阴道炎、宫颈炎、子宫内膜炎、盆腔炎、输卵管炎、功能性子宫出血等,这些疾病均有可能导致婚后不孕,如能积极预防以上疾病的发生,则可大大降低婚后不孕症的发生率。

(3)改变不良生活习惯。要多注意休息,不要过夜生活,戒烟戒酒;不吃过于油腻的东西,否则会影响性欲;另外还要注意避免接触生活当中的有毒物品,如从干洗店拿回来的衣服要放置几天再穿,因为干洗剂会影响男性的性功能。

(4)重视不孕不育检查。如果已打算怀孕1年以上仍没有结果,就应该去做不孕检查或咨询,早期发现异常可以避免婚后不孕不育的痛苦。如果男方有明确或可疑的少精症,或是女方超过30岁,有过盆腔炎、痛经、重复性流产、月经不规律病史,应尽快治疗。同时,夫妻要经常交流性生活中所遇到的问题,互相配合、互相谅解,这样,很多精神性阳痿或早泄就可以避免,也可以避免不孕不育。

(5)减少手术,重视首胎孕育。有些因手术不洁,或术后调理不慎均会引起感染,出现发热,以致输卵管炎、子宫内膜炎,或形成附件炎性包块,而致不孕。有些不孕患者曾因诊刮、人流或子宫颈息肉摘除等手术,而引起月经不调或宫腔粘连等,这些病症均影响生育。

(6)月经初潮晚者要适当晚婚。有些女性月经初潮较晚,表明生殖系统发育成熟得较晚。如果过早地结婚,不仅受孕困难一些,而且也会影响生育质量,应适当推迟结婚年龄,即可有效地预防不孕症的发生,还能提高生育质量。

(7)提倡晚婚晚育,但生育不宜太晚。女性最佳的生育年龄是20~30岁,35岁就开始走下坡,而且高龄产妇在生育上危险性也较高,所以把握最佳的生理状况,生育下一代,对母亲与小孩都比较好。

(8)注意自我保护,减少不孕不育发生。如果经常接触放射性物质、高温及毒物,一定要严格按照操作规定和防护章程作业,进行不孕不育的预防,千万不要疏忽大意。如果近期想要孩子,应按照劳动保护条例的规定,认真采取自我保护措施,最好能够脱离此类工作半年后再生育,使不孕的因素降到最低限度。

## 二、婚后节育

夫妻婚后除了要经历生育之外,还要遭遇避孕、流产和节育的考验。可通过制止排卵、防止受精、干扰受精卵着床和抑制胚胎发育等方法,达到避孕节育效果。科学避孕的方法可分为可逆和不可逆两种方式,一般的避孕药物和避孕工具都是可逆的,而结扎生殖管道往往是不可逆的。目前绝大多数避孕节育方法适用于女性,只有极少的避孕药或工具是男用的。

### (一)科学避孕

避孕与流产,是每个有性接触的人,特别是女性不得不面临的问题。因为没有保护措施的性爱,女性要承受更多的痛苦与伤害。所谓避孕,就是用科学的方法来阻止和破坏正常受孕过程中的某些环节,以避免怀孕,防止生育。

1.自然避孕

这是一种传统的避孕方法,在避孕药和宫内节育器问世之前是国内外常用的避孕方法之一。安全期避孕就是在排卵期内停止性生活的一种自然避孕方法。

安全期又分为排卵前安全期和排卵后安全期。从月经干净那天到排卵期开始的前一天的那段日期为排卵前安全期。从排卵期结束后的第一天到下次月经来潮的前一天为排卵后安全期。排卵后安全期比排卵前安全期更安全。这是因为有些女性有时受环境变化和情绪波动等影响使排卵提前,这样排卵前安全期就会缩短,而自己并不知道,这样排卵前安全期就不大安全了。卵巢在一个月经周期中先后排两次卵的机会是极少的,即排卵后到下次月经来潮前这段时间一般不会再发生第二次排卵,所以,排卵后安全期就比较安全。

采用安全期避孕法的关键是测定女性的排卵日期。卵巢排卵时,一般没有特殊感觉,即使有些女性可能有下腹痛、腰酸、乳房发胀及情绪改变等症状,但这些现象不是排卵时的特有症状,故不能作为排卵的依据。月经和排卵呈周期性变化,两者之间有着密切的关系,如果掌握了两者的变化规律,就可以通过间接的方法来测定排卵日期。根据月经周期推算、测量基础体温以及观察宫颈黏液分泌等测定排卵日期。

(1)月经周期推算法:按月经周期推算排卵期的方法又称为日历法。女性的排卵日期一般在下次月经来潮前的14天左右。卵子自卵巢排出后在输卵管内能生存1~2天,以等待受精;男子的精子在女子的生殖道内可维持3~5天受精能力,故在卵子排出的前后几天里性交容易受孕。为了保险起见,将排卵日的前5天和后4天,连同排卵日在内共10天称为排卵期。因为在排卵期内性交容易受孕,所以排卵期又称为易受孕期或危险期。

月经和排卵都受脑下垂体和卵巢的内分泌激素的影响而呈现周期性变化,两者的周期长短是一致的,都是每个月1个周期,而排卵发生在两次月经中间。女性的月经周期有长有短,但排卵日与下次月经开始之间的间隔时间比较固定,一般在14天左右。根据排卵和月经之间的这种关系,就可以按月经周期来推算排卵期。推算方法是从下次月经来潮的第 1 天算起,倒数 14 天或减去 14 天就是排卵日,应避免性生活或采取其他避孕方法。

(2)基础体温测量法:基础体温是指人体在较长时间的睡眠后醒来,尚未进行任何活动之前所测量到的体温。测量基础体温可以观察卵巢功能,诊断早期怀孕,指导避孕与生育。

正常育龄女性的基础体温与月经周期一样,呈周期性变化。这种体温变化与排卵有关。在正常情况下,女性在排卵前的基础体温较低,排卵后升高。这是因为,当卵巢排卵后形成的黄体以及分泌较多的孕激素刺激了下丘脑的体温调节中枢,导致基础体温升高,并一直持续到下次月经来潮前才开始下降。下一个月经周期的基础体温又重复上述这种变化。把每天测量到的基础体温记录在一张体温记录单上,并连成曲线,就可以看出月经前半期体温较低,月经后半期体温上升,这种前低后高的体温曲线称为双相型体温曲线,表示卵巢有排卵,而且排卵一般发生在体温上升前或由低到高上升的过程中。有人认为体温上升前的最低点是排卵日,但多数不存在,仅有 20% 左右女性有此表现。在基础体温升高 3 天内为易孕期,从第 4 天起直到下次月经来潮前即为"排卵后安全期"。

基础体温测量仅能提示排卵已经发生,而不能预告排卵在何时发生,因此它只能确定排卵后安全期,不能确定排卵前安全期。如果能配合日历法及宫颈黏液观察法,就能解决这个问题。在多数情况下,基础体温测量法对判断排卵后安全期十分可靠,但有时也会遇到体温曲线不规则,因此不能确定排卵的准确时间,这种情况就不能利用安全期避孕了。

一个人的体温受外界环境和机体内在活动的影响而有所波动,为了排除这些外来的和内在的各种影响,因此常常把早晨 6～7 点醒来尚未起床之前的体温作为基础体温。基础体温是人体一昼夜中的最低体温。测量基础体温的方法虽然简单,但要求严格,还需要长期坚持。测量前要准备一支体温计和一张记录基础体温的记录单(如没有这种记录单,也可用一张小方格纸代替),从月经期开始,于每日凌晨起床前,在不说话和不作任何活动的情况下,把体温计放在口腔里 5 分钟,然后把测量到的体温度数记录在体温记录单上。为了提高测量基础体温的正确性,应在每晚临睡前把体温计上的水银柱甩到 35℃ 以下,并把它放在床头柜上或枕头边,以便使用时随手可取,尽量减少活动。如果起床拿体温计,就会使基础体温升高,使这一天的体温数值失去意义。对于上中班或夜班的女性,把测量基础体温的时间放在每次睡觉 4～6 小时初醒的时候。基础体温一般需要连续测量 3 个以上月经周期才能说明问题。如果月经周期规则的话,测量了几个月经周期的基础体温后,基本上知道了自己的排卵日期。为了减少麻烦,可以选定从排卵日前的 3～4 天开始测试体温,待体温升高后再继续测试 3～4 天就行了,也就是说只要测量排卵期内的基础体温,以用于避孕的需要。

(3)宫颈黏液观察法:宫颈黏液法适用于月经正常的女性避孕 ,也适用于月经不正常的女性、更年期女性和哺乳期女性避孕。不过,采用宫颈黏液观察法避孕,必须掌握了宫颈黏液的变化规律后才能使用。

宫颈黏液由子宫颈管里的特殊细胞所产生,随着排卵和月经周期的变化,其分泌量和性质也跟着发生变化。在1个月经周期中,先后出现不易受孕型、易受孕型和极易受孕型3种宫颈黏液。

不易受孕型宫颈黏液:为月经周期中的早期黏液,在月经干净后出现,持续3天左右。这时的宫颈黏液少而黏稠,外阴部呈干燥状而无湿润感,内裤上不会沾到黏液。

易受孕型宫颈黏液:这种黏液出现在月经周期中的第9~10天以后,随着卵巢中卵泡发育,雌激素水平升高,宫颈黏液逐渐增多,稀薄,呈乳白色。这时外阴部有湿润感。

极易受孕型宫颈黏液:排卵前几天,雌激素进一步增加,宫颈黏液含水量更多,也更加清亮如蛋清状,黏稠度最小,滑润而富有弹性,用拇指和食指可把黏液拉成很长的丝状(可达10厘米以上),这时外阴部感觉有明显的湿润感。一般认为分泌物清澈透明呈蛋清状,拉丝度最长的一天很可能是排卵日,在这一天及其前后各3天为排卵期。

卵巢排卵后,黄体形成并产生孕激素,从而抑制子宫颈细胞分泌黏液,所以宫颈黏液又变少而黏稠,成为不易受孕型宫颈黏液,直到下次月经来潮。下个月经周期宫颈黏液又出现上述这种变化。

应用宫颈黏液观察法测定排卵期,首先要对避孕对象进行培训指导。观察宫颈黏液每天需要数次,一般可利用起床后、洗澡前或小便前的机会用手指从阴道口取黏液检查,观察手指上的黏液外观、黏稠程度以及用手指做拉丝反应等几方面检查。这样经过3个以上月经周期的观察,就可以掌握自身的宫颈黏液分泌规律和排卵期。一旦发现外阴部有湿润感及黏稠的黏液有变稀的趋势,黏液能拉丝达数厘米时,就应认为处于受孕期(排卵期),直到稀薄、透明,能拉丝的黏液高峰日过后第4天,才能进入排卵后安全期。阴道内宫颈黏液的变化受多种因素影响,如阴道内严重感染,冲洗阴道,性兴奋时的阴道分泌物及性交后黏液、使用阴道内杀精子药物等。如对阴道内宫颈黏液的性质不能肯定,应一律视为是排卵期,不能抱侥幸心理。

目前用于测定排卵期的三种方法各有其优缺点:日历法可用来推算排卵期及排卵前、排卵后安全期。但它只适用于月经正常的女性,有时因环境改变和情绪变化使排卵提前或推迟,所以不够准确;测量基础体温法可以测定排卵日期及排卵后安全期,不能预先测定排卵前安全期,该法比较麻烦,要求又严格,如不按照规定测量体温,就不能准确测定排卵日期;宫颈黏液观察法能测定排卵期及排卵前、排卵后安全期,正确性较高,但使用者必须经过培训,完全掌握后才能使用。如将这三种方法结合起来使用,就能扬长避短,收效更大。

安全期避孕是一种生理性避孕方法,性生活是在正常状态下进行的,可以得到满意的性感。但是如果不能严格掌握或者使用不当,容易导致失败。夫妇双方至少有一方能掌握测定排卵期的方法,如不能掌握这种方法就不能采用安全期避孕。同时,还需要得到男方的密切配合,否则不能使用。

2. 工具避孕

(1)避孕套:避孕套是最广泛的一种避孕工具,除极少数对橡胶过敏的人不能使用外,其他育龄夫妇均可使用,尤其适合那些患有心、肺、肝、肾等严重疾病而不能采用药物、节育环避孕的妇女使用。避孕套既可以简便而有效地避孕,又可以预防艾滋病与性病传播。但是,避孕套只有在每次性行为时都正确使用才起作用。

首先要选择型号合适的避孕套,避免过大或过小。接着用吹气法检查避孕套有无破损,确保在需要前就已备好质量可靠的避孕套;如发现漏气则不能使用。避孕套检查以后仍按原来的那样圈好。

只有在阴茎勃起时才能套上避孕套。戴避孕套之前要将前端的小囊捏扁,把囊内的空气挤掉,然后把它放在已经勃起的阴茎头上,将避孕套的卷折部分向阴茎根部边推边套,直推到阴茎根部为止。套好后避孕套其前端的小囊应悬在阴茎的前面,切不可将阴茎头套进小囊内,这样不但容易胀破,还会影响性感。

在阴茎头部及避孕套外面涂一些避孕药膏,可以提高避孕效果,还可以润滑阴道减少不适感,但在阴茎头部不要涂得太多,否则容易使避孕套脱落。

射精后不要将阴茎长时间留在阴道内,应在阴茎未软缩之前,用手按住套口使阴茎连同避孕套一起从阴道内抽出,以防阴茎软缩后避孕套脱落在阴道内或精液从避孕套口溢入阴道,致使避孕失败。然后,要小心地将避孕套取下并将开口处打结以防精液外溢。

性交结束后还需检查避孕套有无破裂,如有破裂应及时采取补救措施。

最后,用纸包好避孕套,并丢弃到封好的垃圾袋里。避孕套不能反复使用。

(2)节育环:节育环放取简便、安全有效、不良反应轻微,既可达到避孕目的,又不影响性生活。凡已婚育龄妇女,尤其是生过一个孩子的妇女,只要月经规则,生殖系统正常,无全身性严重疾病,自愿使用宫内节育器避孕者均可放置。但患有急性盆腔炎、急性阴道炎、重度宫颈糜烂、月经过多或不规则出血、子宫肌瘤、子宫颈口过窄,以及严重全身性疾病的妇女不宜放环,否则会导致炎症加重、月经量增多等。

放环的操作虽然简单安全,但它毕竟是一种手术操作,为了避免感染,手术前3天及手术后两周内要严禁房事,注意阴道卫生,放环后不要洗盆浴,以免造成宫腔感染。术后应注意休息1~2天,一周内不要做重体力劳动及大运动量的活动,因为刚放环后宫口较松,环易脱落。子宫口松、月经量多的妇女,在经期节育环有可能脱落,因此在经期上厕所时应注意环有没有随血掉出。一般放环后第1个月,在月经干净后到医院检查1次,3个月后再复查1次。以后可1~2年复查1次。在放环后3个月内,特别是经期,更要注意环是否脱落,如发现脱落,要及时采取其他避孕措施,等下次月经后到医院再次放环。

不锈钢金属环可放15~20年,硅胶、塑料或其他类型的节育环可放置5~7年。放环后,有明显不适症状者,需要取环或更换,或者计划怀孕时可以把环取出。月经干净后 3~7 天取环,取环后的注意事项与放环相同。绝经后的妇女停止排卵,也就不会再怀孕了,因此也就不必再避孕了,可以取环,一般在绝经后 6 个月至 3 年时取环。过早取环,由于绝经不稳定,可以再怀孕;太迟了,子宫萎缩,会给取环带来困难。节育环取出后,其干扰精子和卵子结合的作用随之消失,子宫内膜恢复正常。取环后受孕,对胎儿发育无任何影响。但为使子宫内膜很好地修复,取环后,应先用其他方法避孕1~3 个月后再怀孕。

(3)子宫帽:子宫帽是一种半球形的乳胶避孕工具,在性交前放入阴道并覆盖子宫颈口,借着子宫帽本身及在放入前涂上的灭精膏,作为阻挡精子的屏障,预防精子与卵子相遇和结合,而灭精膏更可杀死精子或减低精子的活动能力。子宫帽和灭精膏应避免受到高热和强光照射,而应放在阴凉和干燥的地方。

由于人体各不相同,选用前必须经医生进行身体及盆腔检查,以确定是否有不适宜使用子宫帽的情况,如子宫脱垂、阴道隔等异常生理问题。经常患膀胱炎的女性,亦不适宜使用子宫帽。若经检查后认为适合采用这种避孕方法,医生便会根据个人情况而选择适合大小号码的子宫帽,并指导正确的使用步骤。

首先,在子宫帽内、外和边缘位置涂上灭精膏,用手把子宫帽压成长形,或把子宫帽扣在导入器上,然后放进阴道内,直至子宫帽完全盖着子宫颈口为止,便可以放手或把导入器取出。性交后 6~8 小时内不可除下子宫帽或洗涤阴道,否则会把灭精膏洗去而影响避孕功效。假如戴上子宫帽后的 6 小时内有超过一次性交,则不必把子宫帽取出及再放置,而只需用注射筒将灭精膏再放进阴道内便可。

子宫帽不可留在体内超过 24 小时,因为子宫帽在体内停留过久,可能会引发异味或使阴道分泌物增加。取出子宫帽后,应用肥皂及清水洗净及用干毛巾擦干,放回贮放子宫帽的胶盒内收藏。假如收藏前想在子宫帽上涂上粉末,可使用面粉或粟粉,但切不可用爽身粉或带香味的粉末,以免损害胶帽或刺激皮肤。

使用子宫帽的妇女如出现生育、流产、堕胎、曾经接受盆腔手术、体重增减超过4.5公斤以上、子宫帽破损、在放置时出现困难或使用时感觉不适等,都应回到医生处再作检查。即使在使用时没有特别问题,采用子宫帽的妇女应每年作一次定期体格检查,让医生可以判断使用者的盆腔有否改变,而需要改用较大或较小的子宫帽,又或有任何不适宜继续使用这种避孕方法的情况。另外,用者需在定期检查时,携带现用的子宫帽给医生检查,以观察子宫帽是否有破损而需要更换。

3. 药物避孕

药物避孕是现在比较普遍的一种避孕方法,有很多常用的避孕药,如口服避孕药、外用避孕药、皮下埋置避孕药等,使用的时候有很多注意事项需要引起注意。

(1)口服避孕药:主要起抑制排卵,并改变子宫颈黏液,使精子不易穿透,或使子宫腺体减少肝糖的制造,让囊胚不易存活,或是改变子宫和输卵管的活动方式,阻碍受精卵的运送作用。口服避孕药分短效、长效、速效、紧急避孕药等,对于女性是避孕方式的首选。但是,在服用之前一定要了解自己的体质,选择最适合自己的避孕药。

短效口服避孕药:有口服避孕片1号、口服避孕片2号和复方18甲避孕滴丸。从来月经当天算起第5天开始服药,连续22天,不能间隔,可避孕1个月。一般停药1~3天来月经,从下次月经第5天开始继续服用。若第6天以后才服药,卵细胞发育到一定程度,就达不到抑制作用,从而造成怀孕的可能,如中间漏服,容易发生阴道出血,打乱正常的月经周期。

长效口服避孕药:每月服一片可避孕1个月,适于长期同居的夫妇。在月经来潮第5天服药一片,第25天服药2片,以后每月按第2次服药的同一日服一片。

速效口服避孕药:又称探亲避孕药。不受月经周期限制,何时探亲何时服用。

紧急避孕药:只能用于应急,一个月内不能多次重复使用,更不能把它当作常规避孕药随时服用,否则可引起月经不调。如果服药的时间把握不准,还可能造成怀孕甚至宫外孕。另外,紧急避孕药也存在一定程度的失败率,经常服用不但能导致经期紊乱,还会导致避孕的总失败率上升。

(2)外用避孕药:溶化后杀死精子或是形成油膜、泡沫,使精子失去活动能力,而起到避孕的作用。常用的外用避孕药有外用避孕药膜、外用避孕药片、避孕栓和避孕膏等四种。

外用避孕药膜:性交前将一张避孕药膜对折两次,呈原来的1/4大小,或将药膜揉成松软的团,然后再用手指将它推入阴道深部的子宫颈口附近。如感觉药膜粘在手指上,可在阴道内转一圈,药膜从手指上脱下后,再将它推入阴道深处,放入5分钟后,待药膜溶化即可性交。

外用避孕药片:先将手洗净,用手指把药片推入阴道深部,紧贴子宫颈口处,经过5~10分钟,待药片完全溶化后即可性交。如药片放入阴道后超过半小时性交,或性交后半小时未射精,这时需要再放入1片,以保证避孕效果。性交结束后6~8小时,方可用温水清洗外阴部,不要提前清洗,以免影响药效。

外用避孕药栓:使用时把手洗净,取避孕药栓1枚,剥去外面的一层锡纸或蜡纸,用手指将它(尖头向前)慢慢推入阴道深部,经过5~10分钟,待避孕药栓全部溶化后,即可性交。

外用避孕药膏:性交前把避孕膏注入器旋接在避孕膏管口上,压迫药管将药膏挤入注射器内(避孕膏注入器上如有刻度,将药膏挤入到刻度为止,或挤入到注入器尾部为止),女方仰卧于床上,两腿分开,将装有药膏的注入器慢慢插入阴道深部,然后取出注入器即可进行性交。如注入药膏时间过久尚未性交,到时需要再注入1次,否则会导致避孕失败。

外用避孕药使用方便,不影响内分泌和月经,如使用正确,效果也很好。但避孕效果维持时间短,一般是一到数个小时,另外,要求在性交前将药物放入阴道的深处,待三五分钟药物溶化后才能性交,如果掌握不当则影响避孕效果。还有一些妇女在使用后会出现白带增多,阴道瘙痒,轻微的烧灼或疼感。对于那些患有子宫脱垂、阴道松弛、会阴撕裂、阴道炎及严重宫颈糜烂的人则不能使用外用避孕药。

(3)皮下埋植避孕:所使用的埋植剂由 6 枚火柴棒大小的硅胶囊管组成,每枚胶囊管内装有左旋 18 甲埋植剂(又称诺普兰)34 毫克,胶囊管埋入皮下组织后,立即开始缓慢地释放避孕药,24 小时后即可起到避孕作用,有效避孕时间为 5 年。主要适应女性人群为:需要长期避孕妇女;应用 IUD 反复脱落或带器妊娠者;生殖道畸形不宜放置 IUD 者;对服用含此激素避孕药有禁忌者;使用口服避孕药难以坚持者;已生育子女,需要长期避孕而不适宜做绝育手术者。

皮下埋植避孕是通过改变子宫颈黏液的黏稠度,阻止精子进入子宫腔,抑制子宫内膜生长,不利于受精卵着床,抑制卵巢排卵等多方面作用来达到避孕目的。

皮下埋植避孕手术一般在月经来潮的 7 天以内或在人工流产手术同时进行。手术操作简单,在避孕者上臂内侧作一小切口,用一种特殊的套管针将 6 枚硅胶囊管从切口内推入皮下(呈扇形排列),手术就此结束,切口无须缝合,整个手术操作可在几分钟内完成。术后数天内局部可能有青紫、肿胀,遇到这种情况无须处理,数天后会自行消失。如伤口有出血、感染或硅胶囊管脱出,应立即就诊。手术后 24 小时方可进行性生活。埋入一组硅胶囊管可避孕 5 年,到时将其取出。如需要继续采用此法避孕,可重新埋入一组硅胶囊管;如准备生育者,在计划怀孕前半年将硅胶囊管取出,在此期间可采用避孕套、外用避孕药避孕。在皮下埋植避孕期间,如发生闭经,出现阴道不规则流血及下腹痛等情况,应立即就诊检查有无怀孕。

### (二)健康人流

在妊娠 24 周以前,采用人工方法,把已经发育但还没有成熟的胚胎和胎盘从子宫里取出来,达到结束妊娠的目的,称为人工流产。人工流产适用于因母体患有某些严重疾病(如活动性肺结核、严重的心脏病等)或妊娠合并症,不适宜继续妊娠者以及避孕失败者。人工流产手术越早就越简单、越安全;反之,手术就复杂,手术后康复时间也就长。因此在妊娠 10 周以内做人工流产最为适宜。人工流产按妊娠月份大小可分为早期人工流产和中期引产。妊娠 12 周前做人工流产称为早期人工流产;妊娠 12 ~ 27 周做人工流产称为中期引产。

#### 1. 早期人流

主要有传统的人工流产、药物流产、各种无痛流产等,受术者往往会产生一种情绪上的紧张,给受术者造成心理上的恐惧和肉体上的痛苦,部分受术者还可能出现人流综合征及医源性创伤,严重者出现心动过缓、血压下降,甚至抽搐、昏厥,危害女性健康。目前,超导可视无痛人流是在传统无痛人流的操作方法上加上了 B 超监视,手术操作过程借助 B 超来找孕囊的位置,但 B 超主要还是依靠施术者的主观操作技能和经验来判断,算不上真正可视,而且还是采用刮宫的操作方法进行手术,这样很容易造成继发性不孕、子宫穿孔及习惯性流产。

(1)药物流产:药物流产是指在怀孕早期不需手术,而用打针或服药的方法达到人工流产。药流最佳时间是在怀孕 49 天以内,超过了这个时间就要手术流产,超过 3

个月就要实行引产,但药流也并非越早越好,太小容易流产不全,流产前需要到医院确诊怀孕的时间,确定宫内还是宫外和孕囊的大小才可以在医生指导下用药。

目前常用的药物是米非司酮(Ru486)和前列腺素联合应用,前者使子宫蜕膜变性坏死、宫颈软化,后者使子宫收缩,促使胚胎排出。药流简便、有效、无创伤,避免了进宫腔操作可能造成的并发症。一般应用米非司酮与米索前列醇后,约2~3天子宫腔内的胚囊即可排出,此时阴道出血较多,可有头晕、恶心、呕吐、乏力、腹痛等反应,而子宫中的蜕膜组织往往在2周左右才能慢慢排出,随后出血停止,这称为完全流产,故规定孕妇在药流后15天去医院复查。必要时作B超检查与尿妊娠试验,以确定流产效果。如果在服药后1周内未流产,或10天左右阴道流血明显增多,以及超过3周至1个月仍流血淋漓不净者,则应及时去医院复查,对流产失败或流产不全者,需分别作人工流产或刮宫手术。

(2)手术流产:常用的早期人流手术有吸宫术(负压吸引术)和钳刮术两种。

吸宫术适用于10周以内的妊娠妇女。妊娠10周以内子宫不太大,胎儿和胎盘尚未形成,一般不需要扩张子宫颈,很容易将胎块组织吸出;手术中反应小,出血少,手术时间短,术后休息1~2小时就可以回家,恢复也很快,对身体影响小。

钳刮术适用于10~14周的妊娠妇女。妊娠10~14周时,因胚胎逐渐长大,胎盘已经形成,子宫也随着长大,这时做人工流产不宜用简单的吸宫术,而需要采用钳刮人工流产。该手术难度大,出血多,恢复也比较慢,对身体有一定影响。

一般来说,人工流产后最好要等1年后再怀孕为好,如有特殊情况,至少也要等待半年后再怀孕。因为各种人工流产都要进行吸宫或刮宫,以便将宫腔内胚胎组织清除干净。在手术过程中,子宫内膜会受到不同程度的损伤,术后需要有一个恢复过程,如过早地再次怀孕,这时子宫内膜尚未彻底恢复,难以维持受精卵着床和发育,因而容易引起流产。另外,人工流产后的妇女,身体比较虚弱,需要一段时间才能恢复正常,如果怀孕过早,往往因体力不足、营养欠佳而使胎儿发育不良,或造成自然流产。

2.中期引产

中期引产是在妊娠16~24周采用药物或水囊等方法,将胎儿及其附属物排出体外,使妊娠终止的一种方法。

妊娠超过了14周就不能做人流与药流,而需要住院作引产手术,这样更增加了孕妇的痛苦和手术的危险性。因此,需要做人工流产的孕妇,应尽量争取在妊娠10周以内作负压吸引手术,以减轻流产者的痛苦。

中期引产的方法主要有两大类,一类为水囊加催产素的引产方法,另一类为药物引产,如利凡诺尔引产、天花粉引产、高渗盐水置换、芫花萜膜引产、甘遂弓冲、前列腺素引产、稀释的酒精引产等。中期引产的方法比较多,但因孕周较长,胎儿较大,在引产中及引产后易出现多种并发症,甚至有可能引起孕妇死亡。因此,应尽量减少中期引产,不具备一定手术和设备的医疗单位不宜施行中期引产。

### (三)手术绝育

手术绝育主要是阻止精卵结合,达到终身不育,是一种永久性避孕方式。目前主要是进行男性输精管结扎和女性输卵管结扎。

#### 1.输精管结扎术

输精管结扎术也称男扎术,是一种安全有效、简便经济的男性节育措施。凡已婚男子,为实行计划生育,经夫妇双方同意,要求作结扎手术者,均可施行手术。虽然手术范围小,限于局部,对全身也不会发生什么影响,但在术前进行一次体格检查还是很有必要的。只要是自愿要求做手术的人,没有得急性全身性疾病或生殖器官的炎症时,一般都可以做手术。

男性结扎只是将输送精子的输精管给予结扎,从而阻止精子射入阴道。对睾丸没有丝毫损害。结扎后,性交仍有正常射精过程,男性同样能感受到射精快感,只是精液里不含精子。虽然睾丸产生精子的功能不受影响,但是睾丸仍然具有正常吸收精子能力,睾丸更不会因为精子积聚过多而受损害。

#### 2.输卵管结扎术

输卵管结扎术是为了让女性绝育而进行的,其结果是阻止了卵子向子宫腔的移动。适应的女性人群主要有:凡已有子女,并对计划生育的意义有所理解,夫妇双方同意者;患有严重的疾病,如心脏病,心功能不佳,慢性肝、肾疾病,伴有肝、肾功能不佳等;不适合妊娠而绝育者;为治疗病行绝育术;第二次剖宫产时,同意绝育者。该手术只为决定不再有生育需求的女性所做,不适用于暂时性避孕。

国内常用的方法有切开系膜输卵管部分切除结扎法(包括近端及两端包埋法)、输卵管双折结扎切除法、输卵管压挫结扎法及输卵管伞部切除法。输卵管结扎手术途径有经腹部,阴道前、后穹隆及腹股沟部,目前提倡以腹部手术为主。手术时,病人将进入全麻状态。医生会在患者腹部做一细小切开,将内窥镜置入腹内进行手术。两边的输卵管会被切开并结扎,然后将腹部伤口缝合。术后数小时患者便可出院。

结扎输精(卵)管只是截断了卵子和精子汇合的通道,是个小手术,可能会有轻微疼痛、刀口感染等问题,但不会损伤和影响身体的生理功能,也不影响健康和性生活,更不会伤什么"元气"。

总之,不同年龄人群可以根据实际情况采取合适的避孕节育措施,如:新婚期夫妇,新婚期希望推迟生育的夫妇,宜选用今后对生育功能无影响的避孕方法,如避孕套、短效避孕药与探亲药。产后与哺乳期夫妇,适合选用不影响乳汁分泌和对婴儿无不良影响的避孕方法,如首选狄波普维拉、避孕套、外用药膜、避孕栓、宫内节育器等。已生育一个孩子的夫妇,宜首选长效避孕方法,如宫内节育器、皮下埋植、长效避孕药或避孕针,如能坚持每天服药,短效口服避孕药也可作为已生育妇女的一种选择。40 岁以下、已有两个孩子且身体健康的夫妇,宜施行绝育术或放置宫内节育器、皮下埋植剂。更年期夫妇,已放置宫内节育器者,宜绝经后一年左右取出,未放置宫内节育器可采用胶冻剂、避孕套等外用避孕工具。已有孩子且身体健康,使用过多种避孕方法都失败或不适应的夫妇应考虑选择绝育术。

# 第九章　性心理调适

　　大学生刚刚开始有意识观察异性,尝试着相互交往,两性之间的冲突凸现,只有掌握科学的性道德规范,运用良好的策略进行调适,才能使他们主动交往和谐相处,减少或避免因性带来的问题和冲突。

## 第一节　性心理咨询

### 一、性意识咨询

　　在青春期性发育过程中,青年男女的性心理问题比较多,虽大多数属于调节问题,但由于带有隐蔽性,又由于社会的忽视与个体的掩视而不易被发现。如果严重发展下去,就会发展成各种性心理障碍和疾病,严重影响他们的身体和精神健康,影响正常的学习、工作与生活,造成不良后果。

#### (一) 梦恋症

　　所谓梦恋也称性梦或色梦,指人在睡梦中与性对象(通常为某种理想化和幻化的异性)发生性接触而出现性冲动或性高潮的现象。在多数情况下梦恋是正常的生理现象。但如果过频,尤其是当梦中的幻境对白天的实际生活有了明显影响,或在实境中有了明显反映,则就是异常的了,性科学界称之为梦恋症。

　　梦恋症是把性梦的梦境与现实的实境相混同的状态,把梦境人物当作性恋对象,或把自己当成梦境中的性关系的真实受害者。梦恋症大致相当于我国民间传说中的狐魅症、鬼魅症。梦恋症者一般无法摆脱性梦幻境所造成的心理、情绪影响,并常把它带到工作、生活的实境中去,使得精神萎靡、身心不畅,有时会把梦境与现实混淆起来。梦恋症的发生与社会环境和心理状态有明显关系。由于性禁忌,有些人个体性行为方面的罪恶感很重,于是性梦就成了性感满足的替代方式,又由于在实境中缺少异性接触,梦中的性对象就会在意识中渐渐侵入实境,产生身心影响效应,从而诱发梦恋症。

　　一般的环境调整和适当的性教育可有效预防梦恋症的发生。在青少年中只要有正常的异性交往并注意性知识的教育,了解性梦的生理性及有关的生理卫生知识,就可增强他们对性梦的心理承受能力,使梦恋症趋于消失。

对梦恋症的治疗一般以心理咨询为主,通过性知识介绍,提高患者的心理承受能力,可明显改善梦恋者的状态。此外,对于未婚者来说,结婚是一个较合理的治疗梦恋症的方法,因为结婚使梦恋者有了正常的性行为,现实中的性交不但比梦中的性活动更直接,而且由于人处于清醒状态,其性高潮的获得也更美满,心理上的压抑在婚姻中得到解脱,正常的性生活取代了梦境中的性活动,梦恋症可以彻底治愈。

(二)性幻症

婚前性成熟的男女至少有半数以上的人有经常性的性白日梦出现。在性白日梦中,性敏感器官可能充血,产生性兴奋,有时也可出现性高潮。因为性白日梦是在意识和无意识的中间状态,所以有一定的可控性,多数只在独处或空闲的时间内发生。但若性白日梦频发而且失控,在一般日常生活和学习活动中经常出现,甚至在行走之中,在与人谈话,或读书看报,或做着某事之时,突然出现性幻想并引发性兴奋甚至性高潮,就属异常了,有人称其为性幻症。

【经典案例9-1】　　　　性幻症

【咨询案例】某男,20岁,大二学生,近一年来上课精神不集中,学习成绩下降,记忆力减低,乏力,失眠。他曾到一个朋友家去玩,朋友家正放黄色录像,他从看完黄色录像后,电视上的淫秽镜头就时常浮现在脑子里,很难消失,学习成绩直线下降,见到女生总是低着头,不敢抬头正视。

【咨询分析】男女青年进入青春期后,性发育成熟,性激素达到一定程度,性欲自然地萌发各种性想象,对性产生好奇和追求。但由于此时看到的黄色镜头不仅加重了性幻想,而且在生活和学习当中清晰地变为生动形象,因而占据头脑空间太大,占据时间过长,造成魂不守舍,经常陷入性沉思中,影响学习和健康。

青年人必须提高驾驭自己的能力,不接触黄色的刊物或录像。青年人要知道自己的发育特点,包括性心理发育的特点,知道自己对性的好奇是生理上、心理上的正常现象,把握好自己,不要为自己的性幻想觉得荒唐,或者性好奇的情况而感到内疚或恐惧,自己不要背上包袱,同时要理智地控制自己的行为。青年人要学会不断调适自己的心理,特别是调适自己的性心理,消除对性的神秘感,有意识地培养自己高尚的情操和坚强的意志品质,用理智战胜本能,正确处理好性心理问题,学会培养自己广泛的爱好兴趣,把旺盛的精力投入到学习科学知识、掌握技能上,投入到健康有益的活动中去,让青春闪耀,青春无悔,终生无悔。

性幻症是把性幻觉作为性兴奋或性欲满足的主要手段并成为习惯。性幻症者在日常工作、生活中经常出现无法摆脱的性幻觉,有时幻影可成为性幻症者倾心的性恋对象。我国历史上或民间传说中的所谓"相思病"大部分可归于此症。

性幻症者会不分场合、时间,稍有所感就会触发无法摆脱的性幻想,他们甚至整日处于性幻想所造成的不良情绪之中,心理矛盾和压力很大,甚至正常生活也难以适应。如果性幻想出现于少男少女,则危险更大,往往使他们误入歧途。所以,要正确引导。

1. 科学认识性知识

性是生命的根本,根本需要得到满足,才能活得宽松、宁静、健康和愉快。性本能释放的大部分能量可以转化或升华为学习和工作目标,可以用来改善自己的生活,而性幻想是性本能释放的形式之一。青少年对此不必过分压抑,但也不应过度使用。如果在这一成长阶段过分压抑性幻想,可能会造成正常性心理受损,形成心理障碍;但若过分沉溺于其中,对身心发展也不利,也可能导致严重问题。

2. 养成正确的生活方式和态度

要多参加集体活动,在活动中自然地、坦率地、友好地与异性同学进行正常交往,满足对异性的心理需要。还要发展业余兴趣爱好。积极参加有益身心发展的文艺、科技、体育等活动,把青春旺盛的精力集中在努力学习、发展兴趣特长、追求进步上。丰富多彩的活动、充实的生活可以淡化和转移人的性欲。要看健康的书刊、影视以及网络内容,而不要看富有性挑逗的作品。同学朋友相处时,避免在性方面开玩笑,不要过多接触性内容。青春期的男孩可以通过这些活动来调适自己的心理,培养广泛的爱好兴趣,把旺盛的精力从性幻想中解放出来,投入到学习科学知识、掌握技能上,投入到健康有益的活动中去。

3. 学会自我心理调适

一是自我暗示法。当性幻想出现时,可对自己暗暗地说:"处于青春期的我,有这样的想法很正常。下面我要认真地工作。"不要过分地纠缠于自己的性幻想,不过分否定也不过分沉溺,有适当的自我控制而不过分抑制,从而减轻性幻想对自己生活的影响。还可以使用情境变换法。情境对人的情绪起着重要影响和制约作用,有时改变一下情境就能调节人的情绪。如在工作时走神而发生性幻想,可以变换一下情境,和朋友聊会天、出去看看风景等,都可以缓解由于性幻想带来的心理压力,并且有助于形成积极的心理环境,从而提高效率。三是想象放松法。想象放松法要求在一个安静的环境中以最舒服的姿势坐着或躺着,闭上眼睛,用鼻子呼吸尽可能慢且深。想象自己正处于一个平时自己最喜欢的情境中,自己感觉舒畅平和,非常的放松。想象结束时,静静地坐一会,进行 5 次慢而深的呼吸,然后慢慢睁开眼睛。每天坚持有规律的放松可以减轻性幻想的困扰,并有助于身心健康发展。

## 二、性行为咨询

在与性行为有关的心理咨询中,一般是根据性行为活动的性质与活动方式,结合其心理症状,从改变其错误认知结构入手,调整其情绪、情感。消除精神压力,干预生活方式,运用行为疗法,使其摆脱困境。

### (一)性自慰行为

性自慰又称为手淫,是用手或工具刺激生殖器而获得性快感的性行为。适度手淫可以缓解性冲动,但过度手淫会诱发生殖系统疾病,引起各种心理障碍和将来性生活和谐。

因性自慰问题产生心理困扰的心态主要有:一是虽然理论上知道自慰行为对身体本身无害,但潜意识中仍旧认为自慰有害,往往把身体部位的问题都与自慰后果联系。如,偶尔失眠,腰酸腿痛,容貌、体态的细微变化,甚至偶感不适等都认为与自慰有关,用生理心理体验去"证明"自慰有害。有的甚至还会发生疑病性神经症。二是性自慰行为会引起消极评价。由于观念上仍将性自慰行为看作"见不得人"的行为,产生罪恶感、自卑感,无法摆脱自责愧疚的情绪,表现为自我否定的评价和持续的消极情绪与自我压抑的被动处世态度。三是引起无休止的联想和系列强迫性观念。性自慰行为常伴随性幻想,造成难以控制的性冲动,反复的性自慰行为取得生理快感,又在客观上强化了性幻想,导致神经系统的动力定型,形成习惯性的恶性循环。因此,必须有的放矢地引导青年摆脱性自慰困扰。

认知疗法:主要解决对性自慰行为本身的认知结构。性自慰是性成熟过程中普遍存在的一种自限性性行为,它不仅没有原先人们所认为的那么可怕,而且还存在一种自然的、生理的调节机制。因此,在心理咨询中,不可回避性自慰者提出的具体问题,必须以科学的性知识给予明确回答,才能解除他们的困惑,不会引起误解和新的困惑。咨询师可根据个体差异,分析其发育史和成长经历,使其确信身体发育的正常与健康,从而消除其对身体感觉的过分关注。

行为调整:干预性自慰者生活本身,使其改变不健康、不科学的生活方式,引导他们将注意力转向外部世界,关注社会与自身发展,学会正确对待性问题,正确评价自己,增强自信心。

### (二)边缘性性行为

一般是指男女间的亲吻、拥抱、抚摸、相互抚弄性器官、游戏性性接触等性交以外的性行为。边缘性性行为是热恋中的男女青年相互表达性爱情感的动作方式,也是夫妻婚后性生活的必要准备。因边缘性性行为问题产生心理困扰的主要原因有:一是在毫无心理准备的情况下发生,会产生自责与罪恶感;二是感情尚未深入发展的情况下发生,感到勉强、不真实,有耻辱感和自身不洁感;三是对恋爱阶段的这类行为感到低级下流,对恋爱的成功和相互关系产生怀疑。许多有边缘性性行为的青年,在事发当时构成了严重的心理困扰,如心理上的不安、烦恼、自卑、自责、恐惧等,对他们的学习、生活与交往都产生了不良影响。

咨询师先要认真倾听和了解这类行为发生的背景、对象和当时的心理状态等,根据当事人的叙述,寻求分析造成心理困扰的症结。

1. 端正认识态度,破除错误观念

对已建立恋爱关系的男女,发生此类性行为是情之所至、顺乎自然的,不必为此苦恼而羞耻。但双方应适当控制"感情"温度,规范公共场合的恋爱行为。对于因边缘性性行为过分自责和将此类行为看作不洁的观念应当加以矫正。

2. 学会了解异性,增强理智感

由于对异性的心理特点缺乏了解与观察,发生边缘性性行为后,仍然会怀疑对方的真情与否;当两人发生分歧,感情出现纠葛或分手时,容易多疑和挑剔对方,引起焦虑紧张与抑郁的情绪。这往往会导致他们不能真正了解异性,恋爱的成功率也不高。因此,要树立正确的恋爱观,学会全面客观地分析异性,学会与异性心理沟通与心理相容的方法。

(三)婚前性行为

今天的年轻人没有很坚定的理由让他们对婚前性行为说"不",当他们遇见来自朋友和同伴的诱惑、怀疑和质问时,多半毫无能力抵抗来自性的好奇与诱惑。然而,很多年轻男女并不能很好地处理婚前性带来的问题,导致婚后出现很多与性有关的心理问题。

因婚前性行为问题产生心理困扰的主要特点有:一是突发性,往往是毫无心理准备的情况下突然发生的;二是自愿性而又非理智性,较少为对方胁迫而为;三是反复性,由于年龄和观念上的影响,一旦冲破这道防线,便不再过多顾虑,还会多次反复发生。常常使恋爱关系朝不利于女性的方向发展:易造成突击结婚,引起猜疑,为婚后矛盾留下隐患;给女性带来生理和心理痛苦。

我们没有办法评估婚前性行为对青少年不成熟的心灵造成的损伤。在信任、安全感和相互尊重这些情感尚未形成之前就涉及性,不仅会使持久相爱的关系夭折,而且这种情感伤害如果不经治疗的话,问题会持续一生。尽管知道婚前性行为有诸多不良后果,但总有一些人会由于种种原因偷吃禁果。因此,咨询师的建议是:为自己的选择负责。

1. 认识心理误区

为了获得幸福美满的婚姻生活,必须对婚前性行为的不良后果有足够的认识,增强自律。男性在婚前性行为问题上的心理误区:通过婚前性行为关系拴住对方,造成事实婚姻;以性关系试探女性是否感情真实;性关系可以深化感情,加快恋爱进程。女性在婚前性行为问题上的心理误区:性行为可以表示对男方的信任;反正早晚会结婚;可以了解对方性功能;可以报答男性的情意。

2. 学会理性拒绝

真爱并不是只能用性来衡量，而是值得男女双方彼此珍惜和等待。千万不要将"性"误解为"爱"，或将"爱"缩减为"性"。应当懂得在生活中坚守必要的原则，没有义务去满足他人的所有要求，尤其不能满足他人那种不合法、不讲理的私欲。拒绝婚前性行为诱惑的技巧和策略：

诱惑："如果你爱我，你就会答应我。"

回应："如果你爱我，你就不会要我放弃我所珍惜的贞洁。"

诱惑："这很安全，我有安全套。"

回应："你要我拿我的未来和那个安全套打赌？"

诱惑："你是我唯一想献身的人。"

回应："好！如果我是你的唯一，那么你可以等到我们结婚以后。"

3. 守住原则底线

正式严肃地给对方提出自己的原则底线，那就是：我是清白的，也是热情的，让我们一起努力，把完整的身体保持到结婚！这是一种要求，其实也是一种责任。

4. 学会正确对待

婚前性行为有可能带来未婚先孕，还会造成心理压力，成为损害身心健康的诱因。一旦发生了婚前性行为，要正确对待，调整心态，不应自暴自弃。在性病与艾滋病日益盛行的情况下，更应十分警惕婚前性行为的发生。

男生的正确做法是：第一，加倍珍惜。女孩的爱与性多数是关联的，她不会轻易把自己最宝贵的东西给一个人，既然她把自己的所有都给了你，希望你能倍加珍惜，互相包容，携手人生。第二，安全防范。注意卫生，以防生病；做好避孕准备，以防意外怀孕。第三，周密呵护。一旦避孕失败，要及时采取措施，72 小时以内口服避孕药可预防怀孕；如果意外怀孕，要陪同女友到比较正规的医院做手术，术后身体虚弱，因此，要精心照料，保证必要的卧床休息和营养补充；孕期女性的情绪会发生很大变化，容易产生抑郁情绪，因此，男性要主动帮助女友调节情绪，以免压力过大，产生抑郁情绪。

女生的正确做法是：第一，别埋怨。如果意外怀孕，忌讳埋怨自己与男友，无济于事，还会使身体受伤的同时，使双方的心灵受伤。第二，要振作。性毕竟只是我们生活的一个方面，而不是全部。不要因为青春期的性失误毁坏了你的整个生活。第三，可求助。如果遭遇意外怀孕、人工流产而无法排解压力，可主动寻求心理咨询师的辅导。

# 第二节　性障碍矫治

## 一、性功能障碍矫治

(一)男性性功能障碍矫治

1.阳痿

如果阴茎不能勃起进行性交,或者阴茎虽能勃起但不能维持足够的硬度完成性交,这就叫阳痿。阳痿一般可以分为两类:一类是原发性阳痿,即从未能性交的阳痿;另一类是继发性阳痿,即原先性生活正常,后来出现勃起障碍。根据病因,阳痿又可以分为器质性阳痿与精神性阳痿。器质性阳痿是因器质性疾病所造成的阳痿,如阴茎弯曲,尿道下裂,腮腺炎并发睾丸炎所致睾丸萎缩、睾丸切除、勃起神经损伤等原因造成的阳痿。精神性阳痿是由于精神因素所引起的阳痿。主要原因有:在发育过程中所受到的影响,人与人之间关系不协调所造成的影响,情感方面的原因与认识方面的原因。具体来说,如首次性生活的创伤、同性恋、手淫、性生活过度、双方感情不好、缺乏自信心、焦虑、抑郁、缺乏正确的性知识、性生活环境不理想,以及医源性影响等。由于这些原因而产生紧张心理,使大脑皮层经常处于高度紧张状态,抑制了勃起中枢,从而导致阳痿。其实,只要解除思想顾虑,不去怀疑性功能,大多数阳痿患者是可以完成性生活的。真正器质性疾病所造成的阳痿只是少数。至于原发性阳痿,目前还没有找到理想的治疗方法,治愈的可能性极小。

正常人的性生活是呈现波浪状的,即有时满意,有时不满意或者失败。切不要把这种正常的现象误认为是阳痿。另外,五十岁以后阳痿发生率较高,这是年老的原因所致。

如果发生了阳痿,先要弄清引发的原因。假如是精神原因所致,那么夫妻最好暂时分居一段时间,不仅要禁止性生活,而且要避免性刺激,还要忌酒、茶、咖啡等刺激性饮料;平时多注意锻炼身体,对生活保持乐观,对自己保持自信。如果做到了这些,病症仍然没有多大好转,那就应该去医院诊治。

2.早泄

早泄是指阴茎能勃起,但是和女方刚接触或刚刚进入阴道便发生射精,以至于不能进行正常性交。一般认为,在性生活后2~6分钟内射精都属正常。如果能进行性交,只是由于男方性欲冲动快,女方性欲发生慢,性生活时间太短,不能引起女方性欲满足,这种现象不能算是早泄。新婚后的初次性生活,往往由于缺乏经验,过度紧张、兴奋,加之阴茎十分敏感,在接触后很快就射精,这是常事。男方对此不要恐惧和丧失自信心,女方应抱以安慰、鼓励的态度,以后随着性生活次数的增加,就可以逐渐延长性生活时间。

真正早泄发生的原因,器质性因素不多,主要是由精神方面的因素造成的,而且多半是因为性的兴奋点太高。另外,如果首次性生活是在害怕被发现的环境下进行的,那就可能形成早泄的习惯,其后即使在较为轻松的性生活中早泄也是难以改变的。

防治早泄与防治阳痿一样,最好是夫妻分居一段时间,让大脑得到休息,解除思想顾虑。还可服用一些镇静剂,采用避孕套等,目的在于降低性兴奋感觉。此外,在婚前避免不正当的性关系,也是防止早泄发生的关键。

3. 不能射精

不能射精或不能在阴道内射精是比较少见的男性性功能障碍。这种性功能障碍的表现是在性交中一般能维持坚硬的勃起,但在功能上却正好与早泄相反,达不到性兴奋高潮。

不能射精可分为器质性与精神性两种,但多数不能射精是精神性的原因,主要有:从小就被灌输性行为是罪恶的,生殖器是肮脏的,对配偶的敌视与排斥和特殊的社会心理学创伤。治疗不能射精,除了男方克服心理障碍以外,医生还要谨慎地向夫妻双方解释功能障碍的原因,在消除不能射精的障碍时女方起着重要的作用。

4. 混合性功能障碍

几种性功能障碍同时发生在一男性身上不足为怪,因为这些病症都有着共同的致病因素。最多见的是早泄合并阳痿,这是由于早泄引起性行为焦虑,进而引起阳痿。而不能射精合并阳痿就比较少见了。治疗时一般应先解决不能勃起,只有在获得稳定的勃起能力以后才能处理射精功能障碍。

(二)女性性功能障碍矫治

1. 阴道痉挛

阴道痉挛是一种心理生理综合征,是环绕阴道口和阴道外三分之一部位的肌肉非自主性痉挛或缩窄。这种性功能障碍,任何年龄的妇女从一开始有性生活至老年都有可能出现,但其严重程度差异很大。多数患者性生活时阴道发生痉挛、疼痛,因而影响了正常的性生活。另有一些患者在性生活时虽然感受疼痛,但仍可以进行性行为。

阴道痉挛可能起因于外阴或阴道口损伤性疼痛的一种自然保护性反射。常见的器质性病因有处女膜异常、引起阴道口或大阴唇溃疡的生殖器疱疹或其他感染、产科肿瘤和萎缩性阴道炎等。不过,阴道痉挛大多还是由非器质性因素引起的,其中包括各种社会心理因素。比如,把性活动看成是下流、邪恶和猥亵行为的女性,就有可能在婚后发生阴道痉挛。阴道痉挛也可由婚前严重创伤性性活动引起的。此外,任何能够造成精神性痛苦的性活动,如妊娠恐惧、性病恐惧、癌症恐惧和同性恋等,也可能引起阴道痉挛。

对于阴道痉挛患者的治疗,首先是正确地认识性行为,解除思想顾虑和害怕心理。其次,在医生的指导下,用各种规格的扩张器来进一步治疗阴道痉挛反应的异常肌肉收缩。不过,使用扩张器只是夫妻参与的心理治疗的一种辅助方法,治疗的重点应当是放在夫妻关系上。一般来说,经过一段时间的治疗,除由不可逆转的器质性疾病所引起的阴道痉挛患者外,其他经过治疗基本上都可以恢复正常。

### 2. 性欲高潮功能障碍

性欲高潮功能障碍是指女性在正常性生活中没有性欲高潮出现。这种功能障碍既可能是原发性的,又可能是继发性的。器质性性欲高潮功能障碍比较少见,大多数患者都是精神性的。主要原因有:对性行为和性的错误认识、夫妻感情不和、忧郁、缺乏自信,以及创伤性的性经历等。

治疗性欲高潮功能障碍,首先应当了解性解剖和性生理知识,性反应周期出现的各种变化,正确地看待性与性行为,克服忧虑、树立自信。其次是需要夫妻双方的努力。女性应当在性生活中向配偶表明自己喜爱的方式以求得配合,等女方从精神上、身体上都做好准备以后开始进行性生活。

### (三)性厌恶与性欲抑制矫治

性厌恶与性欲抑制是两种非机能障碍的性问题,其特点是阻碍初始性行为或阻碍性爱接受能力。

### 1. 性厌恶

性厌恶是对性活动或性活动思想的一种持续性憎恶反应。性厌恶患者男女都有,但以女性为多。一般来说,性厌恶表现为性欲活动减少,或缺乏性生活兴趣,典型表现是与他人的性接触中各方面都对性充满否定反应。有的患者还伴有周身出汗、恶心、呕吐、腹泻和心悸等症状。不过,性厌恶患者的性唤起大多未受损,故男性性厌恶者的性活动往往正常,女性患者有可能有性欲高潮。

性厌恶的致病因素很多,主要有青春期性创伤,由于青春期体像差而缺乏自信(如男孩有女性型乳房,女孩多毛或乳房发育不良等),在性生活中反复受到精神或身体创伤等。

对性厌恶进行治疗的关键是消除病理性厌恶和改善性活动方式。应要求患者建立信心,有要求治疗的愿望,且夫妻互相配合接受治疗,进行练习,开展语言交流,改善不和睦的夫妻关系等。

### 2. 性欲抑制

性欲抑制是以性生活接受能力和初始性行为水平都降低为特征的一种状态,具体表现为性欲低下或者无性欲。造成性欲抑制的既有器质性疾病和药物原因,也有夫妻不和、精神抑郁、创伤性经历、恐惧和自信心不足等精神性原因。

除由疾病和药物等器质性因素引起的性欲抑制外,其他都需要采用精神疗法。治疗的重点是改善夫妻性生活关系,注意语言和非语言交流技巧,把性生活当成增进感情和彼此关系的机会,而不是当做一种机械的生活。另外,要注意影响性生活兴趣的环境因素,某些环境因素使患者想起以前倒霉的事,也就必然使其性欲减低。心胸开阔、解除思想上的抑郁与烦恼也是治疗性欲抑制所必需的。

总之,对于性功能障碍要及时治疗,不应该讳疾忌医,更不能把这些疾病当成不治之症,产生悲观消极情绪。只要知道发生的原因,正确了解性知识,解除思想顾虑,在医生的指导下,性功能障碍是会痊愈的。

## 二、性心理障碍矫治

性心理障碍也称性变态,泛指以两性行为的心理和行为明显偏离正常,并以这类性偏离作为性兴奋、性满足的主要或唯一方式为主要特征的一组精神障碍。主要包括性身份障碍、性偏好障碍和性指向障碍三种类型,涵盖了性身份异常、性对象异常、性目的异常、性行为手段方法异常等四个方面。它包括露阴癖、窥淫癖、恋物癖、异装癖等多种类型。其共同特征是性兴奋的唤起、性对象的选择以及两性行为方式等出现反复、持久性异乎常态的表现。

### (一)认识性心理障碍

#### 1. 性身份障碍

对自己是男是女的认识过程称为性身份认定。一旦认定了自身性别,才会按所属社会文化环境约定俗成的规范去行使自己的行为。如果对自己生理上性别的认定发生了紊乱,称为性身份障碍。

(1)男性性身份障碍:持久和强烈地为自己是男性而痛苦,渴望自己是女性(并非因看到任何文化或社会方面的好处,而希望成为女性),或坚持自己是女性,并专注于女性常规活动。表现为偏爱女性着装,或强烈渴望参加女性的游戏或娱乐活动,并拒绝参加男性的常规活动,或者固执地否定自己的男性解剖结构,如断言将长成女人,明确表示阴茎或睾丸令人厌恶,或认为阴茎或睾丸即将消失或最好没有。

(2)女性性身份障碍:持久和强烈地因自己是女性而感到痛苦,渴望自己是男性(并非因看到任何文化或社会方面的好处,而希望成为男性),或坚持自己是男性,固执地表明厌恶女装,并坚持穿男装,或固执地否定自己的女性解剖结构如明确表示已经有了阴茎或即将长出阴茎,或者不愿意取蹲位排尿,或明确表示不愿意乳房发育、月经来潮。

(3)易性症:对自身性别的认定与解剖生理上的性别特征呈逆反心理,心理上持续存在厌恶和改变本身性别的解剖、生理特征,以达到转换性别的强烈愿望,并要求变换为异性的解剖、生理特征(如使用手术或异性激素),期望成为异性并被别人接受,其性爱倾向为纯粹同性恋。

2. 性偏好障碍

（1）恋物症。反复出现收集某种异性使用无生命物体的企图，它受强烈的性欲望与性兴奋的联想所驱使，几乎仅见于男性。在强烈的性欲和性兴奋的联想驱使下，反复出现通过抚摸、闻嗅异性身体接触的物品（如乳罩、内裤、丝袜等），并以手淫，或在性交时由自己或要求性对象持此物品，以获得性满足。也有部分患者以异性躯体的某部分（如异性的头发、足趾、腿等）作为性唤起及性满足的刺激物。恋物症患者一般并不钟情于物品的原有主人，而是仅仅对这些物品感兴趣，寄托无穷的性想象。对专为刺激生殖器官而设计的用品的爱好，不属此诊断。

（2）异装症。也称恋物性异装症，是恋物症的一种特殊形式。表现为对异性衣着特别喜爱，反复出现穿戴异性服饰的强烈欲望，并付诸行动，由此可引起性兴奋。其穿戴异性服饰主要是为了获得性兴奋，当这种性行为受到抑制时可引起明显的不安情绪。病人并不要求改变自身性别的解剖生理特征。他们的性欲指向一般仍对异性感兴趣，大多数患者在异性恋生活上没有困难，有的患者只表现为性欲偏低。此症几乎仅见于男性，通常始于 5 ~ 14 岁，并伴有手淫行为。

（3）露阴症。是一种反复发作或持续存在的倾向，表现为反复出现在陌生异性面前或向公共场合的人群暴露自己的生殖器，以达到引起性兴奋的强烈欲望，可伴有性唤起并继以手淫，但对所选暴露对象并无进一步性活动的要求（与强奸犯以露阴作为性挑逗的一种手段，进而实行强奸行为明显不同）。通常发生在公共场合，并与对方保持安全的距离。部分患者有固定的性关系，但当性关系发生冲突时，露阴的冲动会变得更加强烈。如果目击者表现出震惊、恐惧或深为所动时，患者的兴奋感常会增加。大多数患者这一冲动难以控制。

（4）窥阴症。反复窥视异性下身、裸体或他人的性活动，以满足引起性兴奋的强烈欲望，可当场手淫或事后回忆窥视景象并手淫，以获得性满足。没有暴露自己的愿望，也没有同被窥视者发生性关系的愿望。窥阴症几乎仅见于男性，常在 15 岁前开始，少数可兼有露阴或恋物行为。半数在成年后初次发病。多数没有异性恋，少数异性恋者，已娶妻生子，但以窥阴等偏离方式作为性满足的主要或唯一来源。观看淫秽音像制品，并获得性的满足，不属于此症。

（5）摩擦症。男性病人在人多拥挤的场合或乘对方不备之际，伺机以自己的阴茎或身体的某一部分，反复地靠拢异性，接触和摩擦异性身体的某一部分，以达到性兴奋的目的。没有与摩擦对象性交的要求，也没有暴露自己生殖器的愿望。常伴有露阴症。

（6）性施虐与性受虐症：性施虐症是指反复、强烈的性渴求、性想象，涉及对性爱对象施加心理或躯体性伤害行为的一种性活动的异常偏好，并作为性兴奋、性满足的主要手段。至少持续半年时间。其手段为捆绑、引起疼痛和侮辱等,甚至可造成伤残或死亡。与之相反,性受虐症是以承受这类伤害或痛苦以获得性兴奋、性满足。提供这种行为者为性施虐症,以接受虐待行为来达到性兴奋者为性受虐症。两者可以单独存在,也可以并存。

性施虐症患者男性居多,性格多怯懦,具有性卑劣感,对妇女怀有仇恨心。性受虐症患者男女均有,女性居多。男性多见于阳痿患者,有的是以受虐待行为作为加强性兴奋的刺激物;有的人还通过嗅、舔衣服或身体上的污物(如尿液、粪便)以取得性快感。女性多为癔症性人格障碍者,通过这类"象征"的行为方式,以克服或抵消其在性方面的罪恶感。受虐的行为方式常为针刺或切割乳房、捆绑身体、勒颈部等。

(7)混合型性偏好障碍:最常见的组合是恋物症、异装症及施虐–受虐症。

**3. 性指向障碍**

正常人的性欲指向异性,尚若性欲指向是同性,并与其进行性活动,即为性指向障碍,或同性恋。如果性欲与性活动既指向异性又指向同性,则称双性恋。性指向障碍常起源于各种性发育不良,从性爱本人来讲不一定异常,但某些人的性发育和性指向可伴发心理障碍,譬如当事人并不希望这样下去或对此犹豫不决,因而感到焦虑、抑郁和内心痛苦不堪。

(1)同性恋。指正常生活条件下,从少年时期就开始对同性成员持续表现性爱倾向,包括思想、感情及性爱行为。对异性虽可有正常的性行为,但性爱倾向明显减弱或缺乏,因此难以建立和维持与异性成员的婚姻关系。男性同性恋者偏重于性乐趣的追求,女性同性恋者偏重于情感的追求。对同性持续表现性爱倾向,同时对异性毫无性爱倾向者称素质性同性恋(真性同性恋)。素质性同性恋的被动一方有矫治成功的可能性,而主动的一方矫治成功的可能性很小。

同性恋者之间的性欲满足方式有各种各样,一部分只是精神上的结合,他们情投意合,互相眷恋,没有肉体上的两性活动,这只占少数。绝大多数同性恋是要进行肉体上的性爱活动的,包括拥抱、抚膜、接吻、相互手淫、口交、肛交、阴部相互摩擦,以及使用人工器具进行性活动等。在同性恋行为的两人之中,常有一个是真正的同性恋者,另一个是异性恋者。男性同性恋中处于被动地位的一方,或女性同性恋处于主动地位一方,往往是真正的同性恋者,即素质性同性恋者。如果双方都是真正的同性恋者,那么在性行为中,就会轮流更换主被动位置,但在心理上,这些人都会自认为是处于主动地位。男同性恋者的性冲动较常人更强烈,性活动的频度和性伴侣的数目都较正常人多。女同性恋者的行为与男同性恋有别,她们的同性伴侣较少,一生中只有2~3个,比正常女性还少,女同性恋者之间的关系真切,她们情深意厚。

(2)双性恋。指在正常生活条件下,从少年时期就开始对同性和异性两种成员均持续表现性爱的迷恋倾向,包括思想、感情及性爱行为,因此难以建立和维持和谐的婚姻关系。

男人更偏向与素不相识的男人发生同性恋行为,完事之后即各奔东西。而且在同性恋的同时还有异性恋行为。双性恋的女人偏向于与亲密的女友发生性活动,她们感情笃厚而持久。她们在某一时段只与同性或只与异性发生性关系,而不是同时与两种不同性别的伴侣往来。双性恋的男人往往由于找不到合适的女人而顺便找个男人发泄一下。双性恋的女人则不然,她们要先与性伙伴建立感情,然后才会萌发性活动,并由此取得少量性满足,有些还可与异性结婚。

某些特殊性行为可使性对象遭受伤害,或者患者本人也为这种行为感到痛苦,或蒙受其害,就应判断为异常。即使是婚内性行为,如长时间反复、持续发生的一种极端变异方式的性行为,即使当事人不厌恶,也应视为异常。

(二)防治性心理障碍

1.诊断性心理障碍

主要根据是患者的经历和临床表现的病史记录,一般病程要持续 6 个月,甚至更长时间,譬如性身份障碍转换性别的认同要至少两年。此外,还需要检查有关的性激素和染色体的异常并排除器质性病变,排除精神分裂症等其他精神异常。

性心理障碍不易彻底矫治,往往容易复发。随着年龄的增长,有些性心理障碍行为渐趋缓解。就患者本身而言,要有强烈求治的主观愿望。因为性心理障碍者接受治疗,从病态中解脱出来,需要忍受巨大的生理、心理上的苦痛,这一点有许多患者是不愿做或做不到的,它需要的是坚强的意志和顽强的自我克制能力。就是说要强迫自己去干不愿干的事情,并且持之以恒。从社会角度来看,不应对性心理障碍者采取嘲笑、歧视甚至排斥的态度,否则,只能使他们的心理变态更加恶化。

2.矫治性心理障碍

对性心理障碍的治疗,可在心理医生指导下,可以采用心理分析、认知疗法或行为治疗。例如厌恶疗法就是行为疗法之一。做法是给恋物癖以喜爱的物品,给异装癖以异性服装,给露阴癖以图片,给同性恋嗜好看同性恋的电影或图片,当他们的性欲冲动诱发起来以后,对生殖器施以电击致疼痛。经过这样多次反复,使之形成条件反射,借以消除不正常的性冲动。对性心理障碍预防应重于治疗。

(1)性身份障碍

心理治疗:原发性易性症患者几乎没有求治愿望,因而矫治极为困难。极个别的原发性易性症经行为疗法治疗有效,动力心理疗法无明显疗效。

手术治疗:变性手术前首先应做染色体检查,要让他们了解手术中可能遇到的以及手术后将发生的问题。还应让易性症患者用异性激素治疗 1~2 年,让他们体验作为异性生活、工作的感觉,使其冷静下来,做好心理准备。在此阶段应由精神科医生定期检查,并进行心理治疗。继发性易性症患者通过实验阶段,可认识到变性手术并不能解决他们的问题,其中一部分人则心悦诚服地接受心理治疗。偶有原发性易性症患者通过激素治疗就解决了问题,不再要求进一步的变性手术。

建立恰当的母子关系。母婴接触过程中,既要避免接触过少,也要避免接触过分。尤其是男孩,应该为其创造"父子认同"的机会,避免母子间"共生"关系延续过长。

对婴幼儿进行正确的性身份指定和符合其生物学性别的行为训练有较重要意义。使每个儿童都有健康合理的家庭生活,尽量避免某些亲子关系紊乱,也有助于防止本病的发生。同时,注意社会环境的影响。

(2)性偏好障碍

药物治疗:尤其是对于心理治疗无效的病人,目前多倾向于使用非激素性影响性欲的药物(如碳酸锂、利舍平等)治疗。抗焦虑药、抗抑郁药的临床效果也已经得到了初步认可,可以考虑应用。

心理治疗:主要有行为矫正法(厌恶疗法)、认识领悟疗法、性治疗等。结婚对于多数患者可起到一定的治疗作用,并促进其适应正常的社会生活。未婚单身者应建立正常疏泄性欲的行为模式,自慰一般为最佳选择。必要时可考虑治疗性行为限制或强制性行为纠正治疗,一定程度的法纪处罚有时非常必要。

预防工作应从儿童期开始,大力提倡科学的性教育和性知识的普及,创造合理的异性接触环境,父母、家长应注意检点自己的行为及教养方式,清理整顿文化市场,避免不良文化的诱惑。对于儿童和青少年出现的早期性偏好障碍倾向,应在正面引导的基础上,鼓励其积极参加集体活动,建立正常的人际关系。

(3)性指向障碍

心理治疗:心理治疗当然不是针对同性恋本身,而是对于冲突的、自我不和谐的性体验。常用的心理治疗主要有精神分析(包括精神分析取向的各种不同的心理治疗技术)、行为矫正(如系统脱敏、厌恶治疗等)以及支持性心理治疗等。对于人格和自我发育水平较低者,难以进行较深入的精神分析治疗,而支持性心理治疗加上行为矫正技术比较容易被接受。

许多同性恋者就诊,并不是要改变他们的性取向,而是由于情绪上的困难或苦恼。对于伴有冲突的、自我不和谐的性体验要求进行心理咨询与辅导,应视其自我适应困难的烦恼,有针对性地做情绪疏导和认知治疗,消解各种挫折造成的心结,帮助他们适应自我与社会,包括自我适应、异性适应、社会适应。使他们认识到,不改变性兴趣,也应接受、悦纳自我,造就自在自为的心态,求得心理平衡,改善社会适应。提示他们,应采取适当的行为约束以适应社会,在与异性恋者相处中,互相尊重,以免发生矛盾。对于来寻求帮助的同性恋者的亲属,医生可提供一些科普的性教育资料,以减轻负担,达到理解。

# 第三节　性伤害防卫

随着经济发展和社会开放,男女两性之间的交往越来越频繁,如何规范人际交往行为,学会避免和应付性伤害,是培养现代人性道德的必修之课。由于一方修养不够,知识面不宽,或对对方文化背景不甚了解,有可能无意中出现语言、行为上的失礼,严重影响两性间的继续交往,所以,平时应注意文化积累,避免无意伤人。另外,如果自己不拘小节,言行举止过于轻浮,或谈论了不该在公共场所谈论的性话题,则有可能使对方误会有可乘之机,受到性骚扰。可见,两性相处和谐,可以产生愉悦,能够发挥性本能的创造性;反之,则会出现性伤害,对双方生理和心理造成严重创伤。

## 一、防范性骚扰

性骚扰是指一方违背当事人的意愿,通过语言的或形体的有关性内容的挑逗、侵犯或侮辱,从而给另一方造成心理上的反感、压抑、恐慌、心理损害和精神紧张的行为。只要违反对方的意愿,用语言、动作、眼神进行了性方面的侵犯,但未构成强奸,且有特定指向性,都算性骚扰。

### (一)应对性骚扰的技巧

确认性骚扰的一个总的原则是对方的行为超出正常人的行为尺度,并使自己心里感到明显的不适。如,在一段时间内,反复接到语言淫秽的骚扰电话;熟人利用单独相处的机会做出过于亲密的举动;在拥挤的空间,被他人故意抚摸或碰撞接触;在公共场合,被他人用带有性意识的眼光上下打量;违背自己的意愿而被他人出示淫秽刊物;等等,这些骚扰行为相对较为轻微,尚不能上升到法律的高度予以保护,因而更需要受害者充分发挥聪明才智,运用一些应对技巧进行自救。

**【经典案例9-2】** 　　　　　遭遇性骚扰

【咨询案例】小菲是一名大二女生,最近,原以为自己多么严肃、守规矩的她,突然出乎意料地被同校一名男老师性骚扰。小菲非常自责,甚至想到用伤害自己的方式来维护自己的清白,在她同学的建议下,她来到咨询室寻求帮助。

【咨询过程】(一个飘着微雨的下午,一阵柔柔弱弱的敲门声响起来。咨询师一边说请进,一边看到一位大学生模样的女孩走了进来。她穿的衣服很得体,眼神中透出明显的惊慌,像一只受惊的小鹿。咨询师感到她好像为了什么事很恐惧。)

咨询师："你遇到什么事情了吗？我可以怎样帮助你？"（她的眼泪马上流了下来，她一边抽泣一边小声说话。）

小菲："老师，我一直是严肃、守规矩的人，我不是一个坏女孩！"（意识到她将要提出的问题可能与羞耻感有关，可能需要咨询师给她提供一个有保护性而又安全的空间，于是咨询师静静地等着听她的叙说，可是她看上去难以启齿。）

（咨询师意识到也许她需要引导，而且她将要说的内容对于她自己是非常难以接纳的。）

咨询师："你不用担心，在这里你无论说什么都是安全的。你遇到的大概是哪方面的问题，可以告诉我吗？"（她看看咨询师，眼泪又在眼里打转。接下来她咬住嘴唇，好像费了很大力气。）

小菲："是性方面的。"（咨询师有些明白了，看来她的羞耻感可能与性有关。是遭受了性侵害，还是恋爱遇到了问题？医生知道这个问题令她难以启齿，她需要找到一个绝对安全的环境来说她的问题。

在咨询师的一再鼓励下，她终于说出了心中的秘密。原来，是她同校的一个男老师对她有一些性骚扰举动，没有发展到真正性关系的程度，可是也足以令她惊慌不已，还总觉得自己错了，不清白了。）

咨询师（微笑着，尽量用温和的声音）："我理解你的心情，可能你的恐惧是最主要的，这种恐惧使你更多地去想自己的责任，总觉得自己不检点了，不是个好姑娘，可是，我相信，这一切并不是你的错。"

小菲（用带着哭腔的声音）："不是我的错就好了，可是他抚摸我的时候，我感到自己也很龌龊。"

咨询师（微笑着）："是不是你也有快感？"

（她难过地点点头。其实很多遭受性骚扰的女孩之所以自责，多是因为她们觉得自己好像喜欢那样，这是一种异性之间生物性的反应，尤其对于年轻女孩来说，这种在青春萌动期遭受的性诱惑很容易被曲解成一种男权主义的话语："我自己也喜欢那样，所以我自己也很龌龊。"很多男人玩弄女性就是利用女孩子这个特点，一边满足自己的性欲，一边暗示女孩她也喜欢这样。而女孩一旦上了圈套，就会因为自己的不洁感而深感痛苦和羞耻，从而不敢让别人知道，严重的情况甚至导致自杀。医生把这个道理讲给她听，她听得很认真，仿佛若有所思。）

小菲（突然）："那，老师，如果不是我的错，那是他的错吧？这段时间，我心情很复杂，有时候恨不得想把他杀了！"

（看来，刚才她在咨询师的引导下已经略微接受了自己的恐惧，现在这种恐惧变成了愤怒，对自己的攻击和厌恶转变成对男老师的愤怒和报复欲。这是这类来访者常有的情感过程,从一开始的自卑自责,逐渐过渡到对男方的愤怒攻击,有些冒险一点的女孩甚至会实施报复行为,甚至违法犯罪。另一方面,咨询师觉得她对于这件事的反应这样强烈,会不会和她对于性的不接纳有关? 她的严肃、守规矩是否在一定程度上压抑了自己青春期的性冲动和对异性的好感,而一朝压抑不住就会充满毁灭性的想法?)

咨询师:"你对于异性关系和性有怎样的看法,你平时和学校里男生接触得多吗?"(她好像被击中了要害,又难过地低下头。)

小菲(小声):"其实我很渴望和异性交往的,这也很自然,对不对? 可是我没有一个异性朋友。但是,为什么我偏偏喜欢他?"

(她很单纯,对于男女的爱恋一无所知,其实越是这样的女孩,越容易突然做出惊人的举动,有些压抑的女孩会突然和别人发生真正的性关系,还有些会突然为了爱情铤而走险,她虽然并没有做错什么,但她应该能感受到自己内心的危险,这种危险甚至大于外界的危险和侵害。)

咨询师(试探):"你不接纳自己在这件事上的态度,是不是因为你觉得自己喜欢他? 然后这种内心的冲动使你感到可怕,于是对自己严加鞭笞,觉得自己没脸见人?"

(她难过地点头,沉默不语。)

小菲(过了一会儿):"我觉得我不应该喜欢这样一个侵犯我的感情骗子,但是事实是,我现在每天都想着他!"

(这就是遭受性侵害的女孩通常会产生的心理,她们不仅在身体上遭到侵犯,还会因为这毕竟是异性关系而对侵害者产生依恋甚至迷恋,这个道理就好像很多女人结婚有了性关系后会对丈夫死心塌地一样,性侵害虽然不是婚姻关系,但这种身体接触本身就会使女孩对侵害者又恨又爱,甚至把这种复杂的内心冲突转化为对侵害者的思念。侵害者不仅从身体上占了便宜,而且还控制了女孩的心灵,尤其在女孩被恐吓不得寻求帮助的情况下,这些男性侵害者更容易使女孩误以为自己就是喜欢他,否则,自己为什么整天老想他?)

咨询师(温和的):"你这种情况是被人利用了,我需要预先提醒你,这种侵犯并不说明他爱你或者你爱他,而只是建立在生物学基础上的一种荷尔蒙现象。现在你忘不了他,也不说明你爱他,而是你忘不了自己在他那里遭受的创伤,而把这种创伤的闪回和在脑海中的重现当作你忘不了他,甚至当作你爱他。"

(她拼命地点头,眼泪哗哗地流下来,她开始出声地哭,然后是伤心地抽泣。咨询师不禁感慨,越是善良的孩子,越容易陷入这些怪圈,她们的父母、学校、老师,怎么就没教会她们怎样保护自己呢?这不仅指用什么样的武功来对付侵害者,而且包括对于异性交往,对于爱与被爱,对于性与爱等正确的态度。中国的父母往往对孩子早恋避之唯恐不及,却忘了鼓励女孩进行正常的异性交往,以及避免会受性侵犯的异性关系,这就导致不少像小菲这样的女孩,都已经是大姑娘了,却还在性与爱方面单纯得好像没发育的小女孩,给不检点的男人以可乘之机。

第一次访谈结束了,他们约好下周见面。第二周,她如约而至,这一次,她自责的情绪有所好转,开始思考一些原本早该被提上议事日程的问题,她还问了咨询师不少这方面天真的问题,好像一个不谙世事的小姑娘,咨询师也尽己所能帮助她获取这些知识,并且鼓励她以后再碰上被骚扰的情况如何反击、保护自己,包括寻求法律帮助。

一段时间之后,她已经离开了咨询。她现在已经能够接纳性与爱,也逐渐走出了被骚扰的创伤,她说,自己将来要找一个真正对自己好的男人组成家庭,而不是再重复这次由于无知导致的创伤。

外面春天已经来了,她心中的爱恋应该已经像花儿一样了吧,只要是健康的爱恋,就是积极的,希望她以后能像外面满天采蜜的小蜜蜂一样,在爱与被爱中健康地成长、成熟,走向自己人生的光彩和辉煌。)

【案例分析】小菲的案例是典型的,像她这样遭受性骚扰、或者更严重的遭受强奸的女孩,心中往往会涌动着非常复杂的情感,这些情感需要有地方去表达。对于这些女孩的亲人和朋友,最忌讳的就是劝她"忘了吧",因为她忘不了,而且,越想忘越忘不了。如果她们身边有亲人,建议亲人能够给她提供一个安全的环境,没有批评、惩罚、鄙视与怒火的环境,既不向女孩讲大道理,又不跟着女孩一块去骂"男人没有一个好东西",这样做才不至于使女孩重新回到压抑与愤怒的循环中,而是在被倾听、被理解的过程中重拾自信。此外,家庭、学校和社会都需要更关注女孩的心理健康,为遭受性骚扰和性侵害的女孩创造接纳、平等而宽松的生存环境,只有这样,像小菲这样因为无知而导致的痛苦才会逐渐减少,这些祖国的花朵才能健康成长。

1. 电话性骚扰

骚扰者常常在一段时间内,反复拨打某一电话,"你怎么忘了我?""你怎么会不认识我?"对方会想尽各种理由跟人闲聊,有些骚扰者待有人应答后便说一些淫秽言语。其动机是希望听到应答者羞愤异常的反唇相讥,从而满足骚扰者的变态心理。只要其变态心理无法得到满足,自然不会纠缠不休。因而,如果接到此类骚扰电话,千万不要表现出极为愤怒的样子,不要用激烈的言辞反唇相讥,应该用严厉的语气回应:"你打错了电话!"然后,不妨直接挂断电话。若对方是个经常骚扰的陌生人,只要他打进电话,应该马上挂电话,不要理睬对方;或者告诉他这部电话装有追踪器或录音设备。如果对方还是反复进行骚扰,那就准备一个哨子放在电话旁边,遇到骚扰者再打来电话,就对着话筒用力吹,对方吃过苦头后便不敢再来骚扰了。

2.熟人性骚扰

来自熟人的性骚扰也是很令人挠头的一个问题。毕竟,大家彼此之间不是陌生人,在今后的一段时间内还要继续交往、共同学习,如果处理得不好,会给日后的工作和生活带来很大麻烦。应付此种类型的性骚扰,最关键的是要有防患于未然的意识。骚扰者在进行性骚扰之前,通常是有一定的准备的。他会先从一些轻微的行为入手,试探你的态度。此时,你一定要坚决地表明自己对他的这种行为非常反感,千万不能因为碍于情面而态度暧昧,这样会让他误以为你对此并不反感而大胆地采取更过分的举动。但要注意表明态度的方式,骚扰者不同,方式也应该有所不同。如果骚扰者是同学,不妨直接对他说,你不喜欢他的言行,并提出警告;但如果骚扰者是老师或其他处于优势地位、可能对你有不利影响的人,就应该采取一种相对比较委婉的方式。比如讨论问题时,尽量选择在公共场所如办公室、教室等,如果非要去对方家里不可,你可约上同班的同学做伴,这样,对方就很难有机会进行性骚扰。若事情没有好转,或受对方威胁,应该向家长和学校寻求帮助,或者向公安部门、司法部门报案,未成年人可以申请法律援助,并可由父母和律师代理出庭。如果收到对方赠送与性有关的礼物或展示色情刊物,千万不要畏缩或偷偷将其处理掉,而要用坚定的语气向对方说:"你的行为实在无聊,若你不收回,我会投诉。"并将事情转告其他相识的人,留下物品作为证据;消除贪小便宜的心理,不要轻易接受异性的邀请与馈赠。

3.公共场所性骚扰

在公共场合遇有不正常的身体接触、摩擦或被他人以暧昧的眼光上下打量或予以性方面的评价时,最好不要理睬对方,及时避开视线,可以换个位置,或立刻抽身离开。因为这种骚扰方式很难界定,又不易留下什么证据。所以,如果能避开就应当尽量避开。但如果受条件所限无法离开,比如在拥挤的公车上,那么可以用手或随身携带的皮包、雨伞等物保护住自己,让骚扰者无处下手。对有性骚扰企图的人,首先要用眼神表达不满;若对方依然毫无收敛,可直接用言语提出警告,拒绝态度明确而坚定,并对对方显示出厌烦感。如果经过这些努力都不奏效,骚扰者依然纠缠不休,可以寻求公众援助。此时千万不要退缩,冲骚扰者大声斥责:"将你的手拿开!"如果穿了高跟鞋,可以毫不客气地使劲踩其脚,也可以狠狠地抽打其手,还可以告知同行的伙伴,引起公众的注意,使侵犯者知难而退。如果对方一意孤行的话,并且情节恶劣严重,可以动用报警方式,请警察前来协助。

4.僻静地带性骚扰

一定要保持冷静,应仔细评估打击歹徒后的利弊得失及逃脱的机会,巧于周旋,寻机逃脱。如果无法立即逃脱时,可以采取低姿态降低对方警戒心,再寻思可用的脱身策略。假意表示有诚意,可先作朋友,或者表示希望换个地点再说,将歹徒引至对自己有利的地方,再想办法在途中伺机逃脱。

（二）防范性骚扰的技巧

1. 穿着打扮适当,言行举止得体

许多性骚扰侵害行为是由不恰当的衣着打扮和言行诱发产生的。为了预防性骚扰侵害,在穿着方面,不宜过于袒胸露乳,或太透、太紧、太薄;在打扮方面,不宜过于妖艳;在言行举止方面,不宜轻佻放肆,或过分热情,而是要自尊、自重、自爱,做到文雅端庄。

2. 不贪图便宜,要礼貌待人

俗话说,天下没有免费的午餐。对一般异性的馈赠和邀请应婉言拒绝,以免因小失大。平时应礼貌待人,谨慎处事,有理有利有节地处理人际关系,不可过于软弱无能,也不可得理不饶人,用刻薄、狠毒的言语挖苦侮辱别人。遇到别人挑逗性的话语或行为时,应恰如其分地引开话题或巧妙地离开对方,否则别人不是认为你软弱可欺,就是会激起别人的报复心理。

3. 慎交异性朋友,情感委婉含蓄

结交异性朋友时,应特别注意对方的品行作风,一旦发现对方作风不正派,贪图享乐,追求低级趣味,应及时果断地断绝往来。不宜与不太熟悉的异性单独约会。在表达情感时,应区分对象、时间和场合,把握好分寸。不分对象、时间和场合,情感过于直露或感情用事,很容易被居心不良的人所利用而处于被动地位。此外,还应勇于正视自己的过失或缺点,以免授人以柄而违心就范。

4. 注意所处环境安全与否

不宜独自一人到公园、河边、树林等僻静的地方散步,也不宜单独一人在偏僻阴暗狭窄的小巷或道路上行走;夜晚行走时,要选择行人较多、路灯明亮的道路,或者与熟悉的朋友结伴同行。在生疏的地方问路时,不要独自跟着别人走或单身搭乘陌生人的车;不宜一个人或少数几个女生去各种歌舞厅或酒吧;单独一人在家过夜时,应锁好门窗,拉好窗帘,避免外人看到室内情况。不与陌生人搭话,对于不相识的异性,不要随便说出自己的真实情况,对自己特别热情的异性,不管是否相识都要加倍注意。

## 二、防卫性侵害

性侵害是指给受害者身心造成严重伤害的性行为。性侵害的形式多种多样,情节较轻的是性骚扰行为,比如:令人厌恶的挑逗,暗示性的两性关系和性行为评论,说下流的性笑话或淫秽的语言,在异性面前露阴、窥阴行为,违背他人意愿的抚摸、触碰、拥抱、接吻或提出进行性行为的要求等;情节严重的表现为流氓行为或性犯罪行为,如诱奸、强奸、轮奸、奸淫幼女、流氓淫乱行为等。

暴力型性侵害。是指犯罪分子使用暴力和野蛮的手段,如携带凶器威胁、劫持女性,或以暴力威胁加之言语恐吓,从而对女性实施强奸、轮奸或调戏、猥亵等。

胁迫型性侵害。是指利用自己的权势、地位、职务之便,对有求于自己的受害人加以利诱或威胁,从而强迫受害人与其发生非暴力型的性行为。胁迫型性侵害的主要特点有:利用职务之便或乘人之危而迫使受害人就范;设置圈套,引诱受害人上钩;利用过错或隐私要挟受害人。

社交型性侵害。是指在自己的生活圈子里发生的性侵害。与受害人约会的大多是熟人、同学、同乡,甚至是男朋友。受害人身心受到伤害以后,往往出于各种考虑而不敢加以揭发。

诱惑型性侵害。是指利用受害人追求享乐、贪图钱财的心理,诱惑受害人而使其受到的性侵害。

滋扰型性侵害。主要表现形式为:利用靠近女性的机会,有意识地接触女性的胸部,摸捏其躯体和大腿等处;在公共汽车、商店等公共场所有意识地挤碰女性等;暴露生殖器等;向女性寻衅滋事,无理纠缠,用污言秽语进行挑逗,或者做出下流举动对女性进行调戏、侮辱,甚至可能发展成为集体轮奸。

## (一)应对性侵害的技巧

防范和对付性侵害是维护自身权益和人格尊严的特殊斗争,这不仅需要勇气与机警,还需要合理行使正当防卫。当性侵害不幸降临到自己头上时,采取适当防卫措施,能有效地保护自己的性权利和人身安全,使危害降到最低程度。

1. 保持情绪镇定

在遭受性侵害时,保持情绪镇定最为重要。只有设法使自己沉着冷静,才能明白性侵害者的意图,随机应变,以智取胜,找出摆脱困境的办法。如果惊慌失措,进行本能性的抵抗或逃避,就会助长性侵害者的攻击性和信心,导致性侵害行为的发生。

2. 明确表达态度

一些性侵害行为是性侵害者受到被害人的性暗示,错误地理解了被害人的意思后发生的。性侵害者以为被害人自己愿意甚至有意要与其进行性行为,因而在此基础上进行性侵害行为。所以,当性侵害行为发生时,应恰当而坚定地表明自己的态度,以便阻止性侵害行为。这种明确表态能够防止大量熟人之间的性侵害行为。同时,一些性侵害行为是在性侵害者认为被害人软弱可欺,不敢反抗的情况下发生的,坚定的态度能够使一些陌生的性侵害者丧失信心,放弃进行性侵害行为的企图。

3. 学会自我保护

社交场合应保持警惕,学会自我把持,免受名利诱惑。避免单独与异性接触和交往,不要轻易喝对方递过的饮料,也不能过量饮酒,尤其是要拒绝吸食毒品。尽可能保留有效证据,如对方的毛发、精斑、血液、抓痕和现场遗留物,现场录音录像以及对方主动承认性侵害的证词记录等,并付诸于法律要求民事赔偿和精神损害赔偿。

4.理智反抗防卫

在遭受性侵害时,被害人要注意了解性侵害者的弱点和周围环境中可以利用的积极因素,采取恰当的防卫措施进行有效反抗。在积极进行反抗行为时,应当尽可能地利用社会经验,采取非暴力性的方法,把暴力反抗作为最后的迫不得已的措施。因为暴力性反抗行为也可能激起性侵害者的愤怒、紧张甚至绝望的情绪,引起他们更加严重的性侵害行为,导致不堪设想的严重后果。

(二)防卫性侵害的技巧

1.使用防身招术

人的身体各部位都可以用来进行自卫反击,头的前部和后部可用来顶撞,拳头、手指可进行攻击,肘朝背部猛击是最强有力的反抗,用膝盖对脸和腹股沟猛击相当有效果,用脚前掌踢对方胫骨、膝盖和阴部非常有效。也可选择对方眼、耳、鼻、下巴、印堂、太阳穴等脆弱的部位,奋力出击。防身时要把握时机,出奇制胜,狠准快地出击其要害部位,即使不能制服对方,也可制造逃离险境的机会。还可以伺机利用身旁的木棍、石块、雨伞、皮包或高跟鞋等尖锐物品,在最短时间内攻击对方要害。如决定攻击歹徒时,必须在最短的时间内全力一击,不可犹豫,然后赶紧逃离现场。同时,要注意设法在案犯身上留下印记或痕迹,以备追查、辨认案犯时做证据。

2.主动协助破案

许多人在遭受性侵害后,姑息迁就,不敢声张,更不敢向公安机关报案。这会使犯罪者以为被害人怯弱可欺,其作案的胆子越来越大,从而有可能导致再次受到性侵害。因此,在遭遇性侵害后,被害人要克服心理障碍,及时主动地向公安机关报案,提供有关线索或证据,帮助公安机关尽快抓获犯罪分子。

3.抚平心理创伤

受到伤害后,应尽快去医院进行检查和必要的处理,以防止内伤、怀孕或感染性病等。同时,及时进行心理咨询、心理治疗,医治精神创伤。学会积极调整情绪,抚平心理创伤。也可以通过热线咨询电话、性侵害救助组织等得到帮助,了解一些有助于恢复身心平静的方法;通过向老师或好友倾诉,书写日记或其他形式来宣泄消极情绪。

4.防止再次受害

在遭遇性侵害后,要采取亡羊补牢的措施,防止自己再次遭受性侵害。这类措施主要是加固门窗,改变衣着打扮,变换生活环境等。

此外,大学生还要注意学习相关的法律法规,避免给自身和社会造成危害。学会运用法律手段维护自己和同伴的正当权益,敢于同不良行为及坏人坏事作斗争,了解基本的医疗卫生常识,知道一些在紧急情况下基本的处理方法和救护常识,掌握一些基本的自救措施,在突发事件中与同伴齐心合力趋安避危战胜困难。

# 附录 1　测试答案

**【互动测验 4-1】真爱程度**

**【统计及解释】**互动测验各题的答案,选 a 得 1 分,选 b 得 2 分,选 c 得 3 分。将所选得分统计一下,算出总分。

分数为 15 分以下:很明显地他(她)早已另有所爱,心里想的不是你。因此他一直避开你,不愿跟你单独在一块,你们或许在工作中经常接触,但总是话不投机,仅仅是工作方面的交流而已,毫无亲切感,既然这样,你就不必为他(她)再费心思了,及早放弃使他(她)成为你爱人的天真想法,及早开辟新的爱情道路是你最明智的选择。

分数为 15~25 分:说明白点,你是在单相思,是一边倒的思恋而已,无论你向他(她)表示多大的热情,他(她)始终无动于衷。他(她)只是对你有好感,就像一般的男女朋友关系一样,还未发展到成为你恋人的程度,你们的关系发展下去会有什么结果尚难预料,全凭你能否努力使自己变成吸引他(她)的目标而定。

分数为 25 分以上:他(她)时常在想念你,远远超过你向他(她)所表示的爱意;他(她)不希望离开你,更希望你会对他(她)甜言蜜语。可惜的是你们见面时却又无从说起,无法公开表明对对方的爱情。你应该勇敢一点!

**【互动测验 5-1】恋爱心理成熟度**

**【统计及解释】**请按以下标准计分算出总分,并判断自己的恋爱心理成熟程度。

1. a.3;b.2;c.1;d.1
2. a.2;b.1;c.3;d.1(女性选择)　　　　a.2;b.2;c.3;d.1(男性选择)
3. a.3;b.2;c.1;d.0　　　　　　　　　4. a.3;b.2;c.1;d.0
5. a.2;b.1;c.3;d.1　　　　　　　　　6. a.1;b.3;c.2;d.0
7. a.1;b.3;c.2;d.0　　　　　　　　　8. a.1;b.3;c.2;d.0
9. a.3;b.2;c.0;d.1　　　　　　　　　10. a.2;b.3;c.1;d.0
11. a.2;b.1;c.3;d.0　　　　　　　　　12. a.2;b.1;c.3;d.0
13. a.3;b.0;c.2;d.1　　　　　　　　　14. a.2;b.0;c.3;d.1
15. a.1;b.2;c.3;d.0

分数为 34 分以上:你是一个成熟的青年,你懂得爱什么和为什么爱,爱是你进入情场的最佳入场券。不要怕挫折和失败,它们是考验你的纸老虎,终将在你的高尚和热忱面前逃遁。尽管大胆地走向你的梦中的恋人吧,你的婚姻注定是美满幸福的。

分数为 25~34 分:你向往真挚而美好的爱情,然而屡屡失败,一时难以如愿。你不妨多看看成功的朋友,将恋爱作为圣洁无比的追求,不断校正爱情之舟的航线,这样你与幸福就相隔不远了。

分数为 15~24 分:与那些情场上的佼佼者相比,你的恋爱观念存在不少的问题,甚至有不健康之处。如果你已经轻率贸然地进入恋爱,劝你及早退出。(应不应该退出,自己好好想清楚)

分数为 15 分以下:爱情对于你是个迷蒙恐怖的世界,你需防备圈套和袭击。故建议你读几本婚恋指导书籍,稍许成熟些,再涉爱河也不迟。

## 【互动测验 6-1】夫妻关系测试

**【统计及解释】**请按以下标准计分算出总分,并判断夫妻关系的状况。

1. a. 5;b. 3;c. 1    2. a. 2;b. 3;c. 1
3. a. 5;b. 3;c. 1    4. a. 1;b. 5;c. 3
5. a. 1;b. 5;c. 3    6. a. 1;b. 5;c. 3
7. a. 3;b. 1;c. 5    8. a. 3;b. 1;c. 5
9. a. 1;b. 5;c. 3    10. a. 5;b. 1;c. 3

分数为 10~17 分:夫妻关系理想。婚姻不是爱情的终结,而是更深的依恋。当然,有些时候,也可能闹点小别扭,但这不过是平静生活的小插曲,不仅无碍,还会在绚丽的生活上增加色彩。乌云过后,爱的天空更蔚蓝。

分数为 18~37 分:夫妻关系较理想。关系还存在着不理想的因素,关键是要培养共同的价值取向。要看到,即使双方起点相同也不等于有相同的归点,因而有不理想的成分也不应苦恼,应视为正常现象。

分数为 38~50 分:夫妻关系不理想。缺乏爱情基础,即使相安无事,也不过是在委曲求全,宜做出努力予以改变。长期夫妻关系失调、感情难以沟通,即使终日相处也感觉不到快乐和幸福,还容易导致"婚外恋"。只要双方互相反省,在感情上多投资,一切或许会好起来。

## 【互动测验 7-1】性商测试量表

**【统计与解释】**请按以下标准计分算出总分,并判断自己的性健康水平。

1. A. 5;B. 4;C. 1;D. -5    2. A. 3;B. 3;C. 0;D. -6
3. A. -4;B. 1;C. 5    4. A. -5;B. 1;C. 1;D. 5
5. A. 0;B. -3;C. 5;D. -5    6. A. 5;B. 1;C. -5
7. A. 5;B. 1;C. -5;D. 5    8. A. -3;B. 5;C. -3;D. -5
9. A. -1;B. 5;C. -1;D. -3    10. A. -5;B. -1;C. 5;D. -1

11. A. −5;B. −3;C. 5;D. 3          12. A. 0;B. 1;C. 0;D. −1

13. A. 5;B. −5;C. −2;D. −5          14. A. −3;B. 0;C. 5;D. −5

15. A. 0;B. 5;C. −5;D. −5          16. A. 5;B. 0;C. −5

17. A. −3;B. −5;C. 5;D. 4          18. A. 5;B. 0;C. −5

19. A. −4;B. 5;C. 2;D. −2          20. A. −1;B. 0;C. 3

21. A. 5;B. 0;C. 0

得分为85分以上:你的性商很高。这表明你充分地了解和认识自己,接受自己的本性和内在需求。你懂得如何与伴侣沟通,你的性知识很丰富。另外,你善于把握情感需要和内心性欲之间的平衡。这些优势使你能很好地处理你的情爱生活,在两人"性"致不同步的时候你懂得适当地退让。

得分为70~85分:你的性商还不错。尽管和大多数人一样,你还是有些不足。如果你想提高你的性商指数,好好回顾一下那些你没拿到分数的题目吧。其实,对性的认知很容易获取,和他人的关系也能培养,而最微妙最难做到的,是学会更好地认识你潜在的自我。所以,去挖掘自己的"性"格吧,会有意外的收获等着你。

得分为60~70分:你的性商只有一般水平。别因此而丧气,因为有些问题是基于对普通事实的认知,而不是你处理问题的方式。比如,你的性商取决于父母如何对你进行性教育,更取决于你采取什么方式去获得性知识。所以只有学会接受自己的需求,同时接受别人的欲望,选择的时候才能够拥有真正的自由。你越是抑制自己的欲望,欲望会变得越强烈,越难以控制……你越认识和了解自己的欲望,这些欲望就越能成为动力,让你能够获得适合你、令你满足的性生活。

得分为60分以下:你的性知识有待改变。或者说你还没有摆脱某些障碍:所受的教育,个人的背景,或者不愉快的性经历……某些因素阻止你充分表现和满足自己的性需求。当然,你无需过分忧虑:性商并不是天生的,它是通过培养获得的。最重要的是,你是否对性有足够的兴趣。兴趣会推动你去渴求美满的性生活。你能进行这个测试说明你对性并非完全冷漠,不是吗?

# 附录2　人物简介

## 一、柏拉图（公元前427—前347）

公元前427年柏拉图出生在雅典一个贵族家庭。柏拉图是古希腊最著名的唯心论哲学家和思想家，是西方哲学史上第一个使唯心论哲学体系化的人。

对柏拉图一生影响最大的是苏格拉底。柏拉图20岁拜苏格拉底为师，跟他学习了10年，直到苏格拉底被雅典民主派处死。约在公元前387年，柏拉图在雅典创办了一所学校——柏拉图学园，该园连续开办了900多年。

柏拉图一生写了36部书，多数以对话体写成，大多数著作是有关政治和道德问题的，也有关于神学和玄学的。常被后人引用的有《辩诉篇》、《曼诺篇》、《理想国》、《智者篇》、《法律篇》等。其中，最为有名的著作是《理想国》，他的著作和思想对后世有着十分重要的影响。

## 二、苏格拉底（公元前469—前399）

苏格拉底（Socrates）是著名的古希腊哲学家。与他的学生柏拉图及柏拉图的学生亚里士多德并称"希腊三贤"。他出身贫寒，父亲是一名雕刻师，母亲为助产士。自幼随父学艺，后来，当过兵，曾三次参战。

苏格拉底是一位个性鲜明，被人褒贬不一而充满传奇色彩的历史人物。他长期靠教育为业，苏格拉底的教学方式独特，常常用启发、辩论的方式来进行教育。

他一生未曾著述，但他的影响却非常巨大：其言论和思想多见于柏拉图和色诺芬的著作《苏格拉底言行回忆录》。苏格拉底最后因触犯了当时权贵的利益而被冠以"腐蚀青年思想"之名被迫饮毒堇汁而死。

## 三、弗洛伊德（公元 1856—1939）

弗洛伊德·西格蒙德（Sigmund Frend）是奥地利精神科、神经科医生，精神分析学派的创始人。

他早年从事神经学的研究，随后在 J. M. 夏尔科、A. A. 利博尔特和 J. 布罗伊尔的影响下，应用催眠治疗精神疾病。他的主要著作有：《歇斯底里研究》（1895）、《梦的解释》（1900）、《性欲三论》（1905）、《论无意识》（1915）、《自我与本我》（1923）、《焦虑问题》（1926）、《自我和防御机制》（1936）。弗洛伊德终生从事著作和临床治疗。他的思想极为深刻，探讨问题中，往往引述历代文学、历史、医学、哲学、宗教等材料。他思考敏锐、分析精细、推断循回递进、构思步步趋入，揭示出人们心灵的底层，这就是精神分析的内容极其丰富的根源。

## 四、荣格（公元 1875—1961）

卡尔·古斯塔夫·荣格（Carl Gustav Jung），瑞士心理学家和精神分析医师，分析心理学的创立者。荣格是一个智力早熟的人，他性格孤僻，想象力丰富。十几岁时就广泛阅读过古希腊罗马哲学家、中世纪经院神学家以及近代哲学家黑格尔、康德、叔本华、尼采等人的著作。早期曾和 S. 弗洛伊德合作，1912 年，他的著作《力比多的转变和象征》出版，由于对力比多观点的不同，两人的关系终于破裂。1921 年，主要著作《心理类型》出版，荣格走出自我反思时期。他的分析心理学因集体无意识和心理类型的理论而声名远扬。

荣格独树一帜的心理学理论及类型理论赢得了当时乃至今天世人的普遍认同和赞誉，从而成为与弗洛伊德比肩而立的世界级心理学大师。荣格的分析心理学中的集体无意识理论可以解释其他心理学流派所无法解释的现象，如宗教问题、神话、象征、超感官知觉等。他把众多的人类活动都包含在这一理论之中，在历史、文学、人类学、宗教以及临床心理学领域产生了深刻和无比深远的影响。

## 五、弗洛姆（公元 1900—1980）

艾瑞克·弗洛姆（Erich Fromm）是一位国际知名的美籍德国犹太人人本主义哲

学家和精神分析心理学家。毕生旨在修改弗洛伊德的精神分析学说以切合发生两次世界大战后的西方人精神处境,弗洛姆在此被尊称为"精神分析社会学"的奠基人之一。此外,在德国时弗洛姆还是法兰克福学派的成员,移居美国后始终保持和该学派的关联。

弗洛姆十分重视人与社会的关系的研究。他承认人的生物性,但更强调人的社会性,认为人的本质是由文化的或社会的因素而不是生物的因素决定的。人在现代社会中普遍具有孤独感,这是人在社会中达到个性化的必然结果。为了医治病态社会,他提出通过改善人的心理,解决有关人们的劳动组织与社会的相互关系的问题,建立一个友爱、互助、没有孤独感的理想社会。著有《逃避自由》、《精神分析与宗教》、《论健全的社会》、《人类破坏性的分析》、《爱的艺术》、《生存的艺术》等。

## 六、拉康(公元 1901—1981)

雅克·拉康(Jacques Lacan),法国精神医生及第二次世界大战后最具独立见解,又是最有争议的欧洲精神分析学家,被称为"法国的弗洛伊德"。

拉康的著作神秘、隐晦、富于技巧而有诗意,读来艰涩难懂。存在主义、新黑格尔理论和语言学理论都对拉康有很大影响。尤其是其后期的著作更加令人难懂,因为他将拓扑学和数学置于他的理论的中心地位。

# 参考文献

1. 柏拉图. 柏拉图对话集. 王太庆,译. 北京:商务印书馆,2004.

2. 柏拉图. 理想国(国家篇). 吴献书,译. 北京:商务印书馆,2002.

3. (美)波利·扬 – 艾森卓. 欲望与性别——不受诅咒的潘多拉. 杨广学,译. 北京:中国社会科学出版社,2003.

4. (美)本杰明·萨多克,编著. 性科学大观. 李梅彬,译. 成都:四川科技出版社,1994.

5. 邓明显,王效道,编著. 性心理学探索. 上海:上海科技出版社,1989.

6. 丁有和,等主编. 20世纪的瘟疫——艾滋病. 成都:四川人民出版社,1992.

7. (美)弗洛姆. 爱的艺术. 李健鸣,译. 北京:商务印书馆,1987.

8. (奥)弗洛伊德. 弗洛伊德文集. 长春:长春出版社,1998.

9. (德)歌德. 少年维特之烦恼. 杨武能,译. 北京:人民文学出版社,1999.

10. (德)黑格尔. 法哲学原理. 范杨,张企泰,译. 北京:商务印书馆,1996.

11. 胡溢,主编. 性知识漫谈. 南昌:江西科技出版社,1985.

12. 江剑平,编著. 大学生性健康教育. 北京:科学出版社,2006.

13. (英)鲁益师. 四种爱. 林为正,译. 台北:雅歌出版社,1993.

14. (美)罗伯特·G.迈耶,保罗·萨门. 变态心理学. 丁煌,等译. 沈阳:辽宁人民出版社,1988.

15. (唐)牛僧儒,李复言,编著. 程毅中,校注. 玄怪录. 续幽怪录. 台北:文史哲出版社,1989.

16. (美)欧文·辛格. 爱的本性:从柏拉图到路德. 高光杰,等译. 昆明:云南人民出版社,1992.

17. (瑞士)荣格. 心理类型学. 吴康,等译. 西安:华岳文艺出版社,1989.

18. (德)斯威布. 希腊神话故事. 杭州:浙江人民出版社,1993.

19. (德)施瓦布. 希腊的神话和传说. 楚图南,译. 北京:人民文学出版社,2002.

20. (德)施瓦布. 希腊神话故事——诸神的传说. 戴欢,译. 北京:当代世界出版社,2009.

21. 史成礼. 性科学咨询. 沈阳:辽宁出版社,1988.

22. 苏昭仪,等编著. 常用避孕节育方法指导. 上海:上海医科大学出版社,2000.

23. 苏巧荣,苏林雁,主编. 大学生心理辅导. 杭州:浙江大学出版社,2005.

24.(苏)B.A.苏霍姆林斯基.爱情的教育.世敏,寒薇,译.北京:教育科学出版社,2004.

25.瓦西列夫.情爱论.赵永穆,等译.北京:三联书店.1998.

26.王登峰,张伯源,主编.大学生心理卫生与咨询.北京:北京大学出版社,1992.

27.王传旭,姚本先,主编.大学生心理健康教育概论.合肥:安徽大学出版社,2005.

28.王秀梅,王泓冰.太平广记索引.北京:中华书局,2003.

29.徐安琪,主编.世纪之交中国人的爱情和婚姻.北京:中国社会科学出版社,1997.

30.薛兆英,许又新,主编.现代性医学.北京:人民军医出版社,1995.

31.许世彤,区英柯,编著.性科学与性教育.北京:高等教育出版社,1995.

32.祖冲之,著.郑学弢,校注.述异记.北京:文化艺术出版社,1988.

33.(美)朱迪丝·维尔斯特.必要的丧失.张家卉,等译.北京:北京大学出版社,1988.

34.郑日昌,主编.大学生心理卫生.济南:山东教育出版社,1999.

35.周秀芳.从弗洛伊德的自恋到拉康的镜子阶段.中华文化论坛,2008(1).

# 后　记

历时近三年,《爱的感与理性——大学生婚恋与性心理调适》终于付梓了。它是我 2007 年至今开设跨专业校选课《大学生婚恋与性心理调适》的讲稿集成,也是湖南省教育厅教学改革研究立项项目《高校学分制下构建大学生婚恋与性爱观教育校本模式教学实践研究》(项目编号:2011315302)的研究成果之一。

本书是我多年来从事高校心理健康教育与心理咨询工作实践的经验积累与教学总结,旨在抛砖引玉地引导学生认识到:无法拥有成熟的人格与自我,那么每种爱的尝试都会失败;如果没有爱他人的能力,如果不能真正谦恭地、勇敢地、真诚地和自制地爱他人,那么人们在自己的爱情生活中也永远得不到满足。恋爱和婚姻最重要的是"成为合适的人",而不是简单地"找到合适的人"。如果一个人能按照异性对未来伴侣的期望值提高自己,那么将来就更容易吸引那些合适的人,更容易预备好进入恋爱和婚姻。同时以平和谦虚的姿态告诫广大读者:如果你在追寻真爱,切记当你准备好的时候,那个教会你爱的人就会出现。谁不希望找到生命的伴侣,但追求情感与期望别人使你的人生圆满是不同的。你固然可以在爱情里找到快乐,人生的圆满与完整却要靠自己。有一天你或许将找到真爱,但在此之前你应该做一个值得爱的人。你有你的价值,有权利拥有快乐、友谊、好的工作和生命中所有美好的事物。

在本书写作过程中,我参考了大量的文献资料,阅读了诸多的书籍,但由于篇幅所限及记忆疏漏,未能一一列出和注明,在此,我谨向在本书中被提名或未被提名的引文作者表示诚挚的谢意和深深的歉意。由于经验不足,水平有限,书中难免有疏漏之处,恳请广大读者朋友包涵,并恳请提出宝贵的意见和建议,以便进一步深入研究和完善。

本书的出版受到了衡阳师范学院许金生书记和刘沛林院长的重视,尤其是副院长皮修平教授的悉心指导和亲自作序,我要衷心感谢他们对我工作的信任、鼓励和支持。感谢教育科学系魏书敏主任和欧盛端书记为我提出了许多宝贵的修改意见。同时,我还要感谢湖南师范大学出版社和北京志远思博文化有限公司的出版资助,以及莫华、凌永淦、刘伟、杨君群和胡晓军老师为本书出版做了大量工作,付出了辛勤的劳动。在此,我一并深深感谢所有关心和给予我无私帮助的领导和老师们!

　　最后,我希望所有的读者朋友通过阅读本书后能开始思考人生,思考如何让自我更成熟,让生活更幸福……衷心地祝愿你们在本书的帮助下,既拥有爱的能力,又拥有调适爱的能力。

蒋湘祁

2011 年 7 月 8 日于雁城